Komm mit mir nach Santiago

Meine Pilgerreise auf dem Camino Francés

Sandra Kerl

SANDRA KERL

KOMM MIT MIR NACH

Santiago

MEINE PILGERREISE AUF DEM
CAMINO FRANCÉS

Bibliografische Information der Deutschen Nationalbibliothek:
Die Deutsche Nationalbibliothek verzeichnet diese Publikation in der Deutschen Nationalbibliografie; detaillierte bibliografische Daten sind im Internet über dnb.dnb.de abrufbar.

www.pilgerhut.de
www.instagram.com/pilgern_unter_einem_hut

Lektorat: Ulrike Weinhart | www.schoener-texten.de

Kia Kahawa Verlagsdienstleistungen
Korrektorat: Marion Kirch
Buchsatz und Coverdesign: Lena Adolph
www.kiakahawa.de

Coverbild: Landschaft von Anastasia – stock.adobe.com

Verlag: BoD · Books on Demand GmbH, Überseering 33, 22297 Hamburg, bod@bod.de
Druck: Libri Plureos GmbH, Friedensallee 273, 22763 Hamburg

ISBN: 978-3-7583-8778-4

Inhalt

Der Camino Francés
in Spanien

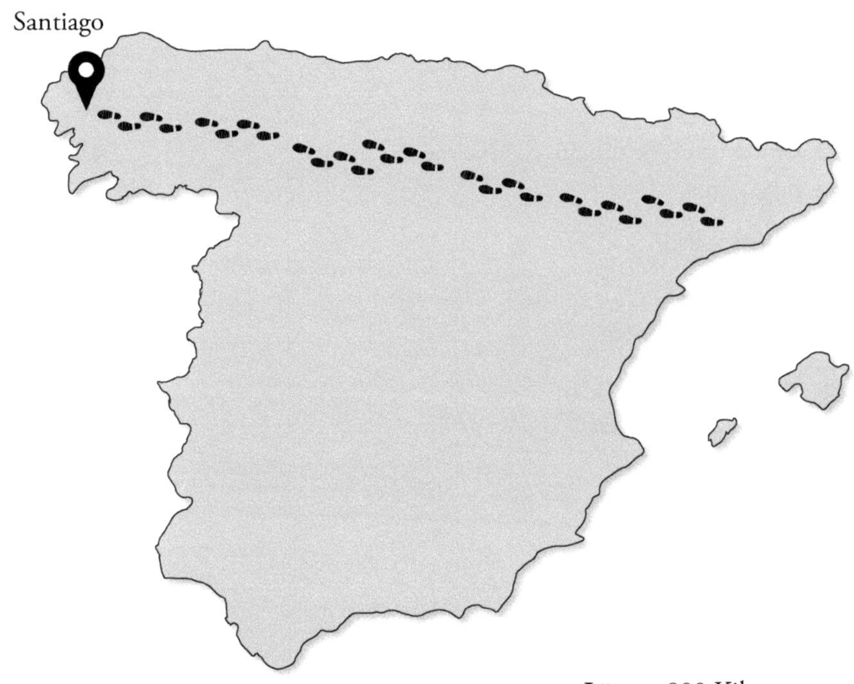

Länge: 800 Kilometer

Höhenmeter: 23.000

Startpunkt: Saint-Jean-Pied-de-Port (Fr)

Endpunkt: Santiago de Compostela

Höchster Punkt: 1510 m, Cruz de Ferro

Niedrigster Punkt: 170 m (Start)

Regionen: Navarra, La Rioja,
Kastilien-León, Galicien

Wegprofil: von leicht bis schwer

Dauer: ca. 6 Wochen

Teil 1

Prolog

Ich bin keine Meisterin des ersten guten Satzes. Wahrscheinlich auch nicht des letzten. Das weiß ich. Ich versuche trotzdem mein Glück. Denn der Mittelteil liegt mir.

Eine Heldin ist doch eine Person, die etwas Besonderes geleistet, großen Mut gezeigt und sich für andere geopfert hat und durch diese Taten berühmt geworden ist. Jede gern erinnerte Geschichte hat diesen glänzenden Hauptcharakter, der nach etwas Außergewöhnlichem sucht, und sich auf eine abenteuerliche Reise begibt, um es zu finden. Er kehrt zurück mit Schatz, Ruhm und Ehre. Und einer inneren Wandlung.

Meine Geschichte ist keine Heldengeschichte im klassischen Sinne, denn ich vereine wenige Heldenattribute in mir. Ich bin weder furchtlos, noch besitze ich irgendeine herausragende Gabe, die andere nicht haben. Ich nehme euch trotzdem – oder deswegen – mit auf meine Reise, die in meinen Augen sowohl die Bezeichnung »abenteuerlich« als auch das Prädikat »besonders wertvoll« verdient haben.

Selbstverständlich habe ich mich bemüht, unterwegs nach etwas Verlorengegangenem zu suchen, wenn auch nicht nach dem heiligen Gral. Aber, wenn ich dem Gral ein kleines Bäuchlein ans »l« zeichne, kommen wir zumindest dem Zielort meiner Reise schon auf die Spur: Aus Gral wird Grab.

Unterwegs zum Grab des heiligen Jakobus wollte ich mehr herausfinden über das einfache Wanderleben im Generellen und das Wunder Jakobsweg im Speziellen. Nebenbei suchte ich nach einem verloren gegangenen Puzzlestück in meinem Leben. Es war mir bereits vor längerer Zeit unbemerkt heruntergefallen, war wahrscheinlich an einer Socke kleben geblieben und mit ihr verschwunden.

Noch konkreter?

Zu Beginn meiner ersten Reise gen Santiago habe ich mich gefragt – und damit war ich sicher nicht allein –, was ich hier überhaupt zu suchen habe und was ich letztendlich finden werde. Welche Erfahrungen ich mache und ob ich mein Puzzle nach meiner Heimkehr würde fertigstellen können.

Dieses Buch ist eine Sammlung meiner persönlichen Eindrücke auf dem Jakobsweg zwischen dem französischen Örtchen Saint-Jean-Pied-de-Port und Santiago de Compostela, dem Ziel aller Jakobswegpilger. Es sind Geschichten von Menschen und Muscheln, von Mut und Marmelade, von Muskeln und Murmeltieren. Ein Kaleidoskop mit unvorhersehbaren und wertvollen Begegnungen. Im weitesten Sinne eine Suche. Aber auch das trifft es nicht ganz.

Ich möchte dich mitnehmen auf meinen Jakobsweg.

01

Eintauchen in den Pilgerkosmos

*»Es kann dir jemand die Tür öffnen,
aber hindurchgehen musst du selbst.«*
(Konfuzius)

Mit einem ordentlichen Schuss Aufregung in meinem Blutkreislauf schäle ich mich aus dem vollen Bus heraus, der als Ersatz für die gesperrte Bahnlinie eingesetzt worden ist. Die Abendsonne scheint mir noch warm ins Gesicht, die Luft ist klar. Einatmen. Ausatmen. Da bin ich also, am Bahnhof von Saint-Jean-Pied-de-Port, dem pulsierenden Ort im französischen Baskenland vor schönster Bergkulisse.

Als Startpunkt für meine persönliche Wandermission steht das Pyrenäenstädtchen nicht nur bei mir auf Platz eins, sondern erfreut sich auf den vordersten Rängen tausender Bucketlisten größter Beliebtheit. Hier beginnt für viele moderne Suchende die herbeigesehnte Herausforderung, auf dem Camino Francés nach Santiago de Compostela zu laufen, eine Strecke, die so lang ist wie eine Wanderung von Hamburg nach München über Hannover, Leipzig und Nürnberg. Nur topografisch deutlich herausfordernder. Mir jedenfalls war bis vor Kurzem überhaupt nicht klar gewesen, wie bergig das spanische Festland tatsächlich ist.

Ich staune nicht schlecht, als ich dem Pulk hinterher in Richtung Zentrum trabe. Die Pilgersaison scheint bereits richtig in Gang gekommen zu sein. Viele eindeutig als Pilger identifizierbare Menschen bevölkern schon die Straßen, sitzen in Cafés, erkunden die verwinkelten Gassen der gut erhaltenen Altstadt. Sie haben offensichtlich, genau wie ich, beschlossen, dass hier und jetzt der richtige Tag und Ort für den Beginn ihrer Unternehmung sein soll. Obwohl es ja erst Ende April ist.

Vor zwei Wochen hatte ich auf Facebook noch mitverfolgt, wie nach einem plötzlichen Schneefall zwei Pilger auf der steilen Napoléon-Route, bereits auf spanischer Seite, nur von einem Rettungsteam aus ihrer misslichen Lage am Berg befreit werden konnten. Vor vier Wochen war noch kaum jemand unterwegs und viele Herbergen waren noch geschlossen.

Aber, wenn ich geglaubt habe, dass die Ruhe noch eine Weile anhalten und der Pilgerweg erst langsam aus seinem pandemiebedingten zweijährigen Dornröschenschlaf erwachen würde, werde ich jetzt eines Besseren belehrt. Dabei habe ich doch die Einzige, die auserwählte Pilgerprinzessin mit elegantem Glasschuh sein wollen, die ihn unter ihren zarten Schritten wieder wachküsst.

Auf dem Weg zu meiner im Voraus gebuchten Unterkunft schlendere ich neugierig, den Blick auf die historischen Gebäude gerichtet, die mittelalterlich anmutende Rue de la Citadelle entlang. Ein loses Stück Kopfsteinpflaster lädt mich zu einem ersten Gleichgewichtstest mit Rucksack ein. Ich meistere ihn.

Die meisten Pilgerherbergen haben bereits ein Schild aufgehängt oder -gestellt: »Complet«. Belegt. So langsam dämmert es »Prinzessin-küsst-den-Camino-wach«: Das Jahr 2022 wird ein Millennium-Pilgerjahr mit Rekordzahlen werden. Nachdem der Jakobsweg die vorausgegangenen zwei Jahre coronabedingt kaum frequentiert war und daher das heilige Jahr 2021 für Santiago besucherarm vergangen war, hatte man beeindruckend lässig entschieden, die heilige Pforte der Kathedrale außerplanmäßig zu öffnen, um damit die Heiligkeit um 365 Tage zu verlängern – für viele religiös motivierte Menschen ein wichtiger Grund, in diesem Jahr aufzubrechen. Zusätzlich stehen auch viele weitere

pandemieverhinderte Pilger der letzten zwei Jahre in den Start-
löchern. So auch ich.

Obwohl ich nie in Nepal gewesen bin, fühle ich mich spontan zu einem Vergleich mit der ebenfalls im April beginnenden
Mount-Everest-Basislager-Saison genötigt, wo Bergsteiger aus aller
Welt auf ein kurzes Wetterfenster warten, um den Berg dann zu
Hunderten hintereinander im Gänsemarsch zu erklimmen. Die
Menge der Camino-Stürmer dürfte ähnlich hoch sein, günstiger
sieht allerdings für uns das Zeitfenster aus, denn die diesjährige
coronafreie Zeit zum Pilgern durch Spanien wird doch wesentlich
länger anhalten als ein Wolkenloch am Himalaya.

Ich bin gespannt, wie sich der Pilgertreck gen Westen beim Aufstieg schlagen wird – besonders aber auf meine eigene Performance.
Ich werde bald herausfinden, ob es wirklich eine gute Idee gewesen
ist, auf Flaschensauerstoff zu verzichten.

In meiner Pension werde ich mit offenen Armen und großer Herz-
lichkeit empfangen. Die Besitzerin erklärt mir nebenbei, dass die
Unterkunft bis Ende November komplett ausgebucht ist.

Habe ich das richtig verstanden? »Ende November?«

Sie nickt bekräftigend.

Oha!

Das Haus ist toll, mein Privatzimmer schnuckelig. Ein absolut
wichtiges Detail, das zusätzliche Extrapunkte gibt: Gratistee in un-
begrenzten Mengen. Ich bin ein Junkie, süchtig nach schwarzem
Tee. Ohne meinen Morgentee heißt meine Hauptcharaktereigen-
schaft *müde*.

Nachdem ich mich sortiert habe, mache ich mich auf, um in
mein neues Pilgerleben einzutauchen – oder zumindest ein wenig
darin herumzuplantschen. Ich gehe kaum dreihundert Meter, da
treffe ich schon meine erste Bahnhofsbekanntschaft aus Bayonne wieder, Christian aus Koblenz. Zusammen hätten wir es fast

geschafft, den Zug nach Saint-Jean zu verpassen, indem wir den vonseiten der Bahngesellschaft sehr geheim gehaltenen Zugang zum richtigen Gleis nicht gefunden haben. Wir haben an falscher Stelle über eine Stunde erwartungsvoll herumgesessen und uns gewundert, wohin denn all die anderen Rucksackträger aus der Bahnhofshalle wohl verschwunden sind. Eine Szene reif für einen Film.

Christian, ein kräftiger, freundlicher Kerl in den Vierzigern, ist offensichtlich genauso auf der Suche nach etwas Essbarem wie ich und wir landen kurzerhand im nächsten Restaurant, in dem sich bereits andere Pilgergruppen niedergelassen haben. Am Nebentisch prosten sie sich schon überaus freudig mit mindestens der zweiten Runde Longdrinks zu.

Ich beginne, die Speisekarte zu studieren. Zu meiner Überraschung ist sie auf Englisch, was die Lesbarkeit erleichtert. Das letzte Mal, dass ich eine Speisekarte in der Hand hatte, ist etwas mehr als zwei Wochen her.

Damals hatte ich in einem schicken Restaurant in meiner bayrischen Wahlheimat gesessen und im kleinen Kreis meinen 50. Geburtstag gefeiert. Ursprünglich wollte ich zusammen mit einer Schulfreundin, die nur zwei Tage älter ist als ich, in altvertrauten rheinischen Gefilden eine »Jahrhundertparty« schmeißen – im ersten Jahr nach Corona, wo das wieder ohne lästige Gästebegrenzungen möglich gewesen wäre. Ich hatte mir das schon ein Jahr im Voraus toll ausgemalt. Mit vielen Leuten, lautem Gitarrensound, wildem Tanz und mit allem Schnick und Schnack. Zu meiner eigenen Überraschung stellte ich nach einem halben Jahr grober Vorplanung kurz vor Weihnachten fest, dass ich so eine große Feier, sechshundert Kilometer von meinem aktuellen Wohnort entfernt, eigentlich gar nicht mehr wollte. Zu viel Stress, nur eine knappe Woche vor der Abreise. Mein Fokus hatte sich bereits

Richtung Saint-Jean verschoben, statt auf der aufwendigen Organisation unserer Geburtstagsfeier zu liegen.

Christian sagt: »Ich nehme das Steak mit Pommes. Und du?«

»Ähm. Die Spaghetti Carbonara.«

Er blickt auf die Straße, an der wir sitzen. Es herrscht ganz schön viel Verkehr. »Jetzt sind wir also endlich hier.«

Genau das habe ich auch gerade gedacht. Und heute nicht zum ersten Mal. Ich denke es eigentlich ständig, seit ich aus dem Bus gestiegen bin. »Hast du dich auch länger auf diesen Tag gefreut?«, frage ich ihn.

»Ziemlich lange.«

Jeder ist in seinen Gedanken versunken, dann will er wissen: »Und wie fühlst du dich? Hast du schon so ein Pilgerfeeling wie die dort?« Er grinst und deutet mit dem Kinn auf den Nachbartisch mit den Feiernden.

»Pilgerfeeling?« Ich muss kurz überlegen.

Er nickt.

»Die Wahrheit?«

Er nickt wieder.

»Nein. Ich hatte es mir total anders vorgestellt. Viel …« Ich suche nach den richtigen Worten.

»Spektakulärer?«

»Nein, aber irgendwie feierlicher. Ich dachte, ich würde megaaufgeregt sein. Kribbelig. Keine Ahnung.« Das ist immer noch nicht genau das, was ich ausdrücken wollte. »Aber da ist nichts.« Ich zucke mit den Schultern.

Er nickt weiter. »Ich dachte, es sei leerer hier.«

Ich muss lachen. »Ich auch.« Zwei Motorräder knattern vorbei. Ich schreie: »Und leiser. Du?«

»Auch kein Gefühl. Nichts irgendwie Erhebendes. Kann aber sein, dass meine Müdigkeit es überlagert. Ich bin einfach kaputt nach der langen Anreise.« Er greift nach seinem Glas. »Ein Bier reicht mir heute.«

Diesmal nicke ich. Ich deute auf die vielen leeren Gläser am Nebentisch. »Noch zusätzlich ein schnurrendes Haustier im Gepäck auf der ersten Etappe. Nee. Das würde ich sowieso nicht hinkriegen.«

Nun nickt er wieder.

Wir sind wie diese beiden kirchlichen Missionsopferstöcke links und rechts der weihnachtlichen Krippe meiner Kindheit, bei denen die Figur zum Dank für den Einwurf von zehn Pfennig mehrmals anerkennend mit dem Kopf genickt hat.

Christian hat, außer Müdigkeit, noch einen guten Grund, statt in Bier- nur in Nicklaune zu sein. Sein Rucksack wurde nämlich von irgendeinem Gepäckband entführt. Er ist auf dem heutigen Flug auf der Strecke geblieben. Wie ein echter mittelalterlicher Pilger besitzt er gerade nur das, was er am Leibe trägt. Wie es aussieht, hat er damit aber ein größeres Akzeptanzproblem als der spartanische Pilger von damals, der mehr als happy gewesen sein dürfte, in Christians modernem wasserabweisendem und atmungsaktivem Outfit unterwegs zu sein. Der morgige Tag meines derzeitigen Begleiters hat sich deshalb spontan geändert: Er wird, statt nach Roncesvalles, dem ersten Etappenziel auf spanischer Seite, zu gehen, zurück nach Biarritz fahren. In der Hoffnung, dass sein Gepäck mit dem nächsten Flug wieder freigelassen wird. Auch ohne Lösegeldzahlung.

»Wenigstens weißt du jetzt, von welchem Gleis der Zug in Bayonne abfährt: Neundreiviertel. Und vergiss den Anlauf nicht!«

Er grinst. »Eine Ochsentour wird das morgen! Mit der Bahn und dann wieder Schienenersatzverkehr. Das ist auch nicht schneller als mit dem Karren früher. Definitiv kein entspannter Start. Das hatte ich mir ganz anders vorgestellt.«

»Wünscht man in so einem Fall auch schon Buen Camino?«, frage ich.

»Du meinst, für das Gepäck?« Er verzieht das Gesicht. »Glaube, dafür ist es schon zu spät.«

»Dachte eigentlich für deine ganzen Extrawege morgen.«

»Gehen wir einfach mal davon aus, das gilt universell – auch für Reiter und Radpilger ebenso wie für Bus- und Bahnpilger auf Gepäcksuche.«

»Schaden kann es sicher nicht. Also dann: Buen Camino!« Ich wollte den Pilgergruß unbedingt noch heute Abend das erste Mal aussprechen. Es war mir ein Bedürfnis. Und ich hoffe für Christian, dass er morgen fündig wird, beziehungsweise die Leute von der Airline.

* * *

So langsam schwindet das Licht. Es wird ruhiger in meiner Gasse, die ich noch abwärts schlendere, über den Fluss Nive bis zum bekannten spanischen Tor, das den Startpunkt des Camino markiert. Bereits in alten Zeiten nutzte jeder, der von Saint-Jean nach Spanien wollte, diesen Weg und dieses massive Tor.

Am anderen Ende dieser am Hang gelegenen Straße, noch oberhalb meiner Unterkunft, habe ich bereits bei meiner Ankunft das Pilgerbüro entdeckt. Dort will ich morgen hingehen. Wie gut, dass ich erst übermorgen aufbrechen werde und morgen einen ganzen Tag zum Ankommen in meiner neuen Welt habe.

In meiner Pension ist es still. Alle scheinen schon zu schlafen, um sich für den Beginn ihres Caminos in einigen Stunden vorzubereiten. Auch ich kuschele mich kurz darauf in mein Bett. Heute und morgen noch allein in einem Zimmer, unter einer richtigen Bettdecke und nicht im Schlafsack. Welch ein Luxus! Danach werde ich in den Gemeinschaftsunterkünften übernachten. Das letzte Mal, dass ich in einer öffentlichen Herberge mit Schlafsaal geschlafen habe, ist dreiundzwanzig Jahre her. Dennoch habe ich so lebhafte Erinnerungen an die Geruchs- und Geräuschkulisse, als wäre es gestern gewesen.

Endlich bin ich hier. Am Anfang meines langersehnten Abenteuers. Am Start. Bereit, mich darauf einzulassen, Spanien von Ost nach West zu durchwandern. Füße ahoi!

Ein zartes Kribbeln im Bauch spüre ich nun doch. Ich habe das spontane Bedürfnis, die Jakobsmuschel an meinem Rucksack in die Hand zu nehmen und muss mich dafür nochmals im Bett aufrichten und das Licht anmachen.

Es war ein ungewöhnlich beschwerlicher Weg hierher. Ich meine nicht die Anreise selbst, sondern die Hürden zu überwinden, bis die Entscheidung getroffen war, dieses Vorhaben konkret anzugehen. Mit fünfzig seinen Rucksack zu packen, ist nicht dasselbe wie mit dreiundzwanzig – als der Drang nach Freiheit übermächtig war und das Bedürfnis nach Komfort so komprimierbar wie ein Campingkissen. Völlig naiv habe ich damals einen Sechzig-plus-zehn-Liter-Rucksack für ein Jahr gefüllt, mich in ein Flugzeug gesetzt und bin mit minimaler Vorplanung ein Jahr durch Australien und Neuseeland gezogen, um das großartigste Abenteuer meines Lebens zu erleben. Ich bin mit Krokodilen im selben Tümpel geschwommen, habe mit Haien am Barrier Reef getaucht, bin aus einem Flugzeug über der Nordinsel Neuseelands abgesprungen, habe mitten im australischen Outback unter dem unfassbarsten Sternenhimmel meines Lebens geschlafen und den tollsten Mann kennengelernt, den es überhaupt gibt. Nur bin ich damals glücklicherweise nicht auf die verrückte Idee gekommen, Australien, nur unwesentliche dreitausend Kilometer breiter als Spanien, von Ost nach West zu Fuß durchqueren zu wollen. Das hätte ich, spontan und sorglos wie ich war, höchstwahrscheinlich nicht überlebt im australischen Busch. Ich habe stattdessen den Zug genommen.

Heute würde ich mich als zunehmend risikoscheu bezeichnen. Als jemanden, der den Kopf dreimal abwägend von einer Seite auf die andere legt, bevor er beschließt, eine weitere Nacht über eine anstehende Entscheidung zu schlafen.

Nach dem Einschlagen einer Beamtenlaufbahn, die den Charakter eines Menschen über die Jahre schleichend einnordet, auch, wenn man noch so sehr versucht, sich dagegen zu stemmen, bin ich um einiges konservativer geworden als mir lieb sein könnte. Und wenn jemand Bedenken anmeldet, bin ich diejenige,die als Erste zwischen Rio de Janeiro und Auckland ihre Hand hebt.

Die Australienreise war das deutlichste Highlight in meiner Biografie, die natürlich auch nicht ohne Ausschläge nach unten auskommt, den Lowlights sozusagen. Das letzte tiefe Tal, das ich durchschritten habe, öffnete sich mir in Form körperlicher Beschwerden, die sich mit Mitte vierzig plötzlich und vehement bemerkbar machten und mich ab da permanent begleiteten. Es folgte ein Ärztemarathon bis zur endgültigen Diagnosestellung. Ich möchte nicht zu tief in medizinische Details eintauchen, die ganze Sache war jedenfalls unschön. Zwei Operationen später, bei denen man in meinem Bauch das, was nicht mehr passte, wieder einigermaßen passend gemacht hat, war ich frühpensioniert. Mittlerweile habe ich die körperlichen Begleiterscheinungen fast immer im Griff und komme dank der modernen Medizin mit den verbliebenen Einschränkungen gut zurecht, aber selbstverständlich haben mich diese Erlebnisse geprägt. Es war schon eine echte Herausforderung, die das Leben mir da vor die Füße geworfen hat. Ich habe sie als Chance begriffen. Denn, mal ganz ehrlich – würde ich ohne diese grenzwertige Erfahrung jetzt genau in diesem Bett liegen, um übermorgen meinen Camino Francés anzufangen?

Es wäre möglich. Ich glaube aber eher nicht. Ich würde ziemlich sicher noch weiter unerfüllt in meinem Bürojob verharren, mich täglich über Nichtigkeiten aufregen, mich mit überflüssiger

Bürokratie befassen und meine kostbare Lebenszeit weitgehend ungenutzt an mir vorüberziehen lassen.

Meine großen Träume würden vielleicht zwischendurch kurz aufblitzen wie Sonnenstrahlen durch ein löchriges Wolkenfeld, aber ich würde sie weiter vor mir her, in die ungewisse Zukunft, irgendwann nach Eintritt des Rentenalters, schieben. Auf »später einmal«. So, wie die allermeisten Menschen, die denken, dass sie dann noch so viel Zeit für alles haben, aber irgendwann einsehen müssen, dass sie Unrecht hatten, weil sie, statt das Leben zu genießen und sich selbst zu überraschen, vom Leben überrascht wurden.

02

Auf Tuchfühlung

Ich habe wunderbar geschlafen, auch wenn die Heizung etwas Radau gemacht und mich mitten in der Nacht kurz aufgeweckt hat. Mir ist durchaus bewusst, dass eine Heizung, wenn auch eine laute, reiner Luxus ist und ich in den nächsten Wochen wahrscheinlich häufiger auf beheizte Räume werde verzichten müssen. Aber ich gehe ja auch dem Sommer entgegen. Kurz hinter den Pyrenäen weiß man sicher nicht mal genau, wie man das Wort Heizung buchstabiert vor lauter Hitze.

Bevor ich meine heutige Erkundungstour starte, packe ich meinen winzigen Tagesrucksack, wobei ich ein fast zwei Kilo schweres Päckchen mit besonderen Steinen vorsichtig hineinbette: meine Pilgersteine. Ich habe sie zu Hause mit bunten Farben grundiert, beschriftet, lackiert und mitgenommen, um sie hier auszulegen. Damit sie am Beginn des Camino Francés von anderen Pilgern gefunden und weitergetragen werden. Manche zieren Botschaften wie »Habe Mut« oder »Gib nicht auf«, andere englische Mutmachsprüche wie »Trust in yourself« oder »Follow your dreams«. Ich hoffe, dass jeder dieser Steine einen oder mehrere Menschen nacheinander begleiten wird. Ein kurzes Stück oder den ganzen Weg, je nach Gusto. Die Botschaft darauf soll dem Finder genau das Gefühl vermitteln, das er braucht, falls es mal schwer wird unterwegs, physisch oder mental. Der farbige Stein soll ihn ermutigen, durchzuhalten und seinen Weg zu beenden. Mein geheimer Wunsch wäre, wenigstens einen aus dieser etwa zwanzigköpfigen Steinfamilie rund achthundert Kilometer weiter westlich wiederzusehen. Oder zumindest etwas über seine Geschichte und seinen Verbleib zu erfahren. Die Rückseite enthält eine Kontaktmöglichkeit zu meiner Website. Ein hochgeladenes Foto von meinem Stein am Cruz de Ferro oder aus Santiago de Compostela und ein paar Worte zu seinem Weg zu erhalten, das wäre so großartig!

* * *

Als ich auf die abschüssige Straße trete, ist es noch ruhig und schattig. Die Kehrmaschine ist leise schnurrend in den engen, von alten Häusern gesäumten Gassen unterwegs und hinterlässt nasse Schlieren auf dem Kopfsteinpflaster.

So langsam wie ich erwacht auch die Stadt zum Leben. Die Restaurants werden mit frischer Ware beliefert, nach und nach öffnen die Geschäfte. Der Duft von frisch gebackenen Buttercroissants zieht verführerisch in meine Richtung. Vereinzelt sehe ich Pilger, die vor die Türen ihrer Unterkünfte treten. Ich schlendere durch Saint-Jean und verliebe mich regelrecht in die vielen kleinen hübschen Geschäfte, die regionale Köstlichkeiten und Produkte anbieten. Hier würde ich mich gerne eindecken! Aber ich kann nur kaufen, was ich heute auch esse, denn ab morgen bin ich ja Pilger und Packesel in Personalunion.

Besonders das Geschäft mit den vielen im Schaufenster ausgestellten Miniaturgitarren in Unterarmlänge hat es mir angetan. Ich sehe farbig lackierte Nachbildungen der Instrumente, die legendäre Rockbands gespielt haben. Gitarren von Pink Floyd, Led Zeppelin, U2, Rage Against The Machine, Metallica und den Foo Fighters strahlen mich an – genau jene Bands, deren Songs auf meiner abgesagten Party zum Einsatz gekommen wären. Ein netter

Zufall. Und so etwas Außergewöhnliches findet man im letzten französischen Dorf vor der spanischen Grenze. Wird mir immer sympathischer, der Ort.

Ich bin begeistert, laufe herum, fotografiere viel und genieße es, mir heute die Zeit für diese absolut bemerkenswerten kleinen Dinge nehmen zu können. Ich bin mir sicher, morgen früh werde ich keinen würdigenden Blick dafür mehr aufbringen können.

* * *

Ursprünglich habe ich, genau wie so viele andere Menschen, meinen Jakobsweg schon 2020 starten wollen, kurz nach dem eingeläuteten Ende meines Berufslebens, das mehr oder minder mit dem Beginn der Pandemie zusammenfiel. Ich habe mich damals nicht getraut, aber ein paar sehr Mutige haben es trotzdem gewagt, in Spanien pilgern zu gehen. Ich hätte es nicht genießen können mit all den Einschränkungen, und vor allem hat mich die Möglichkeit geschreckt, wegen eventuell neu auftretender Virusvarianten vorzeitig ausreisen zu müssen. Nur höchst ungern hätte ich diese Reise aus einem Grund, der *nicht* in meiner eigenen willentlichen Entscheidung begründet liegt, abgebrochen.

Stattdessen habe ich sowohl 2020 als auch im darauffolgenden Sommer meine ersten Pilgerschritte auf dem bayerisch-schwäbischen Jakobsweg von Oettingen Richtung Lindau gemacht. Jeweils für eine Woche bin ich mit meiner neu erworbenen Ausrüstung im hügeligen Allgäu unterwegs gewesen. Neben meinen läuferischen Fähigkeiten habe ich auch das Equipment für Spanien vortesten wollen. Denn damals war mir schon klar: Aufgeschoben ist nicht aufgehoben.

Wie es sich für eine gute Deutsche gehört, hat auch der Kauf meines Wander-Equipments erst nach akribischer Recherche stattgefunden. Planung und Vorbereitung einer jeden Tat sind das A und O der deutschen Mentalität.

Für mich war das auch wichtig, da ich mit den meisten Gegenständen eine enge Beziehung während meiner spanischen Caminozeit eingehen wollte. Mit fast allem würde ich engen Körperkontakt pflegen, einige besonders liebevoll ausgesuchte Produkte würden sogar das Bett mit mir teilen und mich wärmen dürfen. Nein, ein Kuscheltier hat es dann doch nicht auf meine Packliste geschafft. Aber auch ohne Getier – man kuschelt doch nicht mit jedem x-beliebigen nach Hause gelieferten Schlafsack! Da muss das Gesamtpaket schon stimmen.

Vielleicht habe ich auch ein wenig übertrieben mit meiner Kauflaune, denn ich wollte auf ziemlich alles vorbereitet sein, was mir unterwegs begegnen könnte: heiß oder Eis, Wind oder Rind, Blut oder Flut. Am besten noch komprimiert auf sechs bis acht Kilogramm. Das hat aber leider nicht funktioniert.

Ein erfahrener Pilger, den ich im Allgäu traf, schüttelte nur den Kopf: »Du *kannst* nicht auf alles vorbereitet sein. Ist ein Ding der Unmöglichkeit. Und auch gar nicht nötig. Ich würde dir raten …«

»Aber, ich möchte …«

»Gib dir ein wenig Zeit. Die Erkenntnis, was du genau brauchst, kommt sowieso erst unterwegs. Das ist viel weniger, als du jetzt mit dir herumschleppst. Und, falls was fehlen sollte – du bekommst es. Versprochen!«

»Wie soll das …?«

»Wenn du im Pilger-Erfahrungslevel aufgestiegen bist.«

Was das genau heißen sollte, hat er mir nicht erklärt. Ich bin ziemlich sicher, er sprach nicht von Onlinespielen, wo andere Charaktere einfach Ausrüstungsgegenstände fallen lassen, die man dann einsammelt.

* * *

Kurz hinter der Stadtmauer sehe ich einen ersten großen Wegweiser. Daneben auf einer Bank sitzt ein schlanker Mann, etwa Ende sechzig, mit dunkel gerahmter Brille, in Wanderkleidung. Er spricht mich enthusiastisch an.

»Hello, my name is JD. I'm from Canada«, erklärt er mir mit einem ganz eigenen Singsang in der Stimme.

Er sieht aus, als hätte er indische Wurzeln.

»Hallo, ich bin Sandra. Aus Deutschland.« Ich höre mich noch nicht ganz so enthusiastisch an, wie ich mir das wünschen würde.

»Hallo Sandra, schön, dich kennenzulernen. Läufst du den Camino?«, erkundigt er sich interessiert.

Ich nicke. »Ab morgen.«

JD erklärt mir, dass er jetzt gleich die ersten unverschämt steilen acht Kilometer Straße des Francés zur »Refuge Orisson« gehen wird. Refuge bedeutet übersetzt: Zufluchtsstätte. »Orisson« heißt der Ort mitten am Berg, an dem diese Zuflucht für Pilger steht. Neben »Borda«, einer noch kleineren, noch höher gelegenen Hütte, ist sie die letzte überdachte Übernachtungsmöglichkeit, bevor es über die Pyrenäen und wieder hinab ins spanische Roncesvalles geht. Beliebt ist die Raststätte bei allen noch nicht gut trainierten Wanderern, die die insgesamt fünfundzwanzig Kilometer lange erste Etappe nicht an einem Tag gehen wollen oder können. Mit einem Höhenprofil von zunächst eintausendvierhundert Metern bergauf und anschließend sechshundertzwanzig Metern bergab ist es eine der schwersten Etappen überhaupt.

»Nach dem Aufstieg bestelle ich mir dort ein Taxi zurück ins Tal, dann bin ich heute Abend wieder hier.«

»Ookaaay.« Ich dehne die beiden Vokale ein wenig zu lang. Welchen Sinn macht das? Ich schaue ihn erwartungsvoll an.

Er versteht meine wortlose Frage. »Hier unten ist es komfortabler zu schlafen. Ich habe meine Pension gleich für zwei Nächte gebucht. Morgen früh bringt der Gepäckservice meinen Rucksack nach Roncesvalles, während ich mit dem Taxitransfer wieder nach Orisson hochfahre und ab dort weitergehen werde.« Je länger das Gespräch dauert, umso mehr bemerke ich seinen indischen Akzent, dieses sanfte Abrollen aller Silben.

»Verstehe. Du sparst dir einfach die Nacht auf dem Berg.«

»Möchtest du mich begleiten?«

Vorweggeschickt – als Spontanität verteilt wurde hatte ich mich hinter einem dicken Baum versteckt. Ich schaue an mir herunter. Ich war auf einen Spaziergang vorbereitet. Ich trage Trekkingsandalen, dazu zwei Kilogramm edle Steine im Karton und einen halben Liter Wasser in einem »ultraleichten Nylonrucksack«, der seinem werbewirksamen Label heute nicht gerecht wird. Kein besonders heldenhafter Aufzug, um die Pyrenäen zu bezwingen.

»Jetzt?«, frage ich ungläubig.

»Yes.« Er lächelt mich erwartungsvoll an.

»So?« Ich deute an mir herauf und herab.

»Warum denn nicht, was soll passieren?«

Ich zögere eine Sekunde mit der Antwort. Das weiße Engelchen auf meiner linken Schulter erinnert mich, dass der Wetterbericht für morgen wesentlich schlechteres Wetter vorhersagt. Heute wären die Bedingungen tatsächlich top, die Sicht fantastisch. Mein Fotografenherz könnte jubilieren … Doch da taucht mein braver deutscher Verstand getarnt als schwarzes Engelchen schon auf meiner rechten Schulter auf.

»Nein, nein, das geht so nicht. Ich war ja noch nicht mal im Pilgerbüro!«, sage ich lahm, bevor das geflügelte Ding überhaupt seine Stimme erhoben hat.

Und jetzt mal ganz ehrlich – warum solltest du dich heute schon kaputtmachen, wenn du die Strecke morgen früh sowieso nochmal gehst? Und dann auch noch mit vollem Rucksack, bedrängt es mich.

Der weiße Engel kontert: *Hä? Was ist denn das für 'ne Logik? Mach es doch wie JD und fahr morgen dann mit ihm zusammen im Taxi hoch!*

Ich runzle innerlich die Stirn bei diesem vorwitzigen, unerhörten Gedanken und weise ihn sofort zurück. *Nein! So war das nicht geplant. Ich wollte mich heute erst um meine Pilgersteine kümmern. Und überhaupt erschließt sich mir das ganze Taxigefahre runter und wieder rauf nicht. Bin zum Gehen hier und nicht zum Fahren. Basta!*

JD schaut mich immer noch an.

»Nein, ich glaube nicht. Aber danke für das Angebot!«, sage ich zu ihm und lächle, während das schwarze Engelchen dem weißen die Zunge rausstreckt.

»Kein Problem.« Er macht sich langsam startklar. »See you, Sandra!«, ruft er. Im Vorbeigehen. Und über die Schulter zurück: »Buen Camino!«

Da war es. Das erste an mich gerichtete »Buen Camino«.

Der Platz neben der nun leeren Bank unter dem Schild ist wie gemalt für meine achtzehn Edelsteine. Ich ordne sie hübsch an, fotografiere sie und frohlocke innerlich. Morgen früh, wenn ich diese Stelle passieren werde, kann ich sofort erkennen, ob sie alle schon weg sind oder jemand vielleicht einen Stein gegen einen Glasschuh für eine Pilgerprinzessin eingetauscht hat.

* * *

Als ich das Pilgerbüro betrete, ist der Raum relativ leer. Vier Damen und ein Herr sitzen hinter ihren Tischen, drei davon beraten Pilger. Neben jedem Freiwilligen steht ein Schild mit den Sprachen, die er spricht. Neben dem unnötigen Hinweis auf Französisch, lese ich Italienisch, dreimal Spanisch und nur bei einer einzigen Dame Englisch. Sie ist natürlich in einem Gespräch.

Ich überlege kurz, ob ich mich sprachlich auf schulfranzösisches Terrain zu einer der noch freien Damen wagen soll. Nein, lieber nicht. Ich habe doch Sorge, auf diese Weise entscheidende Informationen für die schwierige erste Etappe verpassen zu können. Hier bekommt man die genaue Marschroute über den Pyrenäenpass erklärt und ich möchte ungern an der falschen Stelle abbiegen und mich verlaufen. Zumal für morgen und übermorgen Nebel und Regen angesagt sind.

Sofort kommt mir ein Foto in den Sinn, welches jemand vor einiger Zeit in einer Facebookgruppe eingestellt hatte. Darauf war auf einem Bergrücken ein Wegweiser mit einem Pfeil nach rechts zu sehen. Der Kommentar darunter lautete: Gefährliche Stelle! Hier bitte *nicht* nach rechts dem Pfeil folgen, sondern weiter geradeaus über die Wiese laufen. Ich hatte dann nachgefragt, wohin man denn käme, wenn man falsch abbiegt. Die Antwort, klar formuliert, lautete: Du stürzt vom Berg und landest, wahrscheinlich tot, im Tal.

Dieser Motivationsboost hat mich dazu beflügelt, bei der Vorbereitung dieser Etappe besondere Sorgfalt walten zu lassen.

Dazu gehört, darauf zu warten, dass die englischsprachige Dame Zeit für mich hat.

Sie zeigt mir an der gegenüberliegenden Wand zum Abfotografieren einen riesigen Plan mit vergrößerten Fotos von den Schlüsselstellen. So soll ich unterwegs leichter die markanten Orte wiedererkennen und mich besser orientieren können. Tatsächlich! Ich entdecke das gepostete Foto mit dem richtungsweisenden Schild zum Abgang ins Tal. Notiert. Da soll ich jetzt wirklich geradeaus über die Wiese weiterstolpern? Wäre es nicht einfacher gewesen, diese Stelle eindeutiger zu beschildern?

Ich will nicht meckern. Die Franzosen haben sich echt Mühe gegeben, um die zahlreichen Rettungseinsätze der jüngeren

Vergangenheit, besonders die der spanischen Kollegen, auf den letzten Kilometern der Route Napoléon zu reduzieren. Hauptsächlich bei Kälte und Schnee ist mit dem Pass nicht zu spaßen, weshalb er mittlerweile auch im Winter gesperrt wird, was einige Schlaumeier trotzdem zu ignorieren wissen und gegebenenfalls teuer bezahlen.

Während ich mich noch informiere, fällt eine zwanzigköpfige österreichische Truppe im Rentenalter ein und veranstaltet im breitesten österreichischen Dialekt ein Riesenspektakel. Ich kann mich kaum konzentrieren auf das, was mir erklärt wird, so laut und ungeduldig plärren die Österreicher quer über alle Köpfe hinweg.

Ganz wichtig! Sie brauchen alle noch einen Pilgerpass, hier einen Anstecker, dort eine Muschel. Und alle wollen sich in das ausliegende Buch eintragen. Wie eine Grundschulklasse mit der Impulskontrolle eines sechsmonatigen Welpen.

Dummerweise sprechen sie außer Österreichisch überhaupt keine Fremdsprache. Nicht mal Englisch. Sie sind über die Maßen erstaunt, dass niemand in dem Büro Deutsch spricht, schließlich gäbe es ja eine breite Masse an deutschsprachigen Caminofreunden.

Genau, warum sitzen hier nicht eine Handvoll Berater mit einschlägigen Sprachkenntnissen und warten auf die österreichischen Caminofreunde? Ich muss mir Mühe geben, nicht mit den Augen zu rollen. Nein, niemand ist hier. Außer mir. Nachdem ich mir eine Weile angeschaut habe, wie der überforderte Leiter der Gruppe versucht, mit den französischen Caminofreunden in Kontakt zu treten, was gründlich misslingt, gebe ich nach. Ich biete, ebenfalls einem Impuls folgend, an, zu dolmetschen. Nur, um das Chaos schneller zu beseitigen.

Ich persönlich finde, die Österreicher stellen sich reichlich dusselig an. Wenn sie auf dem Weg genauso orientierungslos sind wie sie hier sprachlich auftreten, habe ich berechtigte Sorge, dass sie dem ominösen Pfeil nach rechts ins Tal folgen …

Nach einer gefühlten Ewigkeit haben alle das, was sie brauchen, und ziehen wieder ab.

* * *

Zu den touristischen Highlights Saint-Jeans gehört natürlich die auf einem Hügel gebaute und erst vor Kurzem restaurierte Zitadelle. Ein Fußweg führt hinauf zu der in sich abgeschlossenen Festung, die die von Mauern umgebene Stadt beherrscht. An dieser Stelle stand früher die Burg der Könige von Navarra. An der Aussichtsplattform mit fantastischem Blick auf einen der schönsten Orte Frankreichs und seine umliegenden Berge treffe ich ein älteres Paar im typischen Pilgeroutfit: Wanderschuhe, Wanderhose, Funktions- oder Fleecejacke. Allerdings tragen sie keinen Rucksack. Genau wie ich werden sie wohl erst morgen starten. Die Frau stützt sich auf Teleskopstöcke und hinkt. Der Mann trägt eine Spiegelreflexkamera mit Teleobjektiv um den Hals – für einen Pilger ein eher ungewöhnlich schweres Accessoire. Der Fotograf spürt meinen Blick und wie selbstverständlich spricht er mich an, denn offensichtlich bin auch ich als Pilgerin zu erkennen.

Ich mache Bekanntschaft mit Jerry und Sharon aus Canberra, einem Ehepaar, das den Weg bereits zum zweiten Mal gehen möchte. Sharon ist wegen ihrer Kniearthrose gehandicapt, deshalb haben sie gemütliche fünfundfünfzig Tage bis Santiago eingeplant. Zeit genug, um zwischendrin ausreichend Erholungstage einzulegen.

Wir setzen uns auf eine schattige Bank und die beiden erzählen mir ausgiebig von ihrem ersten Camino vor einigen Jahren.

Sharon erinnert sich lachend, dass sie für die morgige Etappe nach Orisson statt der veranschlagten drei Stunden insgesamt über neun Stunden gebraucht haben. »Wir sind im Schneckentempo zickzack mit extrem vielen Pausen den Berg hoch. Jerry, weißt du noch?«

»Oh ja, wie könnte ich das je vergessen, mein Schatz!?«, sagt Jerry grinsend. »Ich hab’ dich zum Schluss hochgeschoben wie Sisyphos den Stein.«

Ich kann nicht anders, ich muss laut lachen bei dieser Vorstellung.

»Natürlich war ich mehrfach kurz davor, aufzugeben. Ich war in Tränen aufgelöst, aber am Ende war ich einfach nur stolz, dass ich diesen ersten großen Tag geschafft habe.« Sharon lächelt glücklich.

Die beiden sind faszinierend und sprühen nur so vor Lebensfreude und Energie.

Ich erfahre in der nächsten Stunde noch eine Menge über ihr Leben in Australien, ihre Familienmitglieder, über Canberra und die Auswirkung der coronainduzierten Reisebeschränkungen auf das reiselustige Völkchen der Australier.

»Es war schrecklich! Sandra, kannst du dir das vorstellen? Erst seit Februar dieses Jahres dürfen wir wieder hinaus in die Welt beziehungsweise die Welt auch wieder hinein in unser Land. Wir haben schon am Computer gelauert und sofort nach der Öffnungsbekanntgabe Flüge nach Spanien gebucht«, erklärt Sharon.

»Und nicht nur uns ist es so gegangen«, ergänzt Jerry. »Unzählige Australier haben bereits auf gepackten Koffern gesessen und im Moment der Aufhebung aller Beschränkungen das Land fast fluchtartig verlassen, um endlich wieder Freiheit spüren zu können.«

Ja, Freiheit. Ich blicke auf das Panorama vor mir. Spüre einen kleinen Schauer. Wohl ein kühler Windstoß. Ich mag jetzt nicht über aufkeimende Gefühle nachdenken.

Jerry lässt mich durch sein Teleobjektiv auf die sich vor uns majestätisch erhebenden Berge schauen und zeigt mir dort das winzige Dach eines Gebäudes.

»Da müssen wir rauf morgen.«

Unsicher sehe ich ihn an. Wer soll mich denn morgen anschieben?

In meiner Magengrube regt sich plötzlich ein unangenehmes

Gemisch aus Sorge, Aufregung und Zweifeln. Ich sehe an mir herunter, genau wie vor einigen Stunden mit JD.

Von meiner Bestform bin ich konditionell weit entfernt. Ich habe die letzten vier Wochen vor der Abreise kaum etwas für meine Fitness getan, weil auch ohne Party zu viele andere Dinge zu erledigen waren. Das war zumindest meine Entschuldigung. Trotzdem. Will ich also tatsächlich über die hohe Pyrenäenroute gehen? Es gibt eine Alternative, eine deutlich flachere Variante über Valcarlos entlang der Straße. Sicher wäre sicher.

Nein! Ich will nicht die Winterroute nehmen! Ich habe mir die Route Napoléon, benannt nach dem kleinen Franzosen, der diesen Weg für seinen Feldzug nach Süden hat anlegen lassen, in den Kopf gesetzt. Sie ist bekannt für ihre außergewöhnlich schöne Landschaft. Also werde ich sie auch gehen. Genau wie einst der Feldherr. Koste es, was es wolle an Anstrengung, Schmerz oder Kraft.

Wenn ich physisch über den ersten Berg bin, bin ich mental über alle weiteren Berge.

Oder so ähnlich.

03

Über die Pyrenäen

»Nicht alle, die herumirren, sind verloren.«
(J. R. R. Tolkien)

Gegen halb zehn am nächsten Morgen verlasse ich die Herberge doch etwas angespannt. Ich habe die Tür zwischen mir und dem letzten bisschen Komfortzone soeben ins Schloss fallen hören und bewege mich ab nun auf unbekanntem Terrain.

Bin ich konditionell wirklich in der Lage, das zu leisten? Und außerdem, was ist mit meiner Höhenangst – exponierten Passagen, den steilen Abhängen, hohen Brücken und so? Nur mal so beiläufig erwähnt. Kann ich, wenn man mich an die Hand nimmt. Aber, wie will ich das allein hinkriegen? Wahrscheinlich lande *ich* und nicht die Ösis wie ein Bobfahrer ohne Bob im Tal! Das Foto des Steinhaufens mit der irreführenden Markierung und dem fatalen Kommentar drängt sich wieder in den Vordergrund meines Bewusstseins.

Ich gehe ein paar Schritte und bin ärgerlich auf mich selbst. Ich wollte das hier unbedingt, und jetzt hebt die Bedenkenfrau schon wieder ihre Hand, während sich mein Mut direkt zu Beginn der Veranstaltung in alle Winde zerstreut wie die Fallschirme einer Pusteblume nach einem zarten Windstoß. Ich wünschte, es gäbe in meinem Kopf einen Ausstellknopf wie bei der Fernbedienung des Fernsehers, den man einfach drückt, wenn man sich nicht länger mit Quatsch berieseln lassen will. Doch den

»Bedenken-Off-Button« kann ich auch heute nicht finden, aber wenigstens gelingt es meinem Avatar, für Freude im Oberstübchen auf ein angenehmeres Programm umzuschalten. Ich lasse mir mein Vorhaben doch jetzt nicht wieder von meinen eigenen Zweiflern ausreden! Der Camino ist weder ein alpiner Klettersteig, noch muss ich auf Leitern über tiefe Gletscherspalten an den Flanken des Mount Everest balancieren. Ich bin auf meiner eigenen Solo-Pilger-Expedition, bespickt lediglich mit mentalen Gletscherspalten. Denk mal drüber nach, Sandra, Millionen, ja, lass es dir auf der Zunge zergehen, *Millionen* Menschen vor dir sind schon diesen Weg gegangen, ohne Schaden zu nehmen. Ganz im Gegenteil – er hat sie tief beeindruckt und verändert. In mehr als einer Weise.

Du kannst das auch!

* * *

Ich bin tatsächlich unterwegs. Trommelwirbel! Tusch! Fanfarengebläse! Schritt für Schritt gehe ich ab heute immer den gelben Pfeilen folgend Richtung Santiago. Irgendein schlauer Mensch hat mal ausgerechnet, dass man von Saint-Jean aus ungefähr eine Million von diesen Schritten tut, bis man in Santiago ankommt. Das klingt nicht nur ganz schön weit, sondern ist es auch.

Wie bereits gestern im Wetterbericht angekündigt, ist es heute viel kälter und vom Frühling ist nichts mehr zu sehen. Der Himmel trägt ein wolkenverhangenes unattraktives Grau, aber noch hält er seine Schleusen geschlossen.

Nach überaus erhellenden Wandererfahrungen im heimischen nasskalten Regenwetter bin ich in puncto Bekleidung heute auf alle Naturgewalten vorbereitet. Unter meiner signalroten Regenjacke trage ich drei weitere Zwiebellagen.

Als ich am Wegweiser vorbeikomme, warten darunter noch ganze zwei meiner achtzehn gestern dort deponierten Pilgersteine auf Mitnahme durch die Caminogalaxis. Beide in meiner Lieblingsfarbe Lila. Auf dem einen steht »Vertraue«, auf dem anderen »Glaube an dich«.

Ich muss zum ersten Mal heute ziemlich breit grinsen. Wie das zusammenpasst! Sicher kein Zufall, dass meine derzeitigen mentalen Schwingungen genau diese Worte auf diesen beiden Steinen gebrauchen können. Vielleicht ist das ja ein Zeichen, dass ich die zwei wieder einpacken und selbst mitnehmen soll?

Ich sehe mich verstohlen um – nach wem oder was, weiß ich nicht genau. Seine eigenen Steine mitzunehmen, ist ja nicht verboten. Doch dann entscheide ich mich dagegen. Das wäre schon irgendwie albern. Außerdem habe ich noch vier Sonderexemplare in der Tasche. Für das Cruz, für Santiago und für persönliche Pilgernotfälle, denen ich begegnen könnte.

Diese beiden Steine dort warten noch auf den richtigen Träger, den sie bestimmt irgendwann finden werden. Es ist eine Übung in Geduld, Vertrauen und Glauben für sie, dass sie ankommen werden. Haha! Und für mich sowieso.

Während ich noch gedanklich damit beschäftigt bin, ob das mit den Steinen wirklich etwas zu bedeuten haben könnte, beginnt die Straße zunächst sanft, später merklich anzusteigen, links und rechts gesäumt von den letzten Häusern der französischen Zivilisation. Vereinzelt stehen Kinderfahrräder an Hauswänden gelehnt, manchmal Autos in den Einfahrten. Ich stelle mir vor, wie Generationen von Kindern nach der Schule im Tal jeden Tag diesen Anstieg mit dem guten alten Fahrrad ohne elektrischen Antrieb hochfahren oder gar schieben mussten. Später, als sie erwachsen wurden und frische Führerscheininhaber waren, kam die nächste Herausforderung auf sie zu: Anfahren am Berg bei dieser Steigung, manuell, mit Handbremse. Sie haben anfänglich sicherlich Blut und Wasser geschwitzt, als sie mit Papas geliehenem Auto, qualmenden Reifen und dem Geruch von verbranntem Gummi im Innenraum versuchten, Gas zu geben, ohne zurückzurollen und dabei den Hintermann, die Mauer oder den Graben zu erwischen.

Allmählich wird mir klar, dass ich mit dem Zwiebellook marginal übertrieben habe. Meine sogenannte atmungsaktive Regenjacke wird ihrem Etikett natürlich nicht gerecht. Die Einzige, die hier aktiv atmet, bin ich. Eigentlich bin ich ganz gut im Tritt und bisher haben mich auch nur zwei Pilgerinnen überholt, die noch immer in Sichtweite vor mir gehen. Die erste und einfachste Erkenntnis des Tages ist: Ich bin viel zu warm angezogen.

Weil ich so schön in Schwung bin, halte ich nur ungern an, aber es hilft nichts: Ich schwitze zu viel. Also öffne ich alle Gurte, wuchte meine zehn Kilogramm vom Rücken auf die Straße, schäle mich aus der Jacke, pelle den Regenschutz vom Rucksack, öffne den Rucksack, knülle die Jacke hinein, schließe die dreißig Verschlüsse am Rucksack, ziehe den Regenschutz erneut auf, wuchte den Rucksack wieder auf den Rücken, schließe alle Gurte. Fertig!

Danach ist mir noch wärmer!

Der Anstieg auf der asphaltierten Fahrstraße wird steiler, ich langsamer. Ich werde nun des Öfteren überholt. Eigentlich hätte ich erwartet, dass die meisten Pilger, die diese schwierige Etappe ohne Übernachtungsstopp gehen, schon viel früher vom Basiscamp aufgebrochen sind und um diese Zeit schon – im wahrsten Sinne des Wortes – längst über alle sich hier auftürmenden Berge sind. Aber das scheint eine weitere falsche Annahme gewesen zu sein. Was ich an Strecke für zwei Tage plane, laufen andere offenbar in sechs Stunden.

Als ich mich nach der nächsten Kurve umdrehe, sehe ich, wie auf den Serpentinen unter mir jede Menge Pilger wie in einer

Ameisenkolonne den Berg hochkrabbeln. Trotz der Anstrengung muss ich schmunzeln. Beliebt hier. Ich erinnere mich an meine lebhaften Eindrücke vorgestern bei meiner Ankunft.

Es dauert nicht lange und ich werde von der sich windenden Pilgerschlange verschluckt. Viele laufen allein, aber einige auch in Zweiergrüppchen, sich munter unterhaltend. Ich dagegen bin froh, genügend Luft zum Hören übrig zu haben.

Plötzlich traue ich meinen Ohren kaum. Unverkennbar österreichisch! Das Rentnerteam von gestern ist, zwar ohne Rucksäcke, aber in einem beachtlichen Tempo unterwegs! Die sind mindestens zwanzig Jahre älter als ich! Ich versuche, Schritt zu halten und erhöhe von Schnecken- auf Schildkrötentempo. Ich finde es, gelinde gesagt, frustrierend, von ihnen so kassiert zu werden. Und es dauert nicht lange, bis ich sie ziehen lassen muss.

Wie nennt man noch gleich die Leute, die am Ende des Tages lange nach dem Hauptfeld ankommen? Lumpensammler?

Okay. Die zweite, aber blöde Erkenntnis des Tages: Ich bin noch unfitter, als ich dachte.

* * *

Wissenschaftliche Studien belegen, dass der Mensch pro Tag bis zu sechzigtausend einzelne Gedanken hat. Ich finde einige davon ganz schön anstrengend, aber nützlich, andere hingegen komplett überflüssig. Ich habe Visionen von rasenden Hasen und langsamen Schildkröten, wobei ich mich eher mit Letzteren identifizieren kann. Ob das mit der Steigung, dem Tempo der anderen, meinem schweren Rucksack oder meinen mentalen Gletscherspalten zu tun hat, kann ich nicht sagen.

Nach ungefähr eineinhalb Stunden bin ich mit meinem tonnenschweren Gepäck ernsthaft reif für eine längere Trinkpause. Als am Wegesrand eine mehr oder weniger günstige Stelle kommt, an der schon ein sehr junger, blonder Mann im unerfreulich feuchten Gras hockt – an Bänke hat auf diesem Abschnitt ja leider keiner gedacht –, werfe ich meinen Panzer ebenfalls dort der Länge nach in die Wiese. Neben seinen überdimensionalen Rucksack. Und stöhne ein englisch akzentuiertes »Hello«.

»Hallo.« Auf Deutsch.

Dann nur noch Schweigen, während ich mich sortiere und mich mit einem weiteren Stöhnen auf meinen Rucksack und seinen gesamten Inhalt wie auf einen zu klein geratenen Hocker fallen lasse.

Ist der nur schüchtern oder einfach introvertiert? Ich versuche es mit Humor. Erstaunt dreht er den Kopf zu mir, als ich auf Deutsch anmerke, dass es für ein Lagerfeuer wohl zu ungemütlich sei. Kurz hatte ich überlegt, ob ich ihn frage, wie weit es noch bis zur nächsten Oase ist, aber das wäre schon ein gewagter Gesprächsopener in bergigen Höhen. Wahrscheinlich hätte er mich dann direkt für durchgeknallt gehalten und das bin ich ja gar nicht. Oder nur höchst selten.

Stefan kommt aus Frankfurt und sieht noch fitter aus als die Turnschuhe, die er an den Füßen trägt. Er ist der erste Pilger, den ich treffe, der sich vorgenommen hat, auf dem kompletten Francés nur zu zelten. Dies scheint mir in diesem Jahr eine sehr weise Entscheidung zu sein angesichts der Mengen an Leuten, die sich allabendlich auf die begrenzten Herbergsplätze stürzen werden. Da sein Zelt nicht mehr in den Rucksack gepasst hat, trägt er es einfach unter dem Arm.

»Du willst das Ding echt achthundert Kilometer so tragen?«, frage ich entgeistert. »Das ist doch megaunbequem!«

»Geht schon«, antwortet er ungerührt. »Heute Nacht will ich mein Zelt oben in Borda neben der Herberge aufstellen. Wenn die mich lassen.«

»Du meinst die relativ neue Unterkunft noch hinter Orisson?«

»Ja. Nicht viel weiter. Vielleicht noch einen Kilometer den Berg hoch.«

»Uuh.«

»Was ist?«

»Das ist schattig da oben. Auf über tausend Meter soll es um die sechs Grad werden heute Nacht.«

Stille. Dann: »Ja. Und?«

»Ist dein Schlafsack warm genug?«, frage ich vorsichtig und ärgere mich gleichzeitig über mein dominant ausgeprägtes Mama-Gen. Den Zusatz »Nicht, dass du dich noch erkältest« verkneife ich mir gerade noch.

Er zuckt mit den Schultern. »Ich bin da nicht empfindlich. Ich zieh' halt alle Klamotten an, die ich dabeihabe. Das klappt schon«, sagt er voller Zuversicht und Vertrauen.

Stefan hebt sich von den anderen Pilgern, die ich bislang getroffen habe, ab. Er ist nicht in Eile, verströmt eine wohltuende Gelassenheit, die ich bisher vermisst habe.

»Gehst du deinen ersten Camino?«, will ich wissen.

»Nein, ich bin auch in Deutschland schon auf mehreren Fernwanderwegen unterwegs gewesen.«

»Mit Zelt?« Ich spare mir den Zusatz »unter dem Arm« bei meiner Frage.

Er nickt. »Ja, das war toll. Viel einfacher, als ich dachte. Und die Wanderer waren auch alle supernett.«

»Das sind sie hier doch auch. Ich meine, soweit ich das beurteilen kann. Bin erst seit vorgestern hier, aber seitdem habe ich nur sehr aufgeschlossene Pilger getroffen. Ich glaube, das macht schon noch mal einen Unterschied aus zum Zelten auf einem klassischen deutschen Campingplatz. Findest du nicht?«

Er zuckt mit den Schultern. »Bisher hab ich nur mit einem Schweizer gesprochen. Gestern Abend.«

»Aber wieso? Hier kannst du alle anquatschen, die Leute sind hilfsbereit und freundlich.«

»Ich spreche nur ein paar Brocken Englisch. Habe kein Talent für Sprachen. Aber heutzutage erwartet jeder, dass alle jüngeren Leute gutes Englisch sprechen.«

»Hm.« Ich beiße in meine Banane. »Meinst du?«

»Ich habe da einfach einen riesigen Respekt vor. Es ist für mich eine absolute Überwindung, Englisch zu sprechen.«

Schon irgendwie lustig. Er muss sich überwinden, eine andere Sprache zu sprechen, ich muss mich überwinden, an steilen Abgründen entlangzugehen. Jeder hat seine eigene Achillesferse.

»Auch kein Spanisch?«

Er schüttelt den Kopf. »Nee. Wie gesagt, ich hab' einen Knoten in der Zunge. «Buen Camino» kann ich!«, sagt er dann grinsend.

»Fremdsprachen sind schon Türöffner, die das Reisen erleichtern«, sage ich. »Auch zu den Herzen der Menschen.« Und höre mich schon wieder an wie Mama Pilgerhut.

»Ja, das stimmt, aber es geht auch ohne. Ich bin hauptsächlich hier, um etwas über mich selbst zu erfahren und danach erst über andere und deren Sorgen. Ich möchte die Zeit mit mir verbringen. Mir selbst ein paar Fragen stellen. Antworten finden. Vielleicht Gott begegnen. Deshalb bin ich auch allein unterwegs. Das ist doch der Sinn des Pilgerns.«

Ich stecke das letzte Stück Banane in den Mund. Antworten finden. Das muss ich mir merken. Das will ich doch auch!

»Oder nicht? Warum bist du hier?« Er sieht mich erwartungsvoll an.

»Tja …« Ich grummele etwas Unverständliches mit vollem Mund. Soll ich ihm sagen, dass ich auf der Suche nach einem Puzzleteil bin?

»Du weißt es noch nicht, oder?«

Ich schüttele den Kopf, wende mich meinem Rucksack zu. Er ist ein wirklich interessanter Gesprächspartner, da bin ich mir sicher.

Vielleicht könnte ein längeres Gespräch mit ihm mich meinem Puzzleteil näherbringen. Aber hier, mitten am Berg bei dem bescheidenen Wetter und meinen bescheidenen Fähigkeiten, ist mir grade nicht nach mehr Intensität. Ich blocke bewusst ab, was mein erstes eindringliches Caminogespräch hätte werden können. »Ich glaube, ich muss weiter, das sieht nach Regen aus und ich bin leider sehr langsam unterwegs«, sage ich und schlüpfe ob der drohenden Wolkenberge wieder in meine Regenjacke, schultere mein Pack und bin bereit zum Weiterlaufen.

»Okay. Ich komme mit.« Er steht ebenfalls auf.

Stefan weicht mir von da ab nicht mehr von der Seite. Ich mache ihm klar, dass ich bergauf nicht sprechen kann, aber das scheint ihn nicht zu stören. Er setzt auf nonverbale Kommunikation, läuft an mir vorbei und wartet dann alle fünf Minuten auf mich.

Dafür stellt er sich meistens in den Kurven seitlich erhöht an den Hang, sodass er fast wie ein Kurzhaarengel über mir thront, wenn ich um die Ecke biege. Dann lässt er mich vorbeiziehen, um mich kurz darauf wieder zu überholen. Dabei trägt er sein mindestens zwei Kilogramm schweres, wuchtiges Zeltpaket abwechselnd unter dem linken oder rechten Arm geklemmt oder auch mal vor sich im Arm, wie ein Baby, das er behütet. Fast kommt es mir vor, als hätte ihn irgendjemand für mich geschickt, damit er auf mich aufpasst, während ich den Berg erklimme.

Aber wahrscheinlich ist das reine Einbildung. Wie bei den zwei lilafarbenen Steinen auch schon.

* * *

Was ich mir nicht einbilde, ist, dass es immer steiler wird. Eine Abkürzung zurück zur Straße geht in Serpentinen hinauf. Weshalb kann ich nicht wenigstens das Dach des Hauses, das ich gestern durch Jerrys Teleobjektiv erspäht hatte, langsam mal sehen?

Je höher ich steige, desto höher steigt auch mein Puls. Die Luft wird kälter und dunstiger, mein Atem schneller und schwerer. Endlich erreiche ich die gestern erspähte Hütte. Zu meinem Leidwesen stellt sich heraus, dass es nicht das Dach von Orisson ist, welches ich gestern glaubte, vor mir zu haben. Dieser nicht bewirtschaftete Unterschlupf liegt noch unterhalb der Herberge und dient lediglich für eine Handvoll Selbstversorger als Übernachtungsplatz. Er sieht verschlossen aus. Vor dem Haus blockieren ein paar Pferde den Weg. Eines reibt gerade sein kräftiges Hinterteil an der dort installierten metallenen Bergpanoramakarte und versetzt diese in rhythmische Schwingungen. Ich gebe meinem Kolibripuls etwas Zeit, sich zu beruhigen, während ich die Bergnamen auf der zitternden Tafel studiere. Mein Blick wandert bewundernd über das Pferdehinterteil hinweg auf die im grauen Dunst verschwundene Bergwelt.

Schon schade. In meinen Vorstellungen von diesem landschaftlich reizvollen Routenteil hatte ich natürlich schönes Wetter gehabt. Während ich so stehe und mit der nicht vorhandenen Fernsicht hadere, sprinten zwei ältere, fast kahle Herren, kräftig schwitzend, ohne Blick für Tafel und Dunst, dafür aber freundlich grüßend, an mir vorbei. Ich nehme diesen Beweis körperlicher Leistungsfähigkeit zum Anlass, ebenfalls weiterzugehen. Allerdings vergleichsweise mit halber Geschwindigkeit.

Ich weiß, es sind nur noch neunhundert Meter. Die ziehen sich allerdings wie Kaugummi, weil es weiterhin bergauf geht. Ich mag echt nicht mehr. Wann kommt denn endlich diese blöde Herberge in Sicht?

Frustriert lasse ich mich nach gefühlter Ewigkeit auf einen größeren Stein am Wegesrand sinken. Ich denke an den Flaschensauerstoff, der den Everestteilnehmern von Sherpas bei Bedarf gereicht wird. Ich schiebe mir mangels Extraluft für die Lungen wenigstens einen Müsliriegel zwischen die Zähne. Das hilft nur bedingt. Im Gegenteil. Es verursacht einen heftigen Hustenanfall.

Weil ich, nassgeschwitzt wie ich bin, unheimlich schnell auskühle, stehe ich aber bald wieder auf und zwinge mich dazu, weiterzugehen. Stefan hat mich vor Kurzem überholt und müsste eigentlich hier irgendwo herumlungern. Suchend gehe ich um die nächste scharfe Biegung. Praktisch in Spuckweite meines letzten Rastplatzes, aber perfekt verborgen, taucht die Albergue Orisson wie aus dem Nichts auf.

Wie ein Segelschiff mit ramponierter Takelage laufe ich im Hafen meiner Wahl ein. Sehr happy, aber völlig geschafft. Auf der Terrasse sitzt, entspannt und gemütlich schon vor einem großen Bier, Jörg aus Wuppertal, der größere der beiden Pilger, die mich an der Tafel überholt haben. Er beobachtet interessiert meine Ankunft und kommentiert mein Eintreffen mit: »Oh, du siehst aber gequält aus. Du läufst noch ziemlich unrund. Schau mal, dass du deinen Rhythmus in den nächsten Tagen findest.«

Ich starre ihn ein wenig missgelaunt an. Ich hatte mich noch extra bemüht, für die Zielankunft entspannt auszusehen. Er hat ja recht, aber erkennt man das tatsächlich so deutlich? Und muss man das dann auch so deutlich sagen? Ein wenig Aufbaumotivation wäre jetzt hilfreicher gewesen.

Ich lasse meinen Rucksack vor dem Eingang wie einen Sack Reis zu Boden klatschen, gehe rein und zeige der Frau hinter dem Tresen meinen Pilgerpass und meine Reservierung. Sie zeigt mir im Gegenzug meinen Schlafsaal, der sich in einem separaten Gebäude etwas unterhalb des Haupthauses am Hang befindet.

Es ist ein alter, unbeheizter, sehr niedriger Flachbau mit dünnen Wänden, bestehend aus einem schmalen Raum mit fünf Doppelstockbetten, einer Toilette und einer Dusche. Alle unteren Betten sind natürlich schon belegt. Ich besetze zwangsläufig das erste »Topbunk« und klettere hoch. Bei dem Versuch, dort meinen Schlafsack auszubreiten, stoße ich mir erstmal gehörig den Schädel an der niedrigen Decke. Die Temperatur hier drinnen unterscheidet sich nur unwesentlich von der Außentemperatur. Vielleicht noch gerade so im zweistelligen Bereich. Zum Glück gibt es eine zusätzliche Decke, denn eine Heizung suche ich vergeblich.

Für die Dusche habe ich einen Chip zum Einwerfen bekommen.

»Wenn du duschen möchtest«, erklärt mir eine gerade von dieser Mission zurückkehrende, noch halbnasse Holländerin, »musst du schon nackt in die Dusche steigen. Du hast genau fünf Minuten, wenn du das Wasser andrehst.«

»Klingt interessant.«

»Die gute Nachricht ist, dass es warmes Wasser gibt. Die schlechte, dass es erst nach drei Minuten warm wird.«

Ich kriege einen kurzen Lachanfall. Ich habe ungefähr so viele Haare wie Rapunzel, echt dick, nur wesentlich kürzer. Die brauchen allein fünf Minuten, bis sie nass sind. Da ist der Rest von mir noch staubtrocken.

Gut, dann eben ohne Haare waschen, entscheide ich aus einer spontanen Laune heraus. Weil ein Föhn natürlich keinen Platz auf meiner persönlichen Arche namens Rucksack bekommen hat, werde ich Frostbeule bei dem Wetter nicht direkt die erste Erkältung riskieren. Eiskaltes Haupthaar ist nur was für Eisköniginnen.

Ich verhalte mich in der Nasszelle wie geraten und bin extrem dankbar, dass der Duschgott mir hold ist und mir vier von fünf Minuten warmes Wasser genehmigt. Bis ich allerdings, abwechselnd auf meinen Sandalen balancierend, mit meinem nicht saugfähigen Funktionshandtuch abgetrocknet bin, haben sich schon die ersten Anzeichen von Gefrierbrand auf Armen und Beinen entwickelt. Ich schlüpfe in alle frischen Kleidungsstücke, die ich noch im Rucksack finde. Das sind nicht so viele, denn ich habe ja schon drei Lagen angehabt.

Dann klettere ich zum zweiten Mal auf mein Hochbett. Sobald ich mich dort bewege, wackelt das ganze Gestell. Das kann ja heiter werden. Candice aus Kalifornien, meine Bettunterfrau, wird denken, sie fährt Zug, so wird es schaukeln, jedes Mal, wenn ich mich umdrehe. Und ich werde seekrank werden.

* * *

Die Nacht wird erwartungsgemäß grauenvoll. Ich friere trotz Schlafsack und Decke wie ein Schneider. Während ich den penetranten Geräuschen eines ermatteten Gaumensegels lausche, habe ich viel Zeit, den Abend Revue passieren zu lassen.

Es braucht gar nicht viel, um so eine Pilgerbande schnell liebzugewinnen.

Bis zum Abendessen habe ich mich blendend unterhalten. Zu viert oder fünft haben wir an den im Raum verteilten Tischen gesessen und zumeist Englisch gesprochen, die Stimmung schon sehr heiter.

Zum gemeinsamen Essen hockten dann sechzig Übernachtungsgäste hungrig an drei langen zusammengeschobenen Tischen. Die französische Herbergsfrau verschafft sich etwas später – über den Lärmpegel hinweg – Gehör und erklärt, dass es in Orisson schon seit vielen Jahren ein Ritual gebe.

»Dieser Brauch beinhaltet, dass unsere Gäste von ihrem Platz aufstehen und sich den anderen Anwesenden vorstellen. Für die allermeisten ist dies ja der erste Abend auf ihrem Camino.«

Kurze Kunstpause. Leises Raunen.

»Hört einander zu, prägt euch die Gesichter eurer Mitpilger gut ein, erinnert euch an ihre Worte und Geschichten. Zehn bis fünfzehn Prozent der Anwesenden seht ihr in einigen Wochen vor der Kathedrale wieder. Ihr werdet euch in den Armen liegen und diesen Moment, diese Menschen und diese vergangenen Wochen nie vergessen. Sie werden sich für immer in euer Gedächtnis einbrennen.«

Während der Vorstellungsrunde entsteht eine ganz eigenartige Energie im Raum. Jedem wird aufmerksam zugehört. Manche präsentieren sich lustig, andere ernst, einige geben mehr von sich preis. Gesprochen wird hauptsächlich auf Englisch, aber auch auf Französisch, Spanisch, Portugiesisch, und einmal höre ich sogar Deutsch.

Es wird viel gelacht. Ich habe noch nie erlebt, dass eine so unterschiedliche, bunt zusammengewürfelte Gruppe von zufällig aufeinandertreffenden Personen in dieser Größenordnung so schnell zusammenwächst. Aber diese Menschen knüpfen – wahrscheinlich wie an jedem Abend in Orisson – schnell ein unsichtbares Band, das die Einzelnen fest miteinander verbindet. Diese Verbindung wirkt so stark durch dieselbe Passion und dasselbe Ziel. Wir alle wollen in Santiago ankommen und dafür die Strapazen des Weges auf uns nehmen. Wir alle wissen nicht, was der Weg für uns bereithält.

Vor lauter Emotionen habe ich eine krasse Gänsehaut, während ich den anderen lausche. Jeder Vortrag wird frenetisch beklatscht. Nach neunundfünfzig Vorrednern bin ich die letzte, die aufsteht.

Obwohl ich es aus meiner beruflichen Vergangenheit als Standesbeamtin gewohnt bin, frei vor vielen Leuten zu sprechen, schlägt mir jetzt das Herz bis zum Hals.

»Im Gegensatz zu vielen anderen meiner Vorredner ist es mein erster Camino. Als ich meiner Familie, meinen Freunden und Bekannten 2019 zum ersten Mal erzählt habe, dass ich bald durch Spanien pilgern werde, haben sie alle geglaubt, dass das verrückt ist. Vor allem haben sie nicht geglaubt, dass ich es auch tatsächlich tun werde. Keiner hat das gesagt, aber ich habe es in ihren Augen gesehen. Sie haben gelächelt, genickt und gedacht, es sei eine weitere meiner vielen tollen Ideen, die sich am Ende in Wohlgefallen auflösen werden. Eine Freundin fragte mich: Sandra, glaubst du wirklich, dass es das Richtige für dich ist?

Ich habe geantwortet: Ja, ich bin fest davon überzeugt.

Sie sagte: Es erfordert wahren Mut, das zu tun, wovon du überzeugt bist. Wenn du sicher bist, dann rede nicht nur, sondern mache es auch!

Was viele meiner Bekannten nicht wissen konnten, war, dass das Vorhaben, den Francés zu gehen, mich schon einen Großteil meines Lebens begleitet hat, lange, bevor ich es vor drei Jahren überhaupt ausgesprochen habe. Wie bei einigen von euch hat es dann wegen der Pandemie doch noch etwas länger gedauert. Bis heute.«

In die erwartungsvolle Stille hinein hole ich tief Luft und fahre dann fort: »Ich habe eine tolle Familie, zwei Kinder und einen Mann, der mir den Rücken für diese Unternehmung freihält. Sie geben mir die Freiheit, meinen großen Traum zu leben. Ich freue mich auf diese echte Herausforderung und ich kann es kaum fassen, dass ich heute meine ersten Schritte auf dem Camino Francés gemacht habe. Das macht mich gerade zu einem sehr, sehr glücklichen Menschen.«

Ich setze mich schnell wieder hin. Applaus brandet auf.

Ich habe mich gefühlt, als wäre ich in ein Glas voller Euphorie gefallen. Meine Bedenken, dass ich es körperlich nicht schaffen und dass mein »wahrer Mut« sich unterwegs ab und zu verflüchtigen könnte, sind in den wenigen Stunden auf der Hütte einfach wie mit einem weichen Lappen weggewischt worden.

Eine deutsche Stimme reißt mich unsanft aus dieser warmen, lebhaften Erinnerung. Maybrit, eine ältere, etwas zerstreut wirkende Lady aus Norwegen, die eine ganze Weile ihres Lebens in der Schweiz verbracht hat, schaukelt wach im Twin Tower neben mir. In ihrem unverkennbar eingefärbten Dialekt nörgelt sie lautstark, dass sie nicht schlafen kann. Weil jemand so laut schnarcht.

Tja, warum sollte es ihr besser gehen als mir? Und, was soll man da machen? Ohropax rein und es schweigend aushalten statt im Schlafsaal zu randalieren und alle, die über gesegneten Schlaf verfügen und besser dran sind als man selbst, durch sein Geschrei zu wecken.

Das ist eine der ersten sehr wichtigen Übungen in Gelassenheit auf dem Camino. Ich kann versichern, wer es in der ersten Nacht im Schlafsaal nicht schafft, entweder zu schlafen oder den Lärm gelassen zu ertragen, wird noch viele weitere nächtliche Gelegenheiten zum Üben erhalten.

Es dauert eine Weile, dann höre ich die Norwegerin wieder ruhig atmen, bevor – das kann doch wohl nicht wahr sein! – auch ihr Gaumensegel beginnt, lautstark zu flattern. Trotz meiner misslichen Situation muss ich grinsen. Eigentlich müsste man das aufnehmen und ihr morgen vorspielen.

Ich gebe es auf, an Schlaf zu denken, und bringe stattdessen das Bett erneut zum Schaukeln, indem ich meine Einschlafposition schon wieder ändere, ähnlich wie das Faultier Sid in der berühmten Szene des Films Ice Age. Während ich mit den Zähnen ein leises Konzert in Frost-Dur klappere, versuche ich, mir die Namen und Gesichter des Abends zurück ins Gedächtnis zu holen. Mir ist jetzt schon klar, dass ich mir nicht alle werde merken können. Aber ich hoffe, dass ich viele von ihnen im Verlauf des Caminos wiedertreffen und die heutige kurze Bekanntschaft vertiefen kann.

Ich wüsste zu gern, wer zu den zehn Prozent gehören wird, mit denen ich zusammen in sechs Wochen in Santiago vor der Kathedrale stehen werde. Dass ich zu den »Vor-der-Kathedrale-Stehern« gehören werde, daran zweifele ich keine Sekunde.

04

Eine wichtige Lektion

*»Gehe hundert Schritte in den Schuhen eines anderen,
wenn du ihn verstehen willst.«*
(Weisheit der amerikanischen Ureinwohner)

Nach einer gefühlten Ewigkeit hat die Nacht endlich ein Ende. Um sechs krabbeln die ersten Mutigen aus ihren Schlafsäcken und auch ich gehöre dank meines neuerdings gestörten Biorhythmus' dazu.

Hoffentlich rächt sich der fehlende Schlaf nicht ausgerechnet heute auf dem anspruchsvollsten Stück und schlägt sich in Kraftlosigkeit nieder. Aber es ist, wie es ist: Zeit, den Tatsachen ins Auge zu sehen. Leise gehe ich zur Eingangstür und öffne sie vorsichtig.

Kühle Luft, schwer von Feuchtigkeit, schlägt mir entgegen. Der Morgen präsentiert sich trüb. Dichte Nebelschwaden ziehen träge vom Tal herauf und umgeben die Füße der Berge wie zu groß geratene weiße Wollsocken. Es nieselt sanft. Vereinzelt bahnen sich schwere Tropfen ihren Weg vom Dach, stürzen sich todesmutig über die Kante und zerplatzen mit einem »Wotsch« in einer Minipfütze neben mir.

Müde atme ich die herbe Bergluft ein und horche in die Stille hinaus. Es ist friedlich hier.

Heute habe ich Großes vor. Ich werde über den Pass nach Spanien gehen. Sowohl die morgendliche Kühle, als auch der Gedanke an die bevorstehende Herausforderung lassen mich frösteln.

Für sieben Uhr ist das Frühstück im etwa fünfzig Meter entfernten Haupthaus anberaumt. Bis dahin ist noch genügend Zeit. So kümmere ich mich intensiv um meine Füße, auch, indem ich ihnen Mut zuspreche. Und ihnen erkläre, dass uns andernfalls das Schicksal droht, zurückzubleiben – wie ein Tütchen achtlos verschütteter Chips am nächtlichen Bahnhof. Danach sortiere ich mit eingezogenem Kopf auf dem Bett meine Habseligkeiten, rolle meinen Schlafsack sorgfältig zusammen, packe alle Kleidungsstücke bedächtig zurück in ihre wasserdichten Packsäcke, klettere vom Bett und verstaue schließlich das ganze Zeug wieder im Rucksack. Als ich fertig bin, bemerke ich erstaunt, dass ich die Letzte im Schlafsaal bin. Alle anderen haben das Zimmer bereits, wie mir scheint, fluchtartig verlassen, um so bald wie möglich in den langen Tag zu starten. Also schultere auch ich meinen Rucksack und eile hinaus. Dem Regal draußen direkt neben der Tür widme ich kaum Aufmerksamkeit, will meine Schuhe mit einer fließenden Handbewegung im Vorbeigehen schnappen, dort, wo ich sie gestern platziert hatte. Aber irgendwas stimmt nicht. Mehrere Synapsen schlagen Alarm. Ich halte in der Bewegung inne. Ungläubig fixiere ich den Punkt wie die Schlange ihre Beute, kurz bevor sie zupacken will. Nur, dass es nichts mehr zum Zupacken gibt. Für mindestens drei Sekunden lang stehe ich da wie vom Donner gerührt, Fragezeichen in den aufgerissenen Augen – vermutlich sehe ich aus wie Kater Tom aus einem Tom-Jerry-Cartoon, dem mal wieder ein exzellenter Streich gespielt worden ist.

Fakt ist: Es stehen nur noch zwei Schuhe im Regal, und eine genauere optische Kontrolle bestätigt, dass es ganz und gar nicht meine sind! Entweder haben meine über Nacht die Fähigkeiten eines Chamäleons erworben und sich in deutlich kleinere, rotschwarze Exemplare verwandelt, oder ich stecke jetzt in echten Schwierigkeiten. Wobei auch erstere Möglichkeit wohl ein nicht zu unterschätzendes Problem darstellen könnte.

Ich spüre, wie Entsetzen und Panik gleichzeitig in mir hochkriechen, während mein Krisenmanagement versucht, das Ausmaß dieser gerade eingetretenen Katastrophe einzuschätzen. Irgendwo im Hintergrund meines Schädels versucht jemand, gedämpft beruhigend auf mich einzuwirken, aber der hysterische Anteil meiner Persönlichkeit übertönt ihn locker und schreit ein paar W-Fragen zurück: Was ist da passiert? Warum sind die Schuhe weg? Wer hat sie genommen? Wie bekomme ich sie zurück?

Auf jeden Fall ist klar: Tauchen diese Schuhe nicht bald wieder auf, kann ich die heutige Etappe vergessen! Bei dem Wetter in Sandalen über einen Pyrenäenpass zu wandern, lässt sich irgendwo einordnen zwischen reichlich waghalsig und vollkommen bekloppt, wobei Letzteres nur auf eine deutlich jüngere Version von mir zutreffen würde. Wahrscheinlich wäre ich vor dreißig Jahren verrückt genug gewesen, um in Sandalen zu laufen. Heute sicher nicht. Ganz abgesehen davon, dass ich nicht weiß, was mich an Terrain erwartet, hätte ich innerhalb von zehn Minuten durchnässte Socken und eiskalte Füße. Genau wie eiskalte Haare sind auch eiskalte Füße eher was für Eisköniginnen in Glasschuhen. Elsa ist nicht mein zweiter Vorname. Man muss die Extremsituationen ja nicht direkt am Tag zwei der gesamten Pilgerreise schon heraufbeschwören. Gefroren habe ich schon genug heute Nacht. Wäre ich jetzt im Lager I am Mount Everest und meine Schuhe wären versehentlich über Nacht den vereisten Berg heruntergerutscht, wäre dies jetzt mein Todesurteil.

Calm down!

* * *

Nachdem ich die Hysterikerin in mir erfolgreich zurückgedrängt habe, übernimmt die Logikerin: Wer klaut denn in dieser abgeschiedenen

Bergidylle anderen Pilgern die Schuhe? Ich glaube ja grundsätzlich zuerst an das Gute im Menschen. Deshalb kann ich mir beim besten Willen nicht vorstellen, dass jemand der hier Anwesenden meine Trekkingstiefel, die das Gewicht eines mittelgroßen Asteroiden haben, im Rucksack verstaut und pfeifend damit verschwindet. Nichts ist unmöglich, aber dieses Szenario erscheint mir doch reichlich absurd.

Ich schaue über die Brüstung den Hang hinab. Sind sie vielleicht doch den Berg runtergerutscht? Weil der Wind sie heruntergeweht hat? Das hätte schon ein ausgewachsener, aber sehr leiser Tornado sein müssen, den ich heute Nacht wegen der Schnarchnasen verpasst hätte. Schlichtweg unmöglich.

Eine Verwechslung? Dann müsste doch ein optisch ähnliches Paar noch dort stehen. Den Gedanken, dass jemand, ohne es zu merken, statt seiner zierlichen roten Bergschuhe meine blauen, viel zu großen anzieht, klammere ich von vornherein aus. Das wäre einfach zu crazy.

Hektisch wühle ich nach meinen eben erst verstauten Trekkingsandalen, ziehe sie an und renne durch die Pfütze, die jetzt ein sehr lautes »Wotsch« von sich gibt, zum Speisesaal. Hier sitzen gerade viele Frühstücker an breiten Tischen und unterhalten sich lautstark über das miserable Wetter. Vereinzelt gibt es noch leere Plätze. Ich drängele mich an der Kaffeewarteschlange vorbei zum französischen Hüttenwirt und schildere ihm aufgeregt mein Problem.

Er schaut mich unbeeindruckt an. »So was kommt immer mal wieder vor. Ich habe noch keine Schuhe gefunden heute.« Er zuckt mit den Schultern und wendet sich dem nächsten Pilger und dessen Anliegen zu.

Sicher hat er auch noch nicht danach gesucht. Nicht sehr hilfreich dieser Typ. Ich kann mich nicht beherrschen. »Schuhe laufen doch kaum von alleine los!«, blaffe ich.

Er würdigt mich keines weiteren Blickes. Das mag daran liegen, dass ich ohne Vorwarnung Englisch mit ihm gesprochen habe. Oder am Sarkasmus. Vielleicht auch am Sarkasmus auf Englisch – jedenfalls nervt mich, dass er mich einfach ignoriert. Mir fällt ein Buch ein, das ich vor Jahren mal gelesen habe. Darin machen sich ein paar Objekte selbstständig auf eine lange Reise durch Amerika – eine schmutzige Socke war auch dabei, aber, soweit ich mich erinnere, keine Pilgerschuhe.

In meiner Verzweiflung bitte ich die Anwesenden laut um ihre Aufmerksamkeit. Ich erkläre mit sich überschlagender Stimme, dass ich auf der Suche nach meinen Wanderstiefeln sei, und beschreibe meine dunkelblauen Bergstiefel, Größe zweiundvierzigeinhalb. So klobig, dass sie auch für ein Herrenmodell durchgehen könnten. Fast schon flehentlich frage ich: »Has anybody seen my boots?«

Nach einem kurzen Schweigen schütteln alle mit dem Kopf. Dann entbrennen Diskussionen in mehreren Sprachen. Ergebnislos.

Ziemlich desillusioniert verlasse ich den Frühstücksraum wieder, um noch einmal das Regal zu inspizieren. Die Hoffnung, dass die Schuhe nur eine Weile unsichtbar gewesen und inzwischen wieder wie von Zauberhand aufgetaucht sein könnten, zerschlägt sich jedoch sofort wieder.

Ich suche den Schlafraum ein zweites Mal ab. Unter allen Betten. In allen Ecken. Vielleicht hatte sie gestern Abend jemand in guter Absicht mit reingenommen. Warum auch immer. Aber meine Schuhe bleiben wie vom Erdboden verschluckt.

Ich hadere kurz mit meinem Schicksal. Wie kann das sein? Jahrelang habe ich mich auf den Camino Francés gefreut und mir immer wieder vorgestellt, wie es sein würde, endlich unterwegs zu sein. Und hier bin ich – genau an Tag zwei, acht Kilometer hinter Saint-Jean. Und schon steht alles auf der Kippe, bevor es überhaupt richtig begonnen hat? Weil sich entweder jemand einen schlechten Scherz erlaubt hat oder meine Schuhe ohne mich losgegangen sind.

Mir ist bereits klar, dass ich mit dem Taxi zurück nach Saint-Jean fahren muss, falls sie noch nicht aufgetaucht sind, wenn der letzte Pilger die Herberge verlassen hat. Dort könnte ich zwar im Pilgershop neue Schuhe besorgen, aber ob der für meine breiten Hobbitfüße ein passendes Modell hat, steht auf einem anderen Blatt. Und selbst wenn, wären die natürlich nicht eingelaufen – und Blasen vorprogrammiert.

Ich breche meine Was-wäre-wenn-Gedankenkette ab. Ich bin noch nicht zum Aufgeben bereit!

Am Eingang zum Aufenthaltsraum treffe ich auf Jörg, der viele Jahre bei der Kripo gearbeitet hat. Von ihm erhoffe ich mir ein wenig kriminaltechnische Unterstützung. Aber wahrscheinlich könnte die nur ein Polizeihund liefern, der darauf abgerichtet wurde, unter diversen müffelnden Schuheinlagen meine zu erschnüffeln. Ich fürchte fast, dass bei der Menge an geruchsintensiven Einlagesohlen auf kleinstem Raum jede noch so feine Spürnase gnadenlos überfordert wäre.

Jörg ist ebenso ratlos wie ich.

Ich sehe mich um und seufze tief. Der Frühstücksraum ist nun voll bis auf den letzten Platz. Es ist meine letzte Chance, bevor die ersten aufbrechen. Ich habe nach wie vor keine logische Erklärung für das mysteriöse Verschwinden meiner Treter. »Hat wirklich niemand meine Schuhe gesehen?«

Ich kann die Verzweiflung in meiner Stimme selbst hören, als ich die Pilger zum zweiten Mal anspreche. Kurz erinnere ich mich, mit welcher Inbrunst ich kaum zehn Stunden zuvor in diesem Raum von meinem großen Traum gesprochen habe.

Hilfesuchend sehe ich die anderen Pilger an. Und ernte mitleidige Blicke. Es wird ziemlich ruhig. Ein bleischweres Gewicht legt sich auf meine Schultern und droht, mich in die Tiefe zu ziehen. Vereinzelt klappert Geschirr. Wie betäubt gehe ich zu meinem Platz und setze mich Anna und Lucas gegenüber auf die Bank. Ich kann es einfach nicht fassen, was hier geschehen ist.

Und dann, als ich schon ans Aufgeben denke, passiert das vollkommen Unerwartete: Die kleine alte Norwegerin, Maybrit, schaut an sich herab und ruft plötzlich in absoluter Überraschung laut in ihrem einzigartigen Dialekt: »Ja, nein! Das sind ja gar nicht meine Schuhe, die ich da anhabe!«

Totenstille. Alle starren sie an.

»Oh, wie kann mir das passieren? Da muss ich die wohl verwechselt haben! Oh, das tut mir aber wirklich leid jetzt! Verzeihung vielmals!« Wie zum Beweis, streckt sie ihr Bein aus und zeigt allen Anwesenden, welchen Fremdkörper sie da an ihrem Fuß hat: einen meiner für sie viel zu großen Bergschuhe.

Will die mich auf den Arm nehmen? »Hast du denn bisher nichts von meiner Suche mitbekommen? Du hast doch vorhin auch schon hier gesessen!«

»Ja, nein, ich spreche ja so schlecht Englisch, ich habe mich unterhalten und gar nicht zugehört. Und gerade eben hat mir meine Nachbarin übersetzt, was du gesagt hast.« Sie zeigt auf Teresa.

Ich öffne den Mund. Und schließe ihn wieder. Wie ein Karpfen auf dem Trockenen. Ich suche statt nach meinen Schuhen nun nach meiner Fassung.

Am liebsten möchte ich schreien, aber es kommt nichts heraus.

Nur in meinem Kopf singt Tim Bendzko: *Mir fehlen die Worte, ich hab' die Worte nicht. Ich bin ohne Worte …*

Lucas schaut mir ins Gesicht, steht wortlos auf und bringt mir eine überdimensionale Schale heißen Tee.

Ich sitze still da und lasse meine Tränen der Erleichterung einfach die Wangen herunterrollen. Alle können es sehen, aber es ist mir total egal. Sie tropfen von meinem Kinn wie draußen der Regen vom Dach. Manche schaffen es in den Tee. Sie verursachen eine Welle in ihrem kleinen, runden Pool. Wie dieser kleine Zwischenfall in mir.

Ein Mann bringt mir meine Schuhe und stellt sie neben mich, legt mir die Hand auf die Schulter. Ich weiß nicht mehr, wer er war, aber seine Hand ist warm und tröstend gewesen.

Wäre das auch alles so passiert, wenn ich die beiden lilafarbenen Steine gestern wieder eingesteckt hätte? Natürlich! Eine Verkettung unglücklicher Umstände war das. Und noch viel mehr als das. Für mich ist es die erste Lektion in puncto Vertrauen, dass sich alles finden wird. Ein Moment, an den ich mich definitiv für eine sehr lange Zeit erinnern werde.

Ich habe Gänsehaut am ganzen Körper. Es heißt ja, dass der Weg jeden irgendwann dazu bringt, zu weinen. Daran habe ich auch keinen Zweifel. Aber hätte das denn nicht noch ein wenig Zeit gehabt?

05

»Bootlady & Bootbandit«

*»Dreht euch nicht um, der Bandit geht herum. Wer sich um-
dreht oder lacht, dem klau ich Schuhe in der Nacht.«*
(Bootbandit)

An jenem Morgen werden Maybrit und ich zu Legenden auf dem
Camino. Mir verpasst man den Spitznamen »Bootlady«, Maybrit
wird fortan unter »Bootbandit« geführt.

Jeder Pilger, der in Orisson dabei war und mich in den ersten
Stunden danach überholt, spricht mich an, und bekundet seine
Empathie für die von mir erlebte Situation. Ich höre immer wieder
»I felt for you« – ich habe so mit dir gefühlt. Dieser Zuspruch ist
Balsam für meine geschundene Schuhseele, besser noch als Hirsch-
talg für die ermutigten Füße.

Genau wie ich kann niemand glauben, wie es möglich ist, sich
andersfarbige und viel zu große Schuhe anzuziehen, ohne sofort zu
bemerken, dass es die falschen sind. Selbst bei Farbenblindheit fühlt
man doch genau, wie bequem der eigene ausgelatschte Wander-
schuh sich an den eigenen Fuß schmiegt. Ich bin der Banditin
wirklich nicht böse, aber aus Angst vor weiteren unberechenbaren
Kapriolen, die meine Ausrüstung reduzieren könnten, möchte ich
ihr trotzdem so schnell nicht wieder begegnen.

Tatsächlich erzählen mir mehrere Frauen unterwegs, dass sie
extra knallbunte Schnürsenkel eingefädelt hätten, damit genau so
eine Verwechslung nicht passiert. Aha! Vorsicht ist die Mutter aller
öffentlichen Schuhregale.

Dass ähnlich aussehende Schuhpaare ein Verlustrisiko und damit eine zusätzliche Hürde bei der Bewältigung des Caminos darstellen könnten – daran hätte ich im Traum nicht gedacht. In meinem Fall hätte vermutlich nur eine eingebaute Alarmanlage geholfen.

Je öfter ich die Geschichte erzähle, desto breiter kann ich darüber grinsen. Mit Maybrits sensationellem Auftritt beim Frühstück hat das Ganze im Rückblick durchaus eine komische Seite.

Und außerdem noch einen positiven Effekt. Ich war so fokussiert auf die Schuhe, dass ich glatt vergessen habe daran zu zweifeln, ob ich die Bergetappe schaffen kann, und bin einfach losgerannt.

Zum Glück in die richtige Richtung, nach Westen.

* * *

Nach den ersten Kilometern wird der Nebel dichter und die Luft noch feuchter. Ich fühle mich wie ein Grashalm unter dem feinen Sprühregen eines Rasensprengers. Wahrlich nicht der beste aller Tage, um über diese so gut wie unsichtbaren Berge zu klettern, aber ich bin hier und habe überhaupt die Wahl, es zu tun. Allein diese Tatsache ist ungeheuer wichtig für mich und lässt eine aufkeimende Schlechtwetterlaune von mir abperlen wie die Tropfen von meiner Regenjacke. Wenigstens da hält sie, was das Etikett versprochen hat. Allerdings tropft es mir ins Gesicht, was unangenehm ist. Ich schnüre die Kapuze noch enger, sodass ich nur noch stur geradeaus gucken kann, und gebe mir alle Mühe, den Anschluss an hin und wieder überholende Pilger nicht zu verlieren. Doch allzu oft laufen sie mir davon und der Nebel verschluckt sie nach wenigen Metern. Es wäre beruhigend, die sanft schaukelnden Regenponchos in Sichtweite zu haben, statt allein durch die dicke, weiße Stille zu stapfen. Sie sind ein ermutigender Hinweis, dass ich noch auf dem richtigen Weg bin.

Ich drehe den Kopf wegen meines eingeschränkten Sichtfensters mehrfach nach rechts, um den Hang talwärts einzuschätzen. Scheint steil zu sein. Vermutlich geht es hier tief hinunter. Ich horche schnell in mich hinein, ob irgendjemand deshalb einen Herzalarm auslöst. Aber mein für Angst zuständiges kleines Mandelkernchen im Gehirn scheint heute noch – oder vielleicht schon wieder – müde zu sein. Es verhält sich erstaunlich unauffällig bei dieser Feststellung.

Besser so. Man muss Flügel haben, um den Abgrund zu lieben. Ich unterdrücke den Impuls, mir die Schultern zu reiben. Der Rucksack drückt. Seit Kurzem merke ich eine erste Verspannung dort.

Schade, dass ich Stefan nicht wiedergesehen habe. Er hätte sicher keinen Gedanken für den Abgrund übrig. Für mich Flügellose hingegen ist es besser, diese Abgründe gut verborgen zu wissen.

* * *

Trotz meiner intensiven Streckenvorbereitung stehe ich plötzlich an einer Weggabelung ratlos da, unsicher, wo es weitergeht. Meine Orientierung ist schon bei Sonnenschein und sichtbaren Weg-markierungen nur mäßig ausgeprägt, in der undefinierten Nebel-suppe aber einfach gar nicht vorhanden. Eigentlich hätte laut Plan nicht weit von hier eine Marienstatue stehen sollen, die ich hätte sehen wollen. Dass ich sie nicht sehe, heißt nicht unbedingt, dass sie nicht da ist. Sie könnte sich theoretisch fünf Meter vor mir befinden. Ich gebe zu, hätte sie »piep« gemacht, wenn ich mich versehentlich auf ihren Sockel gesetzt hätte, wäre das auch keine angstfreie Lösung für mich gewesen.

Leicht frustriert beschließe ich, lieber zu warten, bis jemand vorbeikommt, mit dem ich ausdiskutieren kann, wo genau wir sind. Ich möchte aus mindestens diesem einen guten Grund – der Unsichtbarkeit der Statue – hier nur höchst ungern falsch abbiegen. Bei genauerer Überlegung fallen mir noch hundert weitere ein.

Zum Glück dauert es nicht lange, bis Eugenie, blondgelockte Holländerin aus dem Bett unter der Banditin, sich wie ein Geist aus der Nebelwand schält. Die Markierungen auf dem Boden zeigen meiner Ansicht nach eigentlich nach links, aber sie möchte lieber dem Weg nach rechts folgen.

Ich zögere.

In diesem Moment spuckt die dicke, feuchte Luft noch zwei weitere orientierungslose Gestalten aus. Wie ein buntes vierblättriges Kleeblatt stehen wir eng beieinander, halten mit klammen Händen unsere bereits nassgeregneten Handydisplays vor uns, während wir versuchen, unseren genauen Standort zu ermitteln. Auch die Ergebnisse dieser gemeinsamen Forschung sind nicht wirklich eindeutig. Ich beuge mich noch einmal tropfend über mein Handy und dann nach kurzem Diskurs dem Mehrheitsurteil. Wir gehen nach rechts weiter.

Ich bleibe an Eugenies Seite. Endlich mal jemand mit meinem Tempo. Wir haben noch mehr Gemeinsamkeiten. Die quirlige Frau ist ungefähr in meinem Alter und von meiner Statur. Wir beide tragen nicht nur freiwillig zehn Kilo Last auf dem Rücken mit uns, sondern höchst unnötigerweise noch einmal ein paar zusätzliche Röllchen, locker um die Leibesmitte verteilt.

Sie deutet triumphierend auf den nächsten gelben Pfeil, den sie findet. Ich bin wirklich froh, dass ich ihrem Urteil vertraut habe.

Abwechselnd nach Luft ringend quälen wir uns die Straße weiter hinauf.

Ungefähr eine Stunde später treffen wir mitten in der Pyrenäenpampa erfreulicherweise auf einen Foodtruck.

Ein weißer Lieferwagen steht linker Hand des Weges auf einem ebenerdigen Platz, umringt von ein paar abgeholzten Baumstämmen, die ermüdeten Pilgern als willkommene Sitzgelegenheiten dienen.

Heute ist leider nur die französische Sitzmöbelkollektion aus dem Haus »Chêne moillé« frei, besser bekannt als: »Eiche nass«. Ich habe Erstkontakt mit einer Versorgungsstation extra für Pilger. Damit hätte ich hier oben niemals gerechnet. Es gibt Kaffee und Tee, Wasser und Limonade, Sandwiches, Bananen und Eier. Ganz hoch im Kurs stehen die Heißgetränke. Ich gönne mir einen zweiten Tee, bei vollem Risiko, dass der spätestens in einer Stunde zusammen mit der ersten Tasse meinen Körper wieder verlassen will. Allein die Vorstellung, mich bei diesem Wetter mit blankem Popo in die Pyrenäen hocken zu müssen, lässt mich schaudern.

Ich stelle meinen Rucksack neben einer tieferen Pfütze ab und nehme auf einem der Baumstämme Platz, um Rücken und Füße zu entlasten. Neben mir hockt Jim mit seinem Sohn James, sonnenverwöhnte Amerikaner aus Florida, mir schon bekannte Sitznachbarn aus Orisson. Sie fluchen unisono über das Mistwetter.

Während der nächsten zehn Minuten treffen immer mehr erholungsbedürftige, nasse Pilger ein. Von einem Paar erfahre ich, dass sie an der Weggabelung links abgebogen sind, wie ich es eigentlich hatte tun wollen. Sie haben erst spät bemerkt, dass sie falsch waren, weshalb sie mit einer Fünfkilometer-Extraschleife belohnt wurden.

So viel zum Thema Pyrenäen im Nebel.

»Siehste, wie gut, dass du auf mich gehört hast!«, ruft Eugenie mir quer über die Baumstämme zu.

Ich bedanke mich bei ihr.

»Ich bin schon jetzt rechtschaffen müde«, lässt mein gebeuteltes Schlafzentrum ausrichten, obwohl noch etwa elf Kilometer Marsch vor mir liegen.

Das Zentrum für Gesundheitsvorsorge, auch bekannt als »Mama Pilgerhut« lässt verlauten, dass es für das Betriebssystem nicht förderlich ist, bei kühlen sechs Grad länger als nötig auf einem nassen Baumstamm hocken zu bleiben. Eugenie braucht noch einen weiteren Kaffee und mehr Zeit zum Trinken, doch so lange möchte ich nicht warten. Die lauernde Kälte siegt schnell über meine Müdigkeit und ich breche zusammen mit dem amerikanischen Duo auf.

Nach einem relativ kurzen Marsch erreichen wir einen aufgeschichteten Haufen Steine, fast daneben ein mit Eisenstangen umrahmtes Steinkreuz. Ich bin mir nicht sicher, vor wem die Franzosen das Kreuz schützen wollten – vor taggenden Pilgern, denen nichts zu heilig ist, um es zu beschriften, oder vor frechen Pferden, die es mit ihren unedlen Hinterteilen umkippen könnten.

»Ich hab' den Steinhaufen schon mal irgendwo gesehen«, murmelt James.

Ja, ich auch! Die fatale Absturzstelle ins Tal! »An der Wand im Pilgerbüro hing das Bild. Geradeaus geht's weiter.«

Warum neigen die Leute immer so zu Übertreibungen? Heute sieht hier gar nichts gefährlich aus, sondern erinnert mich eher an das Innere einer Disco in den Neunzigern nach dem halbstündigen Betrieb der Nebelmaschine. Nur die Geräusche fehlen. Und das regelmäßige Blitzen der Discokugel. Überhaupt hinkt der Vergleich. Aber hinken auf dem Jakobsweg gehört eben auch manchmal dazu.

Wir verlassen die Landstraße geradeaus über die Wiese, folgen dem Anstieg und peilen den nächsten wolkenverhangenen Berg an.

Der Untergrund ist vollgesogen und teilweise matschig, aber wenigstens sind die gesteckten Markierungen relativ einfach erkennbar. Wie gut, dass ich festes Schuhwerk anhabe und keine Sandalen tragen muss …

* * *

Nach einer gefühlten Ewigkeit kommt endlich mal eine etwas flachere Passage und ich wieder zu einem niedrigeren Puls. Rechts unterhalb unserer Route säumen nun hochgewachsene, kahle Baumgestalten den Pfad. Ihre zierlichen Stämme sind auf der Wetterseite mit Moos bewachsen. Seltsam geschwungene Äste verzweigen sich weit in die Breite, als seien sie unter der schweren Last des Himmels zur Seite hin ausgewichen. Im Nebel haben sie etwas sehr Mystisches an sich. So stelle ich mir einen verwunschenen Märchenwald vor, in dem es rumpelt und humpelt. In dem Gnome ihre Späße treiben und unachtsame Pilger straucheln und verschwinden.

Fast wäre Jim vor mir über einen Stein gestolpert. Er fängt sich noch im allerletzten Moment.

»Careful!«, ruft sein Sohn direkt hinter mir besorgt.

Ich schließe dichter zu Jim auf.

Nicht ganz ohne Stolz verrät er mir, dass er bereits sechsundsiebzig Jahre alt ist.

»Wow, das ist fantastisch!«, sage ich, wirklich beeindruckt. »So fit wie du möchte ich in deinem Alter auch sein.« Weder sieht er aus wie Mitte siebzig, noch bewegt er sich so. Er ist ein sportlicher, agiler Mann, der obendrein gütig, freundlich und unaufdringlich auf mich wirkt.

Die Unterhaltung mit den Amerikanern lenkt mich kurzfristig ab von meiner Anstrengung. Aber irgendwann lasse ich meine Gesellschaft doch wieder ziehen, denn es geht schon wieder bergauf und meine Qualitäten als amüsante Unterhalterin fallen der Notwendigkeit anheim, Sauerstoff in meine müden Muskeln zu schaffen.

Nachdem mich ein großer Grenzstein am Col de Bentarte stumm in Spanien willkommen geheißen hat, dauert es für mein Empfinden nicht mehr allzu lange, bis ich tatsächlich am Pass Lepoeder ankomme, dem mit vierzehnhundertdreißig Metern höchstgelegenen Punkt des Tages. Lepoeder ist baskisch. Es bedeutet: schöner Pass. Ich bin sehr verwundert. Außer einem Bauwerk aus Holz, das Ähnlichkeit mit einem überdimensionierten Strandkorb samt Windfühler hat, sehe ich nichts. Keine Infotafel, kein Schild für den schönen Pass, kein Willkommenskomitee mit Blaskapelle, das mir zu meinem Erfolg gratuliert oder das Bergpanorama mit dem für heute passenden Slogan präsentiert:

»Wie Sie sehen, sehen Sie nichts.«

Wie es auf Pässen so Sitte ist, pfeift der Wind natürlich besonders stark. Komisch. Trotz all der Menschen unterwegs, stehe ich hier, dem Wind gnadenlos ausgesetzt, nun ganz allein und höre nur seine scharfe Melodie. Es ist komplett anders als ich mir zu Hause das Erreichen dieses Ortes in Gedanken ausgemalt habe: Auf dem Pass bei wunderbarer Aussicht in der Sonne zu stehen und für den letzten Teil des Tages mit ein paar Qi-Gong-Übungen neue Kraft und Energie zu tanken.

Das ist absolut unmöglich heute. Das Einzige, wozu ich mich gerade noch durchringen kann, ist ein ziemlich unvorteilhaftes Gipfel-Selfie mit einem miserablen Bildausschnitt zu machen. Die Bedingungen sind zu schlecht, um mehr Zeit in ein schickeres Foto zu investieren. Ich muss an die Mount-Everest-Bezwinger denken: Bessere Fotos kriegen die sicher auch nicht mehr hin. Ich bin ausgepowert und will nur weg von diesem unwirtlichen Ort.

Etwas geschützter und beinahe noch in Sichtweite der Passhöhe, befindet sich die nächste Weggabelung samt Wegweiser. Hier muss man sich entscheiden, ob man den kürzeren Pfad ohne Umweg ins Tal hinunterstolpern will, oder die nicht ganz so steile, aber längere Alternative zum Kloster nimmt.

Wieder bin ich unsicher und warte lieber, bis jemand kommt, mit dem ich gehen kann.

Der Nächste, der kurz nach mir die Kreuzung erreicht, ist Pilger Christian aus Koblenz. Das ist ja verrückt! Ich winke ihm überaus erfreut zu. Tatsächlich hat er seinen von Air France vergessenen Rucksack, wie angekündigt, gestern abholen können. Christian bevorzugt jedoch die steilere Variante. So wird er nicht mein nächster Laufpartner, denn ich habe mich doch für den leichteren Weg entschieden. Wir verabschieden uns kaum fünf Minuten nach dem Wiedersehen erneut voneinander.

»Buen Camino!«

Den werd' ich wohl spätestens heute Abend im Kloster wiedersehen.

Ein weiterer Bekannter nähert sich. JD aus Kanada! Ich fasse es nicht! An diese extreme Häufung von mathematischen Unwahrscheinlichkeiten muss ich mich erst noch gewöhnen. Ich muss laut lachen. »Hey, JD!«, begrüße ich ihn überschwänglich. »How are you doing?«

JD schaut mich einen Moment verwundert an, wahrscheinlich überlegt er noch, wo er mich hinstecken soll oder weshalb ich seinen Namen weiß.

»Ich bin es, Sandra. Wir haben uns vorgestern in Saint-Jean auf der Bank unterhalten.«

Die Erkenntnis fällt ihm wie Schuppen aus den Haaren und ein Lächeln breitet sich über sein Gesicht.

»Ja, natürlich! Hallo Sandra! Das ist ja ein Zufall! Mir geht es gut, aber ich bin ein wenig schlapp, zugegebenermaßen. Ich bin zweiundsiebzig Jahre und da darf man nach so einem harten Tag auch schon mal müde sein. Findest du nicht? Sandra, möchtest du mit mir ein Stück dort entlang weitergehen? Ich würde mich über deine Gesellschaft freuen.« Er deutet auf den flacheren Abzweig.

Mir ist schon vorgestern aufgefallen, dass er viel redet, manchmal ohne Punkt und Komma, aber ich bin froh, dass er mit mir zusammen gehen möchte.

Wir laufen vielleicht gute zwanzig Minuten, in denen er mir detailliert von seinem gestrigen Tag erzählt, als er unvermittelt stehenbleibt und sagt: »Ach, Sandra, ich bin so erschöpft, ich muss unbedingt eine Pause machen. Ich hatte noch kein Mittagessen und ich brauche jetzt dringend diese Energie.«

So überredet mich JD zu einer kurzen Pause. Natürlich ist es immer noch arschkalt, aber zumindest regnet es nicht mehr. Ich weiß, dass ich eigentlich hätte besser in Bewegung bleiben sollen, aber JD ist schon halb im Gebüsch verschwunden. Gutmütig wie ich bin, setze ich mich auf einen kleinen spitzen Stein in seiner Nähe, der mir augenblicklich in den Hintern piekst.

Leider gibt es keine bequemen Rastplätze mit Tisch und Bank oder auch ohne Tisch, nur mit Bank. Wäre ich Hermine Granger, würde ich jetzt einen vorbeilaufenden Igel in ein bequemes Sitzkissen verwandeln. Aber da ich meinen Zauberstab vor Kurzem gegen Wanderstöcke eingetauscht habe, bleibt es bei dem harten Stein unter dem Allerwertesten.

Nach zehn Minuten ist mir klar, dass JD ein ausgedehntes Päuschen mit einem noch ausgedehnteren Pläuschchen plant, und ich sage zu ihm: »Sei mir nicht böse, aber ich bin durchgefroren. Ich muss weitergehen.«

»Kein Problem, Sandra. Wir sehen uns später. Buen Camino!«

Da es endlich bergab geht, ist es mir möglich, einen Zahn zuzulegen. Ich hänge mich an eine Gruppe mir unbekannter Leute und bin total erstaunt, was ich da noch aus mir raushole. Ich laufe Roncesvalles entgegen wie ein Pferd, das den heimischen Stall riecht.

Nachdem wir einige hundert Meter abgestiegen sind, lichtet sich der Nebel tatsächlich. Endlich! Die nächsten Pilger, die wir einholen, sind Jim und James. Ich drossele mein Tempo und laufe mit ihnen weiter, bis das Kloster schließlich in Sicht kommt.

Ich kann es kaum fassen. Ich bin mehr als nur ein bisschen stolz auf mich. Ich habe es tatsächlich geschafft.

Im Hof treffe ich auf Kripo-Jörg, Andrea aus der Schweiz und ein paar weitere bekannte Last-Night-Gesichter. Ich werde mit »Ah, da ist ja unsere Bootlady!« begrüßt. Wir machen ein paar Späße und auf die Nachfrage eines Pilgers, der nicht in Orisson genächtigt hat, muss ich die Schuhgeschichte noch einmal zum Besten geben.

Dann betrete ich das Gebäude. Das Allerbeste an diesem Kloster ist: Es wird beheizt! Es ist kuschelig warm hier. Großartig!

Insgesamt bietet das Haus Unterschlupf für mindestens dreihundert Menschen, und die scheinen alle schon da zu sein.

Bevor ich einchecken darf, muss ich mich im Eingangsflur meiner matschigen, verkrusteten Wanderschuhe entledigen und diese in einem separaten Raum abstellen. Diese Schuhgarderobe ist riesig und an jeder Wand stehen hohe Regale, in denen bereits massenweise Paare darauf warten, morgen früh von ihren Besitzern wieder abgeholt zu werden.

Sofort klingeln bei mir alle Alarmglocken! Die Bootbanditin schläft ja schließlich auch hier. Und bei dreihundert Leuten ist statistisch gesehen sicher noch der eine oder andere dabei, der seine Murmeln nicht beisammen hat und zu Kleptomanie, Tauschsucht oder Amnesie neigt. Wie kann ich prophylaktisch einen weiteren Störfall vermeiden? Kurzerhand klettere ich auf einen Stuhl und stelle meine Boots auf das alleroberste Regal in die hinterste Ecke. Ich habe selbst Mühe, sie dort zu verstauen. Aber, es gibt mir das beruhigende Gefühl zu wissen, dass zumindest alle Personen, die kleiner als ein Meter siebzig sind, meine Schuhe nur mit einer Angelrute oder mithilfe eines Zauberstabs verschwinden lassen können.

* * *

Die holländischen Hospitaleros haben sich alle Mühe gegeben, das Einchecken der ermüdeten Menschenmengen in geordnete

Bahnen zu lenken. Dazu haben sie sich ein raffiniertes System ausgedacht. Je nach individueller Ankunftszeit, werden verschiedenfarbige Marken verteilt. Damit die Schusseligeren unter den Pilgern – wie zum Beispiel die Bootbanditin – sie nicht sofort wieder verlieren, baumeln sie an einer langen Kordel um die Pilgerhälse.

Sobald die Farbe des eigenen Anhängers ausgerufen wird, drängelt man sich in die Schlange der Personen, die die gleiche Farbe tragen, und darf schließlich seine Übernachtungsformalitäten regeln.

* * *

Die Dusche ist heiß und dankenswerterweise ohne Zeitlimit. Die erste Wäsche wird sauber und trocknerwarm zurück zu meinem Bett gebracht. Ich schlafe in einem Viererabteil. Unten.

Wahrscheinlich fließen gerade drei Liter Serotonin durch meine Adern, denn ich bin absolut happy und entspannt. Ich würde wie auf Wolken schweben – wenn meine Füße nicht so wehtun würden.

Auf dem Weg zum Abendessen treffe ich einen verstörten JD.

Er erzählt mir vollkommen außer sich, dass ihm bei unserer letzten Pause sein Handy aus der Tasche gefallen sein muss.

Das ist, nicht zuletzt wegen der Fotos, der Kontakte, der Erreichbarkeit und der Reiseplanung samt Tickets wohl für viele Pilger ein Worstcase-Szenario. Noch viel bedrohlicher als der Verlust von Wanderschuhen.

Ich gucke mindestens genauso betroffen wie er.

»Was willst du tun? Zurückgehen? Kann ich dir …?«, rufe ich ihm hinterher, aber er ist schon panisch an mir vorbeigerannt. Jetzt weiß ich, wie ich heute Morgen auf andere Leute gewirkt haben muss.

Kurz darauf sitze ich an einem Zehnertisch mit Andy aus Florida, Andy aus Kalifornien und weiteren Amerikanern, die andere

Vornamen tragen. Mir war überhaupt nicht klar, dass sich der Camino in den Staaten so großer Beliebtheit erfreut. Man erklärt mir, dass dies, neben dem Film »My Way« mit Martin Sheen in der Hauptrolle, vor allem einer großen Facebook-Community zu verdanken sei.

Die Stimmung ist gelöst, alle sind happy, die Pyrenäenetappe überstanden zu haben. Zu wahlweise Fisch oder Hähnchen als Hauptgang gibt es genügend spanischen Rotwein und Wasser.

Andy macht ein Video von der Runde, und bittet jeden am Tisch, sich kurz vorzustellen.

Ich winke in die Handykamera. Breites Grinsen. »Hi, my name ist Sandra.« Dramaturgische Pause. »Also known as the Bootlady.«

Herzliches Lachen ringsherum. Ich fühle mich gut. Sehr gut.

Was für ein emotionaler Achterbahntag. Was hatte ich heute Morgen gedacht? Ein Moment, den ich mir einprägen wollte? Ich habe nicht nur diesen Moment, sondern einen ganzen Tag voller unglaublicher Momente bekommen, die ich nie vergessen werde.

Yeah! Ich bin in Spanien. Ich gehe zu Fuß nach Santiago. Unter dem Tisch balle ich kurz eine Beckerfaust.

06

Die frühe Löwin fängt den Pilger

»Es ist gut, ein Ende zu haben, dem du entgegenreist, aber es ist die Reise, die am Ende zählt.«
(Ernest Hemingway)

Leck mich in de Täsch!

Ich, frisch gebackene Pyrenäenbezwingerin, bin nicht unbedingt frohgemut, als um sechs Uhr morgens ohne Vorwarnung grelles Licht durch das Kloster tobt. Jemand hat zentral die gleißende Deckenbeleuchtung angeschaltet.

Nach der Höchstleistung des vergangenen Wandertages und der durchfrorenen Nacht in Orisson habe ich bei dieser zweiten Versuchsanordnung Mehrbettsaal zwar nicht wie ein Baby, aber deutlich besser geschlafen. Trotzdem war es bei Weitem nicht genug, um mich zu erholen.

Während ich mich mühsam aufsetze und auf die hell erleuchteten drei Quadratmeter vor meinem Bett starre, entsteht in diesem Areal schon lautstarke Betriebsamkeit. Bilder, die nicht für jeden Ästheten direkt nach dem Wachwerden zumutbar sind, fluten meine müden Augen. Mir fremde männliche Silberrücken, bekleidet nur mit Unterhose und Badelatschen, schlappen geschäftig hin und her. Hoffentlich finden sie bald ihre T-Shirts und Hosen. Es gibt Momente, da wünscht man sich, stark kurzsichtig zu sein. Leider sehe ich viel zu viele Details viel zu klar.

Das übliche Morgenkonzert aus ritschenden und ratschenden Reißverschlüssen, klickenden Rucksackschnallen und raschelnden

Schlafsäcken setzt ein, heute begleitet von einem hartnäckigen Raucherhusten und einem epochalen Schnäuzen aus dem Nachbarschlafabteil.

Ich gähne herzhaft wie eine Löwin. Für eine ungestörte Bettruhe hätte ich die Mühe in Kauf genommen, den einen oder anderen halbnackten Störenfried hinterrücks anzufallen und kräftig so lange zu schütteln, bis er still ist.

Um acht Uhr schließt das Kloster bis zur nächsten anrollenden Pilgerwelle seine Pforten. Bis dahin müssen alle Pilger losgewandert sein – oder aufgefressen.

Die erste Attraktion des Tages zeigt sich kurz hinter dem Kloster in Gestalt eines Straßenschildes. Es ist ein stinknormales Schild, montiert auf einem schmalen Grasstreifen zwischen Fahrbahn und Fußweg, als Hinweis für Autofahrer. Es gehört wahrscheinlich zu den meist fotografierten Motiven der Welt – der Pilgerwelt. Es ist deshalb so attraktiv, weil darauf die Entfernung von hier bis nach Santiago angegeben ist. Es sind siebenhundertneunzig Straßenkilometer. Der markierte Weg für die Pilger verläuft natürlich anders, ist aber nur unwesentlich kürzer. Diese Zahl ist eine gewaltige Ansage für jeden Fußgänger. Alle Santiago-Erstpilger halten unter diesen drei schwarzen Ziffern kurz an. Für ein Selfie. Mit ihren noch keimenden Wünschen und verschütteten Träumen. Mit hoffnungsvollen Herzen und unruhigen Seelen, die voller gepackt sind als ihre Rucksäcke. Mit wilden Gedankenstrudeln und siebenhundertneunzig ungelösten Fragen.

Für Mathematiker wäre sicherlich eine davon herauszufinden, wie viele Menschen in den letzten dreißig Jahren schon neben dem Schild gestanden haben, um sich fotografieren zu lassen. Aber auch Botaniker oder stinknormale Leute wie ich fänden das interessant. Es wächst nämlich an dieser ausgetretenen Stelle schon lange kein

Gras mehr. Allerdings vermute ich, die Mehrheit der Menschen hätte vorrangig lieber dringendere Fragen beantwortet.

Natürlich kann auch ich mich diesem auskunftsreichen Schild nicht entziehen und bitte jemanden, für mich auf den Auslöser zu drücken.

In einigen Wochen werde ich sicher stolz auf die behütete Gestalt auf dem Foto schauen, die ein wenig naiv grinsend auf die Tafel zeigt.

* * *

Nach dem gestrigen ungemütlichen Wetter in den Bergen ist es heute glücklicherweise wärmer. Und da es wieder ordentlich bergauf geht, bin ich, genau wie vorgestern, erneut zu warm angezogen. Meine Lernkurve steigt anscheinend genau so langsam an wie ich auf die Höhen. Ich Blödi! Habe ich tatsächlich gedacht, dass zwischen den Pyrenäen und Santiago fast achthundert platte, holländische Kilometer liegen? Vielleicht hätte ich mich beizeiten genauer mit der spanischen Topografie auseinandersetzen sollen.

Ich halte kurz an, um meine Jacke auszuziehen.

Unter den vielen Menschen, die mich während dieser Minipause überholen, befindet sich auch JD. »Guten Morgen! Sandra! Glaubst du es?«, sagt er strahlend und bleibt stehen.

»Was soll ich glauben?«

»Es gibt einen Caminogott!« Zur Verstärkung seiner Worte fuchtelt er mit dem Zeigefinger in Richtung Himmel.

Ich sehe ihn verständnislos an.

»Stell dir vor, es hat tatsächlich jemand mein Handy an der Rezeption abgegeben«, jubiliert er.

»Wow, das ist wirklich toll! Glückwunsch! Wer hat es denn gefunden?«

»Leider wussten sie nicht mehr, wer es abgegeben hat.«

»Ach, schade. Es wäre schön gewesen, dich persönlich bedanken zu können. Derjenige hätte dir doch einfach seine Handynummer hinterlassen können.«

»Stimmt, das wäre eine gute Idee gewesen.«

»Aber wer weiß. Irgendwann bekommst du bestimmt eine Gelegenheit, dich beim Caminogott zu revanchieren.«

»Ja. Bestimmt.«

»Pass gut auf dein Handy auf, nicht, dass es wieder rausfällt!«, scherze ich. »Das nächste Mal …«

Er winkt mir hastig zu und eilt weiter. »Buen Camino, Sandra! Bis zur nächsten Rast!«

»… hast du vielleicht nicht so viel Glück«, vollende ich den Satz in seinen entschwindenden Rücken. Was ist denn heute los? Alle rennen weg, wie eine von hungrigen Löwen aufgehetzte Herde Antilopen.

Es dauert ein Weilchen, bis mir eine brauchbare Erklärung einfällt. Zubiri, mein heutiger Zielort, ist als Nadelöhr bekannt im Herbergsbusiness. Es gibt dort weniger Betten als müde Pilger am Ende des Tages. Deshalb eilt der sportliche Wanderer, der sein Bett nicht vorgebucht hat, auf dieser Etappe besser zügig zum Tagesziel. Entweder, um in der öffentlichen Herberge, der Albergue Municipal, einen der nicht reservierbaren, aber sehr limitierten Plätze zu bekommen, oder, falls diese schon voll sein sollte, noch ein paar Tageskilometer bis zur nächsten Municipal dranhängen zu können.

* * *

Kurz darauf treffe ich die Pilgerpolizei. Ja genau. Das ist jetzt mal keine Wortschöpfung von mir. Es gibt ein Meet & Greet am Wegesrand mit echten Polizisten, der Guardia Civil, extra abgestellt für die Belange der Pilger, und vor allen Dingen, um den allein gehenden

Frauen ein ausreichendes Sicherheitsgefühl zu vermitteln. Generell ist die Pilgerstreife Ansprechpartner in sämtlichen Fällen von Diebstahl, Betrügereien, Belästigung bis hin zur medizinischen Notversorgung. Im Laufe eines Tages ziehen an dieser stark frequentierten Stelle bestimmt mehrere Hundert Pilger vorbei.

Wie eine angesagte Boyband stehen die drei großen Spanier breitbeinig vor ihrem grünweißen Renault Kangoo. Für einige Pilger ist dies der zweite besondere Fotospot des Tages. Die Herren machen sogar Fotos mit den Pilgern zusammen. Auf der Fahrertür steht auf Spanisch: In der Not wähle 062. Hier werden Sie geholfen – hätte noch gefehlt. Ich glaube, es gibt auch für spanische Polizisten unangenehmere Jobs, als Ansprechpartner und Fotomodell für die überaus friedlichen Pilger zu geben.

Als ich versuche, einem spanischen Gespräch zwischen der Guardia Civil und einem Pilger zu folgen, höre ich heraus, dass sie in der letzten Woche an einem Abend sogar einen extrem erschöpften Pilger aufgelesen und zur nächsten Herberge gefahren haben.

Was muss das für ein großartiger, unverhoffter Auftritt gewesen sein!? Da öffnet sich die Autotür vor der Herberge und heraus humpelt der letzte Pilger des Tages im flackernden Schein des Blaulichts. Die Vorstellung belustigt mich. Vielleicht hätten diese Jungs ja auch eine Fahndung nach meinen Stiefeln rausgegeben?

Ich ziehe imaginär meinen Pilgerhut. Die Spanier tun tatsächlich eine Menge für den Pilgertreck, der hauptsächlich von Ost nach West durch ihr Land zieht, an manchen Stellen zwar kein Gras mehr wachsen lässt, dafür aber auch viel zur wirtschaftlichen Stabilität der sonst finanzschwachen nordspanischen Dörfer en route beiträgt.

* * *

Die Strecke ist landschaftlich gefällig, aber trotzdem zieht sie sich wie Hefeteig, der an den Händen klebt. Die letzten fünf Kilometer steigen wir relativ steil nach Zubiri ab. Zusammen mit JD und Kel, dem baumlangen Kanadier, den wir aufgegabelt haben, klettere und rutsche ich über stufige, unebene Felsplatten, die den Steig durchziehen wie zähe Fasern ein kaltes Kotelett. Es ist mühselig zu gehen und erfordert meine volle Konzentration. Wer Wanderstöcke hat, ist hier klar im Vorteil. Ich bin mehr als happy, meine Stöcke als Zusatzbeine benutzen zu können. Trotzdem bleibt die Belastung für die Füße hoch. Ich spüre jede Rille unter meiner Sohle. Ich bin müde, habe Hunger und merke, dass ich langsam knurrig werde. Mir langt es für heute, ich will endlich ankommen, sehe schon einen Haufen salzige Pommes und Schnitzel auf meinem Teller liegen.

Ein schlitterndes Geräusch, gefolgt von einem leisen »Shit«, holt mich in die Realität zurück. Reflexartig drehe ich mich um. Trotz größter Vorsicht ist Kel wie ein kanadischer Ahorn der Länge nach umgefallen. Mit dem Gesicht landet er haarscharf neben einem Stück Stacheldrahtzaun.

»Herr im Himmel! Was machst du da?«

Kel antwortet nicht, versucht aber sofort, auf die Füße zu kommen. Er liegt mit dem schweren Rucksack, total verdreht wie ein umgekipptes Rehkitz mit zu langen Beinen, halb im Zaun, halb auf den Steinplatten. Es gelingt ihm nicht, aufzustehen.

»Bist du okay?«, fragt JD.

»Ich glaube schon.« Es klingt ein wenig zittrig.

»Warte, wir helfen dir auf.«

Hastig steigen wir die drei Meter zu ihm zurück. Mit vereinten Kräften gelingt es uns, den in Schieflage Geratenen wieder auf die Beine zu stellen. Der Schreck steht ihm ins Gesicht geschrieben, aber es scheint, dass er keine größeren Verletzungen davongetragen hat. Zumindest äußerlich sieht er heil aus.

»Ich bin einfach gestolpert. Oh man, mein Camino hätte hier ganz schnell zu Ende sein können«, murmelt er betroffen.

»Wozu braucht man hier Stacheldraht?«, schimpft JD.

Das erschließt sich mir auch überhaupt nicht. »Am besten, man vermeidet es, hineinzufallen. Die Füße spielen eine tragende Rolle beim Pilgern«, versuche ich zu scherzen.

»Du meinst wohl eine tragische«, bemerkt Kel ironisch.

»Danke, Caminogott!«, sagt JD überzeugt.

Noch vorsichtiger steigen wir jetzt ab. Die Sonne knallt uns mittlerweile ganz schön ins Gesicht und auf die Arme. Hätte sich meine Sonnencreme nicht in den tiefsten Tiefen meines Rucksacks befunden – es wäre ihre Sternstunde geworden. Ich hätte sie jetzt aufgelegt. Aber vornehm blasser Teint bleibt heute Wunschdenken. Ich möchte zwar keinen Sonnenbrand, aber ich habe noch viel weniger Lust mitten im Abstieg anzuhalten und Grabbelsack mit meiner Ladung zu spielen. Ich bin mir sicher, der alte Murphy hätte alles dafür gegeben, dass ich die Tube unter diesen Umständen nicht gefunden hätte, ohne das gesamte Inventar auszukippen.

So langsam, wie wir drei uns abwärts tasten, laufen wir tatsächlich noch auf eine junge Frau auf – in Flipflops.

Meine beiden Augenbrauen verdichten sich zu einer einzigen.

Sie bewegt sich, als wäre sie mit beiden Füßen gerade frisch in einen Seeigel getreten. Das erklärt dann wohl auch die Wahl des für dieses Terrain äußerst unangemessenen Schuhwerks.

Ein Blick auf ihre baren Füße offenbart diverse Blasen in verschiedenen Entwicklungsstadien.

Ihr jetzt ein fröhliches »Buen Camino« an den Kopf zu schmettern, wäre zynisch. »Können wir dir irgendwie helfen?«, frage ich stattdessen.

»Nein. Ich schaffe es bis ins Dorf. Es gibt dort eine Apotheke.«

»Sicher?«

»Sicher.«

»Ich habe Blasenpflaster dabei.«

»Danke für das Angebot. Aber ich schaffe es noch so bis Zubiri.«

»Wie du meinst.«

Sie macht uns Platz, sodass wir sie überholen können.

»Die Füße spielen eine tragende Rolle«, sagt Kel, als wir außer Hörweite sind.

»Du meinst wohl eine tragische«, antworte ich. Ich muss schmunzeln. Ich mag solche Wortspiele.

Anders als die arme Frau kommen wir zwar blasenfrei, aber auch auf der letzten Rille in Zubiri an. Wir verabschieden uns von Kel, der woanders schläft. Dann gehe ich mit JD zusammen die letzten hundert Meter über die Brücke zu unserer Albergue. Zufällig hatten wir dieselbe reserviert.

Es ist meine letzte geplante Buchung. Ab morgen werde ich dann auch zu der flüchtenden Schar gehören, die spontan ein Bett benötigt. Wie das allerdings gehen soll bei meiner Performance, ist mir ein Rätsel.

Aus dem Augenwinkel fällt mir ein Café auf, das schon vor lauter Pilgern aus den Nähten platzt. Ich sehe bekannte Gesichter und vor ihnen kühle Biere und Speisekarten, höre lautes Lachen aus internationalen Kehlen. Das will ich auch! Aber ich muss zuerst den Ballast, den getrockneten Schweiß und die schweren Klumpen an den Beinen loswerden.

* * *

Ich ziehe gerade meine Sandalen an, um in dieses Café zu gehen, als ich durch das offene Fenster von draußen eine mir wohlbekannte Stimme höre. Schweizer Mundart. Klarer Fall: die Bootbanditin persönlich.

Als ich nur Sekunden später vor die Tür trete, pralle ich fast mit Maybrit und ihrem sechzehn Kilogramm schweren Rucksack zusammen. Wer weiß, wie viele Schuhpaare da drin sind!

Sie ist mit zwei anderen Frauen unterwegs. »Sandra!«, ruft sie hocherfreut. »Du und ich! Wir sind berühmt auf dem Jakobsweg!« Sie breitet vor Begeisterung die Arme aus. »Überall, wo ich langgehe, da kennen die Leute mich schon.« Sie schaut mich strahlend an. »Wie kommt das? Ich kann das gar nicht glauben!«

Ich schon! Ich muss wider Willen lachen. Auch, wenn sie total verpeilt ist, kann man ihr einfach nicht böse sein.

* * *

Was soll ich sagen? Die Nacht war zwar keine Vollkatastrophe, aber auch nicht weit davon entfernt.

Als es ans Schlafen ging und alle anderen schon eingezippt wie die Mumien dalagen, hat JDs große Stunde geschlagen. Er ist zu einem wahren Herumkram-Monster mutiert, das diese und jene Tüte suchte, dies und das da und dorthin räumte, hierhin und dahin schlappte. Er hat einfach keine Ruhe gegeben.

Als er dann endlich im Bett lag, war ich voller Hoffnung auf seine Metamorphose zum ruhenden Murmeltier. Aber es war wohl nicht die richtige Jahreszeit für tiefen Murmeltierschlaf. Leider ging es in der Horizontalen weiter mit seiner Rastlosigkeit. Gefühlt die halbe Nacht hat er sich hin und her geworfen, dass die Bettpfosten krachten, bis er oder ich, keine Ahnung, wer zuerst, das Reich des Schlafes endlich betreten durfte.

Entsprechend fit und fidel bin ich heute Morgen wieder. Eigentlich gibt es keinen Unterschied zu gestern. Zusätzlich spüre ich jeden meiner Muskeln von der ungewohnten Dauerbeanspruchung der letzten Tage. Auf dem Camino ersetzt meinen morgendlich prüfenden Blick in den Spiegel ein besorgter Blick auf das Höhenprofil der jeweiligen Tagesroute. Die heutige Offenbarung ist erneut eine apokalyptische: nur schlappe einundzwanzig hügelige Kilometer bis nach Pamplona.

Pamplona, die erste größere spanische Stadt nach den Pyrenäen. Zweihunderttausend Einwohner. Touristisch attraktiv und weltberühmt durch ihre Stierkämpfe und Stierläufe. Hotels und Pensionen noch und nöcher. Da wird es ja gar kein Problem für eine einzelne, nette Wandersfrau mit Hut darstellen, eine hübsche Bleibe zu finden.

Ein im Vorbeigehen aufgeschnapptes Gespräch sät jedoch schnell Zweifel an dieser rosigen Version und veranlasst mich, gegen meinen ursprünglichen Plan direkt im Handy die Übernachtungssituation in der navarrischen Hauptstadt zu analysieren. Verwirrt starre ich auf das Display. Ganz Pamplona scheint ausgebucht zu sein. Hä? Das verstehe ich nicht. Morgen ist der erste Mai. Dieser fällt auf einen stinknormalen Sonntag. Es ist ein gewöhnliches Wochenende. Für die pamplonische Bettenflaute können doch nicht allein die Pilger verantwortlich sein. Da muss es noch eine andere Erklärung geben!

Die gibt es tatsächlich auch. Ich finde heraus, dass in einigen spanischen Regionen der Montag ebenfalls noch frei ist.

Ein extralanges Wochenende steht vor der Tür, das viele Spanier nutzen, um sich die historisch schöne baskische Stadt anzuschauen und zu feiern. Gesellig sein, den Abend mit Familie und Freunden in den Bars der Altstadt verbringen, auf den Außenterrassen gut essen, ausgiebig trinken und natürlich tanzen stehen auf dem spanischen Urlaubsprogramm.

Das hätte ich besser mal früher wissen sollen!

Ich wische durch ein bekanntes Buchungsportal im Netz. Ist ja Wahnsinn … Alles belegt.

Dann entdecke ich doch noch ein freies Zimmer. Ich zögere. Es ist ziemlich teuer. Ich wollte doch ab jetzt spontan sein! Welch ein Dilemma.

Klick. Gebucht. Da hat das schwarze Engelchen auf meiner rechten Schulter sich wieder durchgesetzt. *Wenigstens spontan gebucht.*

Das weiße Engelchen schüttelt nur missbilligend mit dem Kopf.

Ja, ich weiß, es gibt da noch ein paar Felder, an denen ich arbeiten muss … Aber es ist ja auch noch viel Zeit bis Santiago!

* * *

Pamplona ist eine faszinierende Stadt, eine architektonische Perle mit reicher Geschichte, lebendiger Kultur und einzigartiger Tradition. Bei meiner Ankunft pulsiert das Leben bereits in ihren Straßenadern. Rund um die zentrale Plaza del Castillo ziehen viele Menschen unterschiedlicher Nationalitäten spontan durch die engen Gassen. Sie essen Eis, lachen, genießen das herrliche Wetter und die Freiheit des beinahe coronafreien Spätfrühlings, der sich für mich bereits wie ein Sommer anfühlt.

Ich weiß nicht, ob Hemingway auch den Camino gelaufen ist, aber auf jeden Fall haben wir in Pamplona im selben Café gesessen und gegessen. Im Abstand von knapp hundert Jahren, versteht sich. Wobei er nicht vorrangig der festen Nahrung zugetan war, sondern viel lieber ziemlich tief und oft ins Glas geguckt hat. Rotwein, Bier, Rum, in rauen Mengen, er soll ein ausgesprochener Feiervogel gewesen sein. Mit Vorliebe ist er zum Fest des Heiligen San Fermin in die Stadt gekommen und für einige Wochen geblieben. Immer Anfang Juli, wenn die Stiere durch die engen Altstadtgassen walzten und die jungen wagemutigen Spanier versuchten, den Hörnern zu entfliehen, saß der Amerikaner im Café Iruña und hat dieses spanische Treiben, die »Fiesta Pamplona«, beobachtet. Natürlich hat er darüber auch geschrieben. Und den Roman »Fiesta« genannt. Wie mein erstes Auto.

Nein. Ich glaube nicht, dass er den Camino gelaufen ist. Er hätte sicher sonst ein Buch mit Kultstatus darüber geschrieben. Aber vielleicht hat er es doch getan und ich kenne es einfach nicht, weil es nur eine kleine, vorrangig spanische Zielgruppe erreicht hat.

Wenn ich die Gelegenheit bekomme, werde ich einen alten spanischen Pilger danach fragen. Vielleicht antwortet er so:

Ach was, hör auf! Du kennst »Der alte Mann und die wunden Füße« nicht?

* * *

Ohne sich großartig verabredet zu haben, tauchen am Abend im besagten Café Iruña an der zentralen Plaza nach und nach viele, jetzt frisch geduschte Mitglieder meiner neuen Caminofamilie auf. Wir freuen uns über ein Wiedersehen, tauschen den neuesten Blasenstand an jeder Ferse und weitere Anekdoten aus. Ein paar lassen sich mit der Büste des berühmten Literaturnobelpreisträgers an der Bar fotografieren.

Da sind die Briten Kevin, Pete, Marc, Lissy, Sue und Kate, die Australierin Sandra, die Amerikaner Mike, Gerry und Candice, die Holländerin Eugenie, die Schweizerin Andrea sowie Christian aus Koblenz mit ein paar Leuten, dem ich über zwei Tische hinweg zuwinke. Mich werden morgen einige von ihnen überholen, denn trotz eines versuchten Bananendopings bin ich heute Nachmittag mit dem Energielevel eines Braunbären im letzten Viertel seines Winterschlafes in Pamplona angekommen. Zusammen mit den beiden Australierinnen Sandra und Di habe ich mich bei dreißig Grad über den grauen Asphalt der Vororte bis in die historische Altstadt geschleppt. Die Kombination aus Schlafmangel, Hitze und körperlicher Anstrengung fordert ihren Tribut.

Ich brauche nicht nur endlich wieder eine ruhige Nacht, ich brauche auch dringend einen Erholungstag. Ich beschließe, den Sonntag in Pamplona zu bleiben und meine Knochen zu schonen.

Aber wer weiß, vielleicht legen auch meine Pilgerfreunde irgendwann einen Pausentag ein und ich kann wieder zu ihnen aufschließen. In den vergangenen Tagen hat der Camino mir bereits gezeigt, dass Vieles möglich und nichts unmöglich ist.

* * *

Am nächsten Morgen, nach einem tiefen, ungestörten Schlaf und einem späten Start in den Tag, fühle ich mich erstaunlich erholt.

Bei bester Laune steht ein Stadtrundgang auf meinem Programm. Ich kann mich nicht sattfotografieren an den bunten Häuserfassaden in den engen Gassen, an der Bauweise der alten mehrstöckigen Häuser. Ich lerne, dass die Architektur der Altstadt von Pamplona insgesamt die reiche Geschichte und Entwicklung über Jahrhunderte hinweg widerspiegelt, wobei verschiedene Einflüsse eine Rolle gespielt haben.

An der Kathedrale treffe ich zu meiner Überraschung nicht nur auf besonders hoch aufgestapelte alte Steinblöcke, sondern auch auf Marc und Candice, die entgegen ihren Aussagen nicht wie alle anderen heute Pamplona verlassen haben. Candice verdankt ihren Maifeiertag in Pamplona – natürlich – ihren Füßen.

Sie trägt heute Flipflops und hat ihre Zehen kunstvoll verbunden. Unter ihren Zehennägeln haben sich Blasen gebildet. Das habe ich noch nie gehört, möchte ich mir unter der Pflasterpracht aber auch gar nicht konkreter vorstellen. Es klingt schon schmerzhaft.

Ich blicke auf meine nackten Füße in Trekkingsandalen. Denen geht es vergleichsweise gut. Eine kleine Blase am linken Ballen haben mir die letzten Asphaltkilometer gestern beschert. Aber dank des frühzeitig aufgelegten Blasenpflasters wird sie mir keine großen Schwierigkeiten bereiten.

Trotzdem kann es nicht schaden, mal in den Ausrüstungsshop unweit der Kathedrale zu schauen und zu prüfen, was das dortige Wandersockensortiment hergibt. Ich habe nämlich nur dicke, doppellagige Socken dabei, die in meinen hohen Trekkingstiefeln an heißen Tagen wie gestern meine Füße wie Sternschnuppen verglühen lassen. Eugenie hat mir dünne Zehensocken empfohlen, die die Reibung zwischen den Hautpartien der einzelnen Zehen verhindern. Außerdem sollen sie nicht so eine große Menge Wärme am Fuß entstehen lassen.

Klingt gut. Ich kaufe ein drittes Paar Socken.

Per Zufall stoße ich später noch auf das Informationszentrum für Pilger in der Calle Mayor, der Hauptstraße. Es ist supermodern, audiovisuell und erst kurz vor der Pandemie eröffnet worden. Ich schaue mir dort, ganz alleine, einen beeindruckenden Film über die Geschichte des Camino de Santiago an. Seine Bedeutung für Pamplona wird aus der Sicht eines im Mittelalter lebenden jungen Gauklers beschrieben.

Der Vortrag ist toll und er nimmt mich mit in längst vergangene Zeiten. Der Erzähler berührt mich, er schließt mit den Worten:

»Die Pilger werden auch weiterhin auf ihrem Weg nach Santiago de Compostela in dieser Stadt haltmachen. Mit ihren Wünschen, Versprechen und Vorstellungen. In Pamplona werden sie sich stärken, und hier wird ihr Abenteuer beginnen. Indem sie sich ihren Ängsten stellen und Schritt für Schritt ihre eigenen Grenzen überwinden. Vielleicht ist es auch Ihr Weg, Sie, die Sie mir jetzt gerade zuhören.«

Ich fühle mich angesprochen. Mehr noch als das, es klingt, als wären die Worte direkt auf mich zugeschnitten worden.

Ich lächle die Projektionsfläche an. Voller Vorfreude.

Wenn das große Abenteuer erst hier beginnt – unter welche Kategorie fallen dann die vergangenen Tage?

07

Lucas & Anna

*»Alle Reisen haben eine heimliche Bestimmung,
die der Reisende nicht ahnt.«*
(Martin Buber)

Pause. Ein Café mit großer Außenterrasse und gutem kulinarischen Angebot nahe Pamplona. Vor dem Café fläzen mindestens vierzig Pilger in der Sonne wie Salamander auf heißen Steinen, und genießen ein erstes, zweites oder drittes Frühstück.

Ich steuere mit meinem vollen Tablett auf den Tisch von Lucas und Anna zu. Ich habe es Lucas hoch angerechnet, wie er sich in Orisson nach dem Schock mit den Schuhen um mich gekümmert hat. Seine kleine Geste mit dem Tee hatte eine große Wirkung auf mich.

Es ist so schön, die beiden unverhofft wiederzusehen. Ich strahle sie an.

Der kleine Argentinier lächelt mich ebenfalls an und macht eine einladende Handbewegung. Er spricht fast perfekt Englisch mit einem dezenten spanischen Akzent. Lucas hat lange in Spanien für eine amerikanische Firma gearbeitet und ist deshalb auch viel in den Staaten unterwegs gewesen. Die Art und Weise, wie er Geschichten erzählt, ist besonders. Ich könnte ihm stundenlang zuhören. Er hat die seltene Gabe, Menschen mit seiner Stimme zu fesseln. Intensiv. Er könnte ein ganzes Hörbuch über argentinische Rinderhaltung aufnehmen und damit Vegetarier faszinieren. Unabhängig vom Thema – ich würde es wieder und wieder anhören.

Neben dem Klang seiner Stimme gefällt mir die Tatsache, dass er aussieht wie Lionel Messi. Aber der würde wahrscheinlich viel über Fußball reden und das tut Lucas gar nicht. Lucas spricht über wichtigere Dinge. Nicht, dass Fußball nicht auch wichtig sein kann. Ich mag Fußball. Aber eher zu anderen Zeiten und an anderen Orten. Vielleicht tue ich Lionel auch Unrecht und er würde gar nicht über Fußball reden, sondern einfach mal seiner Rolle als Weltstar entschlüpfen wollen und nur als einer unter Vielen wahrgenommen werden. Jedenfalls bin ich mir ziemlich sicher, dass Lucas höchstens sein älterer Bruder sein könnte. Falls Lionel einen hätte.

Er und seine Frau Anna gehen den Francés schon zum sechsten Mal, was für mich nur sehr schwer vorstellbar ist.

»Sechsmal dieselbe Strecke?«

Die beiden lächeln einander an. »Ja, Sandra. Es ist jedes Mal die gleiche Strecke. Aber immer wieder anders und neu und überhaupt nicht langweilig. Dieser Weg gibt dir so unendlich viel. Du musst nur darauf vertrauen.«

Wie auf Knopfdruck ist die Erinnerung an meinen Gefühlsmix in Orisson wieder da. Klar und frisch. Erst der tolle Abend, dann die morgendliche Verzweiflung, gemischt mit Enttäuschung und Wut. Schließlich die sagenhafte Erleichterung, als meine Schuhe wieder aufgetaucht sind. Nur Vertrauen kam in der Story nicht vor.

»Ich finde das nicht so leicht«, höre ich mich sagen.

Lucas lächelt verständnisvoll. »Du bist noch am Anfang deiner Reise. Viele Pilger lernen es erst mit der Zeit. Nachdem sie etliche Schritte gegangen sind und mit diesen Schritten ihre Erfahrungen gemacht haben. Du hast schon mal deine Angst überwunden und bist losgegangen. Das war der erste und wichtigste Schritt.«

Ich nicke zustimmend.

»Und du hast die Schuhe wiederbekommen. Genau so wird sich auch alles andere für dich fügen.« Er sieht mir direkt in die Augen. Und wenn es nicht so abgedroschen klingen würde, würde ich sagen, er sieht tief in mich hinein. Bis auf den unübersichtlichen Grund meiner Seele. Ich lehne mich ein wenig zurück.

Er fährt fort: »Angst ist die Abwesenheit von Vertrauen. Du bist aber doch allein unterwegs, also hast du auch Vertrauen in dich und den Weg.«

Bitte was? Der Klang dieser Worte veranlasst meinen Körper dazu, ein paar Haare auf der Haut aufzustellen. Ich reibe mir die rechte Augenbraue, um Zeit zu gewinnen. Da muss ich erst mal drüber nachdenken. Was für einen Satz hat er da rausgehauen! Großartig wie ein Gemälde von Leonardo da Vinci.

Oder ist es gar nicht dieser eine Satz, der mich so berührt, sondern das, was da noch so alles mitschwingt? Herrje! Ist nehme an, es ist diese angehäufte Erfahrung seiner letzten fünf Pilgerreisen durch Spanien, die ihn dazu befähigen, solche weisen Aussagen zu tätigen. *Angst ist die Abwesenheit von Vertrauen.* Das muss ich mir auf jeden Fall merken. Und bei Gelegenheit mal bei mir auf dem Seelengrund etwas aufräumen. Falls noch mehr Besucher unangemeldet vorbeischneien.

Ich starre auf meinen Teller, wo ein spanisches Omelett darauf wartet, verzehrt zu werden. Nehme Messer und Gabel in die Hand. Stecke einen Bissen in den Mund. Kaue. In meinem Kopf kreisen diverse Gedanken unablässig wie ein lustiges Mobile über einer Babywiege.

»Du bist so still«, sagt Anna nach einer Weile zu mir. Auf Spanisch.

Leider spricht Anna nur wenig Englisch. Ungefähr so gut wie ich Spanisch, was leider für eine erquickliche Unterhaltung nicht genug ist. So muss ich sie mehr anstarren, als mit ihr zu sprechen, während Lucas für uns dolmetscht. Leider, denn ich hätte mich gerne intensiver mit dieser attraktiven Frau unterhalten. Noch viel lieber als in Lucas-Lionels schaue ich nämlich in Annas wunderschönes Gesicht. Ich bin mir sicher, sie ist noch einige Jahr jünger als er, ihr Gesicht zeichnen kaum Falten. Sie trägt ihr seidiges, schulterlanges Haar in zwei mädchenhaft geflochtenen Zöpfen. Das aller Bemerkenswerteste an ihrem Haar ist aber seine Farbe. Es schimmert im Sonnenlicht in einem ungewöhnlich gleichmäßigen Weiß. Wie Feenhaar. Vielleicht ist *sie* die verwunschene Eiskönigin Elsa? Und dann heißt sie auch noch Anna! Das trifft genau meinen Humor. Kann man Haare zu dieser Farbe färben? Vielleicht habe ich ja einen Trend verpasst. Aber je länger ich mir das ansehe, desto überzeugter bin ich – das ist keine bewusst gewählte Modefarbe. Das ist echt.

Wie gern würde ich sie fragen, was es damit auf sich hat. Steckt da auch so eine geheimnisumwobene Geschichte dahinter? Ich hatte schon von Menschen gelesen, die morgens aufwachen und feststellen, dass über Nacht alle Farbe aus ihrem Haar gewichen ist.

Hängt die Farbe dieser Zöpfe und die Frequenz des Pilgerns gen Santiago zusammen? Oder war sie sogar der Auslöser für Annas ersten Jakobsweg?

Als hätte sie meine Gedanken gelesen, lächelt sie mich wieder freundlich an. »Alles in Ordnung, Sandra? Du siehst nachdenklich aus.«

Ich zögere. Nein. Ich will nicht aufdringlich wirken. Es ist noch zu früh zu fragen. Außerdem hätte ich das gern ohne Übersetzer gesagt. Auf Spanisch. Dafür müsste ich allerdings erst ein paar Wörter nachschauen.

»Ja.« Vielleicht finde ich es bei unserem nächsten Treffen heraus. »Sicher?«

Ich könnte aber auch einfach darauf vertrauen, dass ich die richtige Antwort jetzt bekommen würde. Ganz spontan. Auch auf Englisch.

Ich schaue in ihre wasserblauen Augen. Und lasse die Gelegenheit verstreichen.

* * *

Am nächsten Vormittag treffe ich wieder auf Lucas und Anna. Sie sitzen entspannt mit baumelnden Beinen auf dem Mauervorsprung vor einer Kirche.

Wahrscheinlich steht mir die Anstrengung mal wieder ins Gesicht geschrieben. Oder sie lässt sich von meinen müden Bewegungen ablesen. Jedenfalls fängt Lucas sofort an, in seinem Rucksack zu wühlen, als er mich sieht, und reicht mir mit einem Lächeln die perfekte Banane.

An sich ist eine geschenkte Banane ja keine große Sache. Aber hier schon. Für mich schon. Wir sind fernab von Bananenplantagen oder Supermärkten, die das gelb gebogene Glück verkaufen. Das Timing ist großartig, diese beiden Menschen sind großartig, und ich bin so viel Selbstlosigkeit einfach nicht gewohnt. Schließlich hat Lucas diese Banane nicht meilenweit getragen, um sie dann einfach an mich zu verschenken.

Oder vielleicht doch?

Wieder öffnet er mit einer simplen Geste mein Herz. Wieder spielt er auf meinem Griffbrett für Dankbarkeit einen wunderbaren Ton. Innerlich bin ich total gerührt über so viel Güte.

»Danke! Wirklich! Vielen Dank!« Ich lege die Hand auf mein Herz, um den Worten mehr Ausdruck zu verleihen.

Er nickt freundlich mit dem Kopf. Es sieht ganz kurz so aus, als wolle er noch etwas sagen. Dann lächelt er nur.

Anna klopft mit der Hand auf den freien Platz neben sich. »Setz dich doch.« Sie beißt herzhaft in ihren roten Apfel und blinzelt in die Sonne. Ihr Haar glänzt auffallend.

»Ein wunderschöner Tag heute.«

»Oh ja!« Ich schaue sie von der Seite an. Die Liebenswürdigkeit dieser beiden macht etwas mit mir.

Eigentlich bin ich kein schüchterner Mensch. Nur ein unentschlossener. Also bleibe ich wieder still. Es ist mir immer noch zu haarig zu fragen. Lieber ein anderes Mal …

Vielleicht muss ich über JDs Caminogott nachdenken, der Handys zurückbringt und Bananen im richtigen Moment ihre Besitzer wechseln lässt. Ich hatte die Bemerkung des Kanadiers bisher als einen Scherz abgetan. Ein lockerer Spruch, mehr nicht. Trotzdem.

Ich beschließe, das ab jetzt intensiver zu beobachten. Schaden kann es ja nicht.

08

Der Franzose

Es ist mein achter Abend, kurz vor Puente la Reina, als ich Marco beim Abendessen treffe. Ich habe das Pilgermenü bestellt. Genau wie er. Nicht wie anderswo üblich, wo die Pilger ihr Essen gemeinsam an einem großen Tisch einnehmen, sitzen wir zu zweit an einem kleinen Tisch.

Marco, ein dunkelhaariger Franzose in seinen frühen Fünfzigern, der kein Deutsch spricht. Ich, eine unwesentlich jüngere dunkelhaarige Deutsche, die versucht, mit ihrem Schulfranzösisch zu brillieren. Die Unterhaltung klemmt wie ein Gartentor, das zuletzt vor dreißig Jahren geölt wurde. Also zaubert Marco sein bestes Englisch aus der Hosentasche. Er spricht mit einem weichen französischen Akzent, der mich selbst dann noch in Verzückung versetzen würde, wenn er detailreich über die Arbeit eines Steuerberaters dozieren würde.

Heute Abend bin ich Marcos einzige Zuhörerin, und die Art, wie er die »h« verschluckt, als er »'urts like 'ell« ausspricht, lässt mich innerlich so breit grinsen wie J. R. Ewing, wenn er auf der Southfork Ranch wieder jemanden übers Ohr gehauen hat.

Natürlich gibt es in der 'ölle überhaupt nichts zu grinsen und deshalb verziehe ich äußerlich auch keine Miene, denn Marco spricht über seine schmerzenden Füße. Insbesondere über sein rechtes Exemplar, das ein bemitleidenswertes Opfer seines nicht eingelaufenen neuen Schuhs geworden ist. Füße scheinen – wen wundert es – auf dem Camino die größten Sorgenkinder zu sein.

Seine wurden entgegen aller werbetauglichen Versprechen des Schuhherstellers zur Bequemlichkeit richtig misshandelt. Das mag aber nicht nur am Schuh liegen, sondern auch daran, dass der Träger wahrscheinlich nicht achtsam genug beim Kauf war. Sicher hat Marco die falsche Größe, die falschen Socken oder eine Kombination gewählt, die auf lange Sicht einfach nicht mit seinen Füßen harmoniert.

Marco erzählt mir in schillernden Details von seinem persönlichen Horrortrip bis hierher. Aber dabei bleibt es leider nicht. In einer unachtsamen Minute, zwischen Vorspeise und Hauptgericht, streckt er mir seinen rechten Unterschenkel entgegen und reißt sich ohne Triggerwarnung für mich seine ehemals weiße Tennissocke vom Knöchel.

Ich darf in eine hässliche, offene Wunde blicken. Es sieht aus, als wäre dem Metzger bei der Arbeit das Messer ausgerutscht. Die Haut ist komplett weg.

Ich starre wie hypnotisiert auf diese Stelle rund um seinen Knöchel. What the 'ell? Ich schlucke, blicke schnell zurück in sein Gesicht und lasse meinen Blick krampfhaft auf seiner Nasenspitze kleben. Mein Kreislauf hat sich beim Anblick ähnlicher Szenen in der Vergangenheit bereits als zartbesaitet hervorgetan. »Marco, das musst du auf jeden Fall desinfizieren und verbinden lassen! Das muss sich ganz dringend ein Arzt anschauen!« Ich bin ehrlich entsetzt. So einen Krater habe ich als Resultat eines scheuernden Schuhs noch niemals gesehen. »Du musst unbedingt Pause machen. So kannst du morgen doch nicht weiterlaufen!«

Doch Marco kann. Marco muss. Der Fuß ist nämlich nicht nur Opfer seines Schuhs geworden, sondern auch seines unbändigen Ehrgeizes. Er erklärt mir mit einem etwas angestrengt wirkenden Lächeln: »No pain – no gain.«

Kein Schmerz, kein Gewinn! Diesmal rolle ich nicht nur innerlich mit den Augen. Spontan fällt mir dazu ein weiterer schwachsinniger Spruch ein, der in meiner Jugend noch an der Tagesordnung war, wenn das Kind aufs Knie gefallen war: »Ein Indianer kennt keinen Schmerz.« Hier sitzt nun dieses große Kind, höchstwahrscheinlich ein direkter Nachfahre von Pierre Brice, und klammert sich an ein längst überholtes Mantra.

»Dein Körper sendet dir hier eindeutige Signale. Ich denke, du ...«

Marco nimmt einen großen Schluck Rotwein. Spült den Mund. Schaut weg.

Ich lasse den Satz unvollendet. Was mache ich denn schon wieder? Ihn jetzt und hier versuchen vom Gegenteil zu überzeugen, ist wahrscheinlich vergebene Liebesmüh. Ich bin auch sicher, dass das nicht in meinen Aufgabenbereich fällt.

Marco zieht die Socke wieder über seinen Knöchel und wechselt sicherheitshalber das Thema. Dazu schenkt er sich ordentlich Wein nach. Zum Betäuben bräuchte er definitiv etwas Stärkeres. Mehr so etwas wie einen Schlag auf den Hinterkopf.

Als Hauptgericht gibt es Fleisch vom Schwein, aber zum Glück keine Haxe. Dazu Kartoffeln und Salat. Ich starre auf meinen dampfenden Teller. Zögere kurz. Versuche, den massakrierten Knöchel zu verdrängen. Checke sicherheitshalber mein Wohlbefinden. Alles scheint okay zu sein, auch mein Magen gibt wieder ein Hungersignal von sich. Glück gehabt, das Essen schmeckt nämlich ausgesprochen gut.

* * *

Am nächsten Morgen breche ich zusammen mit Sandra, meiner liebenswerten, australischen Begleitung, mit der ich schon nach Pamplona gelaufen bin, auf.

»Good morning, Bootlady!«, begrüßt sie mich herzlich.

»Good morning, Sandra!«, entgegne ich meiner Namensvetterin. Ich vermisse Di, die zweite Australierin, mit der Sandra oft unterwegs ist, aber meine Gefährtin erklärt, sie würde heute später starten.

Während wir die Stadt Puente la Reina verlassen, erzähle ich ihr von meinem gestrigen Abend in allen Farben, besonders in den Rotschattierungen. An der unter Pilgern als hübsches Fotomotiv bekannten Bogenbrücke, die über den Fluss Arga führt, trödeln auch wir ein wenig herum, machen Fotos und genießen den Blick.

»Wusstest du, dass ›Puente la Reina‹ übersetzt ›Brücke der Königin‹ heißt?«

Sandra schüttelt den Kopf.

»Diese Brücke wurde in der ersten Hälfte des elften Jahrhunderts von einer Königin gestiftet, um den Pilgern auf dem Jakobsweg eine sichere Überquerung des Flusses zu ermöglichen«, lese ich vom Handy ab.

»Das hat sie gut gemacht. Schon toll, dass wir die Möglichkeit haben, auch noch tausend Jahre später darüber zu gehen.«

»Überleg mal, wie viele Pilger wohl seitdem schon über diese Brücke gelaufen sein mögen?«

»Viele.«

»Und wie viele von denen wohl von der spendablen Königin gewusst haben?«

»Nicht so viele.«

»Was meinst du, wie viele der heutigen Pilger interessieren sich für die Geschichte des Jakobsweges und solch nettem Detailwissen?«

Sandra schaut mich abschätzend an und verzieht die Mundwinkel dann zu einem Schmunzeln. »Ich könnte jetzt raten, aber weißt du denn die Antwort?«

Nach etwa einer halben Stunde holen wir einen sehr alten Mann ein, der sich ganz langsam, schwer auf zwei Stöcken gestützt,

Schritt für Schritt voran quält. Als wir auf gleicher Höhe sind, erkenne ich erst, dass es gar kein so alter Mann ist, sondern Marco, der sich lediglich schlurfend wie ein Greis vorwärtsbewegt. Die rechte Socke ist noch verfärbter als gestern.

Das gibt es doch gar nicht! Kein Mensch kann sich so etwas freiwillig antun!

Sandra ahnt wohl, wer der Inhaber eines solchermaßen verwundeten Knöchels sein muss. Sie sagt ohne Einleitung: »Warum machst du das? Das kann wirklich schlimme Folgen für deinen Fuß haben, wenn sich da etwas entzündet.«

Marco bleibt nicht mal stehen, zuckt nur kurz mit den Schultern.

Ich zucke innerlich mit meinen. Frage mich kurz, ob alle Sandras ähnlich denken.

»Buen Camino, Marco.« Ich sage es nicht zynisch, nein, ich meine es aufrichtig. Ich hoffe es wirklich für ihn. Auch, wenn mir seine grob fahrlässige Einstellung gegenüber seinem Körper nicht gefällt, steht mir letzten Endes nicht zu, darüber zu urteilen. Stattdessen sollte ich mir mehr bewusst machen, dass jeder Mensch mit all seinen Themen, Prägungen und Erfahrungswerten aus der eigenen, subjektiven Sicht richtig handelt. Kenne ich seine wahren Motive?

Absichtlich mit einem medizinisch nicht versorgten, blutigen Knöchel zu pilgern, ist in der heutigen Zeit zwar eine etwas fragwürdige Art, Buße zu tun und um Vergebung für seine Fehler zu bitten. Aber es wäre zumindest *eine* mögliche Erklärung für sein Verhalten.

Zwei Tage später höre ich wieder von ihm. Ein anderer Pilger berichtet, dass er ihn tags zuvor gesehen und gesprochen hat.

Er sagt, Marco hätte aufgegeben. This 'ell was too much for 'is feet.

09

Mohnblütenrot

»*Die Bäume, die Sträucher, die Pflanzen sind der Schmuck und das Gewand der Erde.*«
(Jean-Jacques Rousseau)

Die ersten hundert Kilometer durch Spanien liegen hinter mir. Navarra heißt die Region, durch die ich seit dem Grenzübertritt laufe, begrenzt im Osten durch die Gipfel der Pyrenäen, während sich Richtung Westen mehr und mehr liebliche Täler öffnen. Wie auch in der sich anschließenden Region La Rioja wächst der Wein unter spanischer Sonne hervorragend. Mit insgesamt fünf Weinbaugebieten kann Navarra aufwarten. Der hier produzierte Rebsaft zählt zu den besten Weinen der iberischen Halbinsel.

Der Weg heute führt mich zwar nicht entlang der gepriesenen Weinstöcke, ist aber trotzdem unglaublich schön. Es blühen Ginsterbüsche und Rapsfelder in leuchtenden Gelbtönen um die Wette. Der hellrote Klatschmohn badet in der gelben Kulisse. Er streckt seine zarten Blüten vertrauensvoll der Sonne entgegen, um die wärmenden Strahlen zu empfangen. Auch mich verzaubern die zahllosen Blüten am Wegesrand. Was für eine wundervolle Jahreszeit der Frühling ist. Ich kann mich nicht sattsehen. Irgendwo habe ich mal gelesen, Blumen seien das Brot für die Seele. Ich glaube, der Urheber des Textes hatte recht. Neben meinem Magen liebt auch meine Seele Brotzeit. Und nicht nur meine.

Ich bin wieder mit Sandra unterwegs. Ich habe die Vermutung, dass es in Australien nicht viel Klatschmohn gibt. Jedenfalls nicht dort, wo sie herkommt. Die Australierin begeistert sich für jede einzelne Blüte von Neuem.

»Sandra! Look at these poppies over here! Aren't they beautiful?«

Würde man ihren Hunger nach Mohnblumen in Broteinheiten umrechnen, müsste sie heute theoretisch schon pappsatt sein, so viele Blumen wie sie bereits bewundert hat. Wir kommen noch langsamer voran als ich sonst allein ohne Mohn. Aber im Gegensatz zu den vergangenen Tagen, als ich mich durch die sportliche Verbissenheit mancher Pilger fast getrieben fühlte ebenfalls schneller zu laufen, kann ich unsere gemütliche Gangart heute richtig genießen.

Ich habe mich nach dem Abwägen aller Für und Wider doch dazu entschieden, auf meine Spontanität bei der Quartiersuche und damit auf diese öffentlichen Herbergen, die »Municipales«, die keine Reservierungen akzeptieren, zu verzichten. Alte Pilgerhasen berichten, dass die Pilgerflut hinter Pamplona zurückgehen und sich die Leute besser verteilen würden, aber es ist nach wie vor sehr voll unterwegs. Das Bettenproblem scheint sich von Jahr zu Jahr zu vergrößern und ich verstehe auch, dass pilgern ursprünglich bedeutete, sich voll und ganz auf den Weg einzulassen. Ohne Planung und Sicherheiten. Aber in diesem Jahr? Ich möchte den Camino aufnehmen mit Herz und Seele. Wie kann ich das, wenn ich morgens um halb sechs im Stockfinsteren losrennen muss, um aller spätestens mittags an der nächsten öffentlichen Herberge abgehetzt in der Schlange zu stehen und auf ein Bett zu hoffen. Mir ist der Preis für diese sogenannte Spontanität zu hoch. Ich hätte keinen Blick übrig für die Schönheiten unterwegs, keine Zeit für ausgiebige Fotos, erholsame Rasten oder spontane Pläusche.

Mir hat jemand erzählt, dass er von Saint-Jean nach Roncesvalles in sechs Stunden gerannt ist. Zur Erinnerung, das ist die Fünfundzwanzig-Kilometer-Tour über die Berge! In sechs Stunden! Nur, um früh genug im Kloster anzukommen. Es gibt wohl

Hunderte von Gründen, den Camino zu gehen. Ich persönlich könnte selbst bei entsprechender Fitness in dieser Variante keinen Sinn erkennen.

Dazu kommt meine frisch gewonnene Erfahrung, die sich übrigens mit der meiner bisherigen Gastgeber deckt: Es wird immer mehr vorausgeplant und gebucht. Da bin ich kein Einzelfall. Es bedeutet, ein Stück Freiheit aufzugeben und dafür ein Stück Sicherheit zu bekommen.

Für mich ist es einfach viel entspannter, wenn ich bereits morgens weiß, wo ich abends schlafe. Deshalb reserviere ich meine Übernachtungen nun jeweils am vorherigen Abend, entweder per Telefon, E-Mail oder online über eine App. Bisher hat das gut funktioniert, auch wenn ich etwas mehr Geld für die Übernachtungen in den privaten Herbergen ausgeben muss. Aber mir ist es das wert.

Ich habe mich nun festgelegt, dass ich nicht hier bin, um irgendwo gestresst noch das letzte freie Bett zu entern, und falls dieses belegt ist, weiterziehen zu müssen. Ich möchte dieses besondere Erlebnis Jakobsweg genießen, sofern mir mein Körper keinen Strich durch die Rechnung macht. Und heute heißt das eben Mohnblumen bestaunen. Der Weg ist das Ziel. Auch, wenn dieser Satz vollkommen ausgeleiert klingt – man begreift ihn erst in seiner Vollkommenheit, wenn man selbst unterwegs ist.

Ich stoppe heute nach achtzehn Kilometern in Villatuerta, wo ich die Bekanntschaft von Nancy, einer sehr liebenswerten Amerikanerin, mache. Die australische Sandra geht noch ein paar Kilometer weiter bis nach Estella-Lizarra.

* * *

Am nächsten Morgen breche ich früh auf. Die Vögel zwitschern euphorisch. Ich entscheide mich, ein wenig mit ihnen zu pfeifen, wenn auch in anderer Tonart und nicht ganz so bezaubernd. Wieder Traumwetter. Beschwingt laufe ich den Hohlweg entlang, dessen sanft ansteigenden Seiten von kräftig roten Farbtupfern gesäumt werden. Mehr Mohn! Ich muss grinsen. Sandra ist bestimmt wieder in Begeisterungsstürme ausgebrochen angesichts der sich rhythmisch wiegenden Klatschmohnpracht, als sie gestern hier vorbeigelaufen ist.

Wie so oft in der Weltgeschichte nimmt das Unheil seinen Lauf mit etwas, das man hört, bevor man es sehen kann. In diesem Fall mischt sich in das ungleiche Duett zwischen mir und den Vögeln ein Ton, der definitiv kein weiterer musikalischer Beitrag aus einem Schnabel oder einer Kehle ist. Es ist eher ein fieses dunkles Brummen, das langsam anschwillt.

Ich kenne dieses Geräusch.

Hinter der nächsten Kurve treffe ich schon auf den Verursacher, klein, aber gemein, der sich mir unaufhaltsam nähert. Ein gefährliches, motorisiertes Ungeheuer köpft mit schnellen Messerklingen die Blumen und Gräser rechts des Weges. Sie werden unerwartet hoch in die Luft gespuckt. Dann trudeln sie zerzaust zu Boden, wie ein Fallschirm mit verhedderten Leinen.

Oh nein! Fassungslos sehe ich dem Blütenmörder zu, der meine Seele in Aufruhr versetzt: Warum muss dieses Massaker ausgerechnet vor meinen Augen passieren? Welchen Sinn macht es, so früh im Jahr den blutroten Mohn abzumähen, statt ihn verblühen zu lassen?

Am liebsten würde ich dem Monster einen richtig dicken Stock vor seine Maschinerie schleudern. Oder den Fahrer unflätig beschimpfen. Aber ich kenne nicht mal harmlose spanische Schimpfwörter, geschweige denn situativ angemessene. Was heißt wohl »du impertinenter, wurzelnasiger Mohnköpfling« auf Spanisch?

Ich passiere den Rasenmäher mit einem düsteren Blick, der den Fahrer in keinster Weise beeindruckt. Keine zehn Sekunden später ist er aus meinem Sichtfeld verschwunden, während mich das monotone Geräusch, nun hinter mir, noch länger begleitet.

Ich fühle mich, als hätte er mir mit dem Mäher mein Haupthaar rasiert.

»Sag mir, wo die Blumen sind, wo sind sie geblieben?«, singe ich kaum hörbar, während ich an der traurigen Schneise der niedergemähten Gräser und Blumen entlangtrotte. Allen Pilgern, die hinter mir wandern, ist es, zumindest für dieses Jahr, nicht mehr vergönnt, sich an diesem Mohnblumenspektakel zu erfreuen. Ein kleiner Hunger regt sich in mir. Etwas knurrt. Aber mehr in der Herzregion. Ist mein Magen hochgerutscht? »Wann wird man je verstehen? Wann wird man jeeeee versteeeeeehen.«

* * *

Allein auf dem Camino unterwegs zu sein, bedeutet, jeden Tag von Neuem die Wahl zu haben. Die Wahl, positiv nach vorn zu schauen, oder mit seinem Schicksal zu hadern. Die Wahl, den gelben Pfeilen zu folgen, oder stehenzubleiben. Die Wahl, am ersten Café anzuhalten oder weiterzugehen. Falls du anhältst, hast du die Wahl, einen Orangensaft oder einen Tee zu trinken oder beides zu bestellen. Du kannst wählen, dich allein an einen Tisch zu setzen oder dich zu jemandem dazuzugesellen. Du kannst für dich still in deinem Getränk rühren oder dein Herz öffnen und eine unglaubliche Bekanntschaft machen. Du allein hast die Wahl, einsam oder in Gesellschaft zu sein. Jeden Tag wieder neu.

Es sind so viele Menschen um dich herum, die mit einer ähnlichen Geisteshaltung wie deiner unterwegs sind, aber nicht aus denselben Gründen. Da ist es sehr leicht, Verbindungen aufzubauen.

Manche Menschen schreckt die Einsamkeit, die ihnen begegnen könnte, ab, und hindert sie daran, allein aufzubrechen. Mich nicht.

Ich bin grundsätzlich sehr gerne mit mir allein. Ich genüge mir. Ich habe zwar vor hohen Brücken Angst, oder davor, keinen Schlafplatz in der Herberge zu finden. Aber ich habe keine Angst, allein zu wandern. Allein zu sein. Weder als Frau, noch generell als Person.

Natürlich bevorzuge und genieße auch ich an manchen Tagen Gesellschaft – sie ist der einfachere geistige Weg, lenkt ab von den physischen Strapazen, den schweren Füßen, dem heißen oder nassen Wetter. Gesellschaft ist interessant. Sie bewahrt mich vor anstrengenden Gedankenschleifen, die sich, wenn ich allein bin, auf langweiligen Kilometern anschleichen wie hinterhältige Banditen, die mich mit dem Lasso in ihre Gewalt bringen wollen.

An den Tagen, an denen ich mir selbst genüge, möchte ich, trotz dieser manchmal unvorhersehbaren Attacken, an meinem Geist arbeiten. Er soll einerseits lernen, sich besser zu fokussieren. Oder andererseits einfach mal komplett abtauchen und still sein. Beides hängt ja auch irgendwie zusammen. Natürlich könnte ich genauso gut versuchen, dem Meer das Rauschen zu verbieten. Er diskutiert einfach zu gern. »Still ist er doch«, argumentiert er, »wenn er schläft.« Und das sei sowieso schon viel zu lang.

Das ist Ansichtssache. Besonders in Schlafsaalnächten. Mit Vorliebe ignoriert er mich, leider nur kurz, wenn ich ihm daraufhin zurufe: »Dann entspann dich jetzt mal bei offenen Augen!«

Das nenne ich hausgemachte Autoritätsprobleme. Nachdem er sich vom Beleidigtsein erholt hat, schweift er dann weit vom Ursprungsthema ab, zieht mich einfach mit sich in einen Strudel aus neuen Gedanken, die so durcheinander sind, wie die auf dem Teppich verteilten Legosteine eines Fünfjährigen.

Aber ich will nicht zu kritisch mit ihm sein. Zu anderen Zeiten überschüttet er mich mit Ideen und viel Fantasie, nimmt diese bunten Bausteinchen und fügt sie zu einem völlig unerwarteten Gedankenbauwerk zusammen. Oder er schafft es, längst vergessene, gut verstaute Erinnerungen hervorzukramen, die mich zum Lächeln bringen.

Wie neulich, als ich etwas in meinen Nachtschränkchen gesucht habe. In der oberen Schublade bewahre ich so allerhand emotionale Erinnerungstücke an meine vergangenen Dekaden auf. Ein bisschen Klimbim, aber auch alte Postkarten, Briefe von lieben Menschen und einige meiner Reisetagebücher. Ein Schatzkästchen voller Vergangenheit sozusagen. Das flüchtige Durchlesen einiger Seiten meines Tagebuchs ließ mich grinsen – über meine damalige arglose Sicht auf die Welt. Trotz dieses gekritzelten Reichtums, der mir das Tor in meine Vergangenheit weit öffnet, schaue ich nunmehr sehr, sehr selten dort hinein.

Ich war auf der Suche nach etwas ganz anderem, was ich dort aber nicht gefunden habe. In die Hände fiel mir, äußerst spontan, die Ausgabe einer Zeitschrift aus dem Jahre 2007. Titelstory: Auf dem Weg zu dir selbst: Pilgern. Von der Faszination einer uralten Tradition. Plus: Karten, Routen und viele Tipps.

Ich habe mich gefreut. Ich hatte die Existenz dieses Heftes bereits vergessen, es mindestens acht Jahre nicht mehr in der Hand gehabt. 2007 also. Fünfzehn Jahre habe ich diese Zeitschrift aufbewahrt. Ich bin einerseits froh, andererseits ein wenig erschrocken über diese Jahreszahl. Ob diese Zeitschrift nun den Beginn meiner Leidenschaft widerspiegelt, kann ich nicht mal mit absoluter Sicherheit sagen. Aber sie ist zumindest ein Puzzleteil.

Unterwegs werde ich oftmals gefragt, wie beziehungsweise wann ich denn überhaupt zum Pilgern gekommen bin. Und dann muss ich jedes Mal wieder einen Moment innehalten und überlegen, wann das wohl genau gewesen ist und was der entscheidende Auslöser war. Ich weiß es einfach nicht mehr. Dann, wenn die Pause zu lang wird, mein Gegenüber den Kopf schief legt und mich erwartungsvoll ansieht, erzähle ich immer die Geschichte von meinem Chef.

Mein Chef, Jürgen, der mir, kurz nachdem ich im August 2012 aus der Elternzeit meines zweiten Kindes zurückkehrte, verkündete, dass er sich in Kürze auf den Camino Francés begeben würde.

Einige Wochen später nagelte er nach seiner Rückkehr, nicht ohne Stolz, die gerahmte Urkunde seines Jakobsweges, ausgestellt in Santiago, an die Wand seines Büros. Jürgen hat mir, zu meiner großen Überraschung, eine Jakobsmuschel mit rotem Kreuz mitgebracht. Ich nagelte sie zwar nicht an meine Bürowand, aber habe sie in den Schrank hinter mich gelegt. Jedes Mal, wenn ich an diesen Schrank musste, und das war mehrmals täglich, strahlte mich diese Muschel an. Irgendwann sprach sie auch zu mir: »Komm, tu es endlich.« Aber ich antwortete nicht. Stattdessen habe ich sie 2015 anlässlich meines Wohnortwechsels von Leverkusen nach München erst mal zum Schweigen gebracht. Ich nahm sie aus dem Schrank, packte sie ein und im neuen Büro nicht wieder aus. In München saß ich zunächst in einem Großraumbüro, ohne eigene Wand und Schrank. Die Muschel, die ich in Leverkusen täglich mehrmals vor Augen gehabt hatte, fand keinen Platz. Stattdessen verschwand sie in einer Schublade im neuen Zuhause. Mit ihr verging auch die Motivation. Ich hatte beides nicht mehr im Blick.

Ich beruhigte mich selbst, irgendwann würde ich es schon machen. Nur wann? Schulterzucken. Wie sagt man so schön: Aus den Augen, aus dem Sinn. Auch da ist was dran.

Wie ein Archäologe in der Vergangenheit anderer gräbt, grabe ich so langsam meine eigenen, verschütteten Gedanken wieder aus.

Es hat mich schon überrascht, eine fünfzehn Jahre alte Zeitschrift wiederzufinden – aufbewahrt in der Hoffnung, die dort beschriebenen Routen und Tipps später einmal brauchen zu können.

Aber, um den Bogen zum Anfang zu schlagen, was war denn nun der ausschlaggebende Impuls, der mein Interesse am Pilgern geweckt hat? Es ist zum Haare raufen. Ich weiß es einfach nicht mehr. Ich könnte jetzt irgendetwas erfinden, was nicht wahr wäre.

Also akzeptiere ich es, so, wie es ist. Der Ursprung liegt immer noch begraben unter speckigen Gedankenschichten.

Ich werde wohl weiterhin die Geschichte von meinem Chef erzählen, wenn ich gefragt werde. Aber die ist ja auch sehr schön. Und dann zeige ich auf die Jakobsmuschel, die zufrieden an meinem Rucksack baumelt und endlich nach zehn langen Jahren im Ausland dorthin zurückkehren darf, wo sie hergekommen ist. Nach Santiago.

10

Der nächste Dieb

*»Wenn du etwas ganz fest willst, dann wird das Universum
darauf hinwirken, dass du es erreichen kannst.«*
(Paolo Coelho)

Ich bin tatsächlich heute das erste Mal in meinem Leben achtundzwanzig Kilometer am Stück gelaufen. Die ersten zwanzig Kilometer fand ich gar nicht mal so tragisch. Etwas schwer Definierbares, von dem einige Menschen überzeugt als »Zufall« sprechen, während andere hingegen es als »Universum« oder »Caminogott« bezeichnen, hatte für diesen Abschnitt freundlicherweise allerlei Begleitpersonal geschickt. Diesem gelang es, mich von der körperlichen Pein des Gesamthappenings abzulenken.

Die erste Begleitung war JD, den ich kurz hinter Los Arcos, dem Etappenstart, wiedertraf.

»Sandra, my friend, schön, dich zu sehen!«, ruft er mir erfreut zu, als er mich bei meiner regulären Stopf-die-Jacke-in-den-Rucksack-Rast einholt. Die nächsten Stunden laufen wir gemeinsam und ich erfahre einiges aus dem Leben des Kanadiers. Er und seine Frau sind vor vielen Jahren aus Indien eingewandert. Sie haben in ihrer Wahlheimat Kinder bekommen, großgezogen und ein glückliches Leben geführt. Bis seine Frau schwer erkrankte, schließlich verstarb und das vertraute Glück mit sich nahm. Zurück blieb der trauernde Mann, in dessen Haus statt der Frau nun die Einsamkeit lebt.

»Ich versuche mein Bestes, Sandra.« JD hält kurz inne und schaut in die Ferne. »Weißt du, was das ist? Was mir am meisten hilft?«

Ich glaube, es ist eine rhetorische Frage. Deshalb schüttele ich nur stumm den Kopf.

»In der Natur zu laufen! Das tut mir einfach gut. Viel Bewegung, viel frische Luft und viel Zeit für Körper, Geist und Seele, sich einzulassen, wieder Kraft zu tanken und zu wachsen. Sandra, ich habe mich diesen Winter richtig auf den Camino Francés vorbereitet. Ich bin jeden Tag mindestens fünfzehn Kilometer gewandert.«

»Jeden Tag?«

»Ja, jeden einzelnen. Ich habe ja Zeit. Auf mich wartet niemand mehr zu Hause.« Er lächelt traurig. »Jeden Morgen nach dem Frühstück bin ich drei Stunden rausgegangen. Bei Wind und Wetter.«

»Wow!«, sage ich und nicke anerkennend. Jetzt wundert mich nicht mehr, dass er mit über siebzig Jahren noch so fit ist. Ich muss an Jim denken, den sechsundsiebzigjährigen Amerikaner, mit dem ich ein Stück auf der Napoléonroute gelaufen bin. Vielleicht hätte ich im Frühjahr auch ein wenig mehr Zeit in meine Ausdauer investieren sollen, dann würde ich den alten Männern jetzt davonlaufen statt umgekehrt.

»An einem Samstag im Januar gab es bei mir in der Nähe einen Dreißig-Kilometer-Marsch, an dem viele Leute teilgenommen haben. Es war richtig kalt. Das Thermometer hat morgens minus zweiundzwanzig Grad Fahrenheit angezeigt, das sind umgerechnet ungefähr minus dreißig Grad Celsius. Der Wind pfiff, wirbelte den Schnee auf und peitschte ihn über das Land. Durch den Windchill lag die gefühlte Temperatur noch weit darunter.«

Ich verdrehe entsetzt die Augen. Wie kann man so etwas bei den Bedingungen überhaupt stattfinden lassen? Geschweige denn, daran teilnehmen wollen. Das sind Außentemperaturen, bei denen ich maximal toten Fisch vor die Tür legen würde, falls die Tiefkühltruhe ausfällt.

Bei den Kanadiern könnten sie in Orisson sicher auch die Duschmarken für Heißwasser einsparen. So viel ist mal klar.

»Wo in Kanada wohnst du?«, frage ich. Eigentlich spielt es überhaupt keine Rolle, wo genau. Es ist die Hälfte des Jahres in ganz Kanada so ungemütlich, dass ich schon bei der bloßen Erwähnung kanadischer Winter eiskalte Füße kriege.

Ich habe eine Bekannte, die vor einigen Jahren dorthin ausgewandert ist. Ihrer Beschreibung nach lebt sie in einem der kältesten Gebiete Kanadas. Sie hat sich mal darüber ausgelassen, welche Strategien sich die Kanadier, außer warmer Kleidung, zurechtgelegt haben, um mit diesen klimatischen Bedingungen umgehen zu können. Humor gehört auch dazu. Keine Frage, man muss von Natur aus ein sehr sonniges Gemüt haben, um dort freiwillig zu leben. Aber man erlebt auch verrückte Sachen, die den mitteleuropäischen Durchschnittswarmduscher mit offenem Mund zurücklassen würden. Wie zum Beispiel Elche, die sich fotografisch beim Pfingstbrunch im Garten ablichten lassen, während sie der soeben dem Frosttod entronnenen Privatbotanik die ersten zarten Triebe abknabbern. Es würde mir sicher ein hohes Maß an Selbstbeherrschung abfordern, dies als Akt der reinen Tierliebe geschehen zu lassen und nicht als mutwilligen Vandalismus zu betrachten. Wobei ich mir sicher bin, dass eine Elchparty im Vorgarten eines meiner kleineren Probleme wäre.

Während JD von harten Wintern erzählt, habe ich die lebhaftesten Vorstellungen davon, wie man sein Auto aus einer knapp zwei Meter hohen kanadischen Schneewehe freischaufelt. Ich bin mir sicher, dass mir in einer solchen Situation wohl nicht genügend Flüche für so eine erbarmungslose Naturgewalt eingefallen wären. Und da der alte Major Edward A. Murphy ja nach wie vor mein bester Freund ist, hätte er mich nach getaner Arbeit mit der Erkenntnis belohnt, dass ich statt meinem das Auto des Nachbarn ausgegraben habe. Oder er hätte mich mit genervten Orgeln des Motorblocks belohnt: Du kannst mich mal, ich spring nicht an! Viel zu kalt!

Horror! Absoluter Horror!

Für mich wäre die einzig brauchbare Strategie die, mich jedes Jahr rechtzeitig in ein Flugzeug zu setzen und für sechs Monate irgendwo auf der Sommerhalbkugel einen freundlicheren Platz zum Überleben zu suchen. Zum Beispiel in Spanien.

Mit so viel Winter in meinem Kopf legen wir einige Kilometer elegant und leichtfüßig durch den warmen spanischen Frühling zurück, ohne dass ich dies überhaupt bemerke.

»Uh, ich glaube, ich habe einen Stein im Schuh«, sagt JD plötzlich und balanciert wie ein Storch auf einem Bein. Der größte Unterschied zwischen einem Storch und dem Kanadier ist, dass der Storch keinen schweren Rucksack auf dem Rücken trägt. Augenscheinlich möchte JD den Schuh ausleeren und wieder anziehen, ohne sich zu setzen, den Rucksack vom Rücken zu nehmen und den nur noch besockten Fuß auf dem Schotter abzusetzen. Dieser Balanceakt ist selbst für einen durchtrainierten, winterharten Kanadier ein ziemlich unmögliches Unterfangen. Er schaut ein wenig unglücklich, droht, wie ein Baumstamm in den Graben zu kippen. Gibt's doch gar nicht! Fallen alle Kanadier, die ich hier treffe, irgendwann unterwegs wie Baumstämme um? Spontan mache ich einen Schritt auf ihn zu, greife seinen Arm und rette ihn, bevor er stürzen kann.

Ich glaube im Nachhinein, dass das Ab- und Aufsetzen des Rucksacks nicht mehr Zeit erfordert hätte als dieser einbeinige Regentanz wegen des unscheinbaren Steins. JD ist trotz meiner Unterstützung nicht in der Lage, sich mit dem Rucksack zu bücken, um den endlich ausgeleerten Schuh wieder anzuziehen.

Also bücke ich mich kurzerhand mit meinen zehn Kilogramm auf dem Rücken, schlingere daraufhin wie die Mercedes-A-Klasse beim Elchtest, und vermeide es gerade so, ebenfalls einen Platz in der Reihe der kanadischen Fall-of-Fame einzunehmen. Auf die Idee, den Rucksack vielleicht für diese Aktion vorher besser abzusetzen, komme ich merkwürdigerweise genauso wenig wie JD zuvor. Als ob die Dinger inzwischen auf unseren Rücken angewachsen wären.

Ich helfe ihm beim Anziehen und Zubinden seines Schuhs. In seinen Augen sehe ich, dass er sehr dankbar ist, auch, wenn es ihm schwerfällt, es zu sagen.

An der nächsten Getränke- und Futtertankstelle halte ich an und fülle mich mit Tee und Saft auf, während JD es vorzieht, weiterzuziehen. Wir winken einander zu – ich bin mir sicher, ihn bald wiederzutreffen. Wir haben über so Vieles gesprochen, aber immer noch nicht über seinen Caminogott.

* * *

Mit der Zeit bekommt man einen Blick für die Vorlieben seiner – und anderer – Landsleute. Ich kann mich insgesamt des Eindrucks nicht erwehren, dass die Deutschen, die Österreicher und die Schweizer auf dem Camino mit dem umfangreichsten Gepäck, den dicksten Wanderstiefeln und der qualitativ hochwertigsten Ausrüstung unterwegs sind. Vielleicht liegt das daran, dass sie an alpines Gelände gewöhnt sind und von klein auf gelernt haben, jederzeit alles für ein Notbiwak am Matterhorn dabeizuhaben. Oder daran, dass sie besonders planungsaffin und organisiert sind, mal abgesehen von der sehr spontanen österreichischen Horde aus dem Pilgerbüro.

Als ich eine Frau einhole, die dasselbe Rucksackmodell wie ich trägt, dazu eine graue Wanderhose und eine Softshelljacke, die meiner verdammt ähnlich sieht, bin ich mir sicher, dass es eine Landsfrau ist.

Richtig. Sie kommt aus Baden-Württemberg. Ich mache Bekanntschaft mit Franziska, zweiundsiebzig Jahre alt, die von hinten aussieht wie vierzig. Ich hoffe, das war keine Beleidigung. Manche Zwanzigjährige sieht schlaffer aus.

Langsam wird mir unheimlich, wie viele ältere Pilger und Pilgerinnen hier unterwegs sind, die wesentlich fitter sind als ihr Altersdurchschnitt und wahrscheinlich auch als ein Großteil ihrer Töchter, Söhne, Enkelkinder und Haustiere.

Schnell stellt sich heraus, dass wir beide eine Vorliebe für das Fotografieren von Blumen haben. Bei dieser Gelegenheit muss ich mir eingestehen, dass ich – abgesehen von der raschen und korrekten Identifizierung von Klatschmohn – eine ziemliche botanische Flasche bin. Leere Flasche. Gut, ich erkenne schon die spanischen Klassiker: Olivenbaum oder Pfeifenputzerstrauch, Hibiskus und Bougainvillea. Aber in dieser Gegend sprießt und blüht so allerhand anderes, mir unbekanntes, aber schönes Zeug. Wie gut, dass jemand Apps zur Bestimmung von Pflanzen programmiert hat. Und so hocken wir hier und da zusammen am Wegesrand oder tiefer drin in der Botanik, um Pflanzen bei ihren Namen nennen zu können. Von Weitem sehen wir wahrscheinlich aus, als würden wir viel Pipi machen. Aber wir machen moderne Pflanzenkartografie. Alexander von Humboldt wäre sicher neidisch auf uns gewesen.

Ich mag Franziskas Gesellschaft. Abseits der Pflanzenkunde entwickelt sich schnell ein vertrauensvolles Gespräch.

Wir laufen eine ganze Weile zusammen, dann tauschen wir Handynummern, um auf dem Camino in Kontakt bleiben zu können. Auch, um uns gegenseitig über die schwierige Bettensituation auf dem Laufenden zu halten. Irgendwann ist es dann an der Zeit, uns zu trennen, damit jeder wieder sein eigenes Tempo weitergehen kann.

Ich gehe langsamer als sie. War ja klar.

Aber ich bin schneller als der nächste Deutsche, den ich kurz darauf treffe. Felix schlendert gemütlich und vollkommen atypisch, weil ohne Gepäck, auf dem Camino herum, als würde er auf jemanden warten. Oder, als würde er etwas suchen. Fast so wie Weihnachten und Ostern zusammen. Nur ohne die Vorfreude.

Nein, warten tut er auf niemanden, finde ich alsbald heraus. Jedenfalls wüsste er von keiner Verabredung. Und suchen? Auf gewisse Weise schon.

Ich unterdrücke meinen Impuls spontan »Ostereier?« auszurufen, in dem Vorwissen, dass dieser Scherz, den ich saulustig fände, bei meinem Gegenüber vermutlich nicht dieselbe Heiterkeit auslösen und mir im besten Fall nur einem missbilligenden Blick einbringen würde. Also gucke ich ernst.

Felix sucht nicht etwas, was man ersetzen kann, wie ein aus der Tasche gefallenes Handy, sondern etwas, was ihm im Leben fehlt.

»Aha!« Manchmal freue ich mich, wenn ich feststelle, dass nicht nur ich in Rätseln spreche. »Wegen einer alten Beziehung?«, hake ich nach. Obwohl ich den Ostereierscherz nicht gemacht habe, guckt er mich jetzt genau so an, wie ich es auf meinem unterdrückten Spaß erwartet hätte.

»Nein, ich habe eine Frau. Da ist alles gut.«

»Oh, sorry! Es klang einfach nach einer Person, der du nachtrauerst.« Ich versuche es noch mal. »Mehr wie ein entglittenes Lebensgefühl?«

Mit dieser Frage habe ich schon eher ins Schwarze getroffen. Er holt etwas weiter aus. Ich nehme für mich mit, dass er Ruhe sucht. Die innere Balance. Entschleunigung. Den Gegenpol zum Alltag. Der Mann ist hier, um seinen leeren Akku wieder aufzufüllen. Er gönnt sich auf dem Camino eine mehrwöchige Auszeit, um sich von seinem stressigen Job zu erholen.

»Was arbeitest du denn so?«, frage ich.

Ich habe mir angewöhnt, alle Pilger auf dem Camino zu duzen, auch wenn ich das zu Hause im Alltag beim ersten Kontakt als unhöflich empfinden würde. Aber Pilger sind offen und unterwegs auf den Jakobswegen gelten für alle die »Camino-Leitlinien«. Ein distanziertes »Womit verdienen Sie denn so Ihre Brötchen?« würde nur dabei stören, miteinander in engeren Kontakt zu kommen.

Zu duzen ist hier weder distanz- noch respektlos, zumal die meistgesprochene Sprache zwischen den internationalen Pilgern sowieso Englisch ist. Und da stellt sich diese Diskussion erst gar nicht. »You« ist gleich »Du« oder auf Französisch und Spanisch ein simples »Tu«. Obwohl die Franzosen und Spanier auch eine Höflichkeitsform kennen. Aber man muss die Kommunikation untereinander in den verschiedenen Sprachen nicht noch verkomplizieren, wenn es darauf auf dem Camino wirklich nicht ankommt.

»Ich bin Zahnarzt.«

Ich verziehe unwillkürlich das Gesicht, als hätte ich versehentlich in eine saure Zitrone gebissen. Mir schwebte wahrscheinlich eher eine Antwort wie »Altenpfleger« vor. Um Zahnärzte mache ich gerne große Bögen. Das dazugehörige Trauma liegt weit in meiner Kindheit begraben und hat sich in Klasse fünf beim Sportunterricht zugetragen. Beim bloßen Gedanken an die entzückende Klaviatur zahnärztlicher Folterinstrumente ereilen mich Fluchtinstinkte. Dabei hatte er doch auf den ersten Blick einen ganz sympathischen Eindruck gemacht.

»Ich habe eine größere Zahnarztpraxis mit vielen Angestellten in Düsseldorf im Zentrum.«

Eine große Zahnarztpraxis in Düsseldorf, in allerteuerster Lage. Sofort sind weitere Vorurteilsschablonen einsatzbereit: stinkreich, abgehoben, arrogant. Elitär. Aber so sieht er gar nicht aus. Er schaut mich gar nicht an, sondern redet einfach weiter, als wäre ich nicht da.

»Heutzutage eine große Praxis betriebswirtschaftlich und kundenorientiert zu führen und die Abläufe immer wieder zu optimieren …«, er sucht nach Worten, »… und mit modernster Technik nachzurüsten …, das ist anstrengend, erfordert viel Einsatz und Zeit.« Pause. »Manchmal ist es auch herausfordernd, dem Anspruchsdenken der Patienten zu begegnen.«

»Das ist wahrscheinlich noch nett ausgedrückt.«

»Oder der Fachpersonalmangel. In den letzten Jahren findet man einfach keine guten zahnmedizinischen Angestellten mehr. Der Markt ist leer gefegt. Dazu der ganze Verwaltungsaufwand oder das Erfordernis, alle Angestellten auf möglichst viele Fortbildungen zu schicken. Die richtigen Entscheidungen für die Zukunft der Praxis zu treffen …« Er atmet tief aus. »Alles zusammen bedeutet jede Menge Stress. Mittlerweile bin ich mehr Manager als Zahnarzt. Und manchmal verliere ich mich zu sehr in Details.«

Er arbeitet mit Zähnen und ihren empfindlichen Wurzeln, da sind Details ja auch wichtig.

»Hm. Delegieren?«

»Hm. Schwierig.«

»Warum?«

»Das ist eine längere Geschichte.« Er bleibt kurz stehen.

Ich auch. »Wir haben ja Zeit. Hier läuft nix weg. Ich jedenfalls nicht.« Ein erster offizieller Versuch, lustig zu sein.

Er verursacht tatsächlich ein zartes, zahnärztlich schönes Lächeln.

»Um es mal auf den Punkt zu bringen, ich schlafe nachts nicht gut.«

Ich sehe ihn von der Seite an. Eigentlich sieht er ganz munter aus.

In den nächsten Minuten führt er das genauer aus, während uns immer wieder Pilger mit einem fröhlichen »Buen Camino« überholen. Ich höre ihm aufmerksam zu und finde es schon wieder bemerkenswert, wie schnell die Menschen auf dem Camino doch zu gerade eben noch völlig Fremden Vertrauen fassen. Wir haben uns praktisch kaum »Hallo« gesagt und schon erzählt Felix mir von seinem Burnout. Er benutzt das Wort nicht, und obwohl er der Arzt ist, ist es meine medizinische Diagnose. Oft hat man ja auch einen Tinnitus im Ohr, wenn man sehr gestresst ist. Davon erwähnt er zwar nichts, aber falls er den tatsächlich hat, klänge sein Ohrengeräusch sicher exakt wie ein Zahnarztbohrer. Nein, das ist gemein. Ich wette, da war das schwarze Engelchen am Werk.

»Ich kriege hier beim Laufen nach ein paar Wochen den Kopf wieder frei.«

Wahrscheinlich könnte er zum Entspannen auch einen Luxusurlaub in einem Fünf-Sterne-Hotel-Resort auf den Malediven buchen. Oder mit einer Yacht nach Saint-Tropez schippern. Aber es hätte nicht denselben Effekt.

Vielleicht ahnt er meine vorurteilsbehafteten Gedanken. »Den einzigen Luxus, den ich mir hier gönne, ist der tägliche Gepäcktransport und in den Herbergen ein Einzelzimmer für ungestörten Schlaf. Mehr brauche ich nicht.«

»Ist schon erstaunlich, dass man so viel weniger braucht als man denkt, und sich trotzdem im Vergleich zum heimischen Überfluss viel ausgeglichener fühlt.«

»Ja, der Camino erdet mich. Er gibt mir das, was ich brauche. Ich komme, wenn es sich einrichten lässt, jedes Jahr wieder hierher.«

»Das wievielte Mal bist du denn jetzt hier?«, frage ich überrascht.

»Dieses Jahr ist es das sechste Mal.«

Ich lächele. Sechs scheint die magische Zahl meiner Reise zu sein. Dann helfe ich dem weißen Engelchen, meine Vorurteile wieder wegzupacken. Auf dem Camino sind alle gleich. Egal, ob arm oder reich. Auf die Geisteshaltung kommt es an. Ich muss an Lucas und Anna denken, die ich nun schon einige Tage nicht mehr gesehen habe. Ich würde sie gerne wieder treffen.

»Und trotzdem kehrst du jedes Jahr nach deiner Auszeit in Spanien zurück in dein Hamsterrad?«

Er öffnet den Mund, um etwas zu sagen, kneift die Lider leicht zusammen. Entscheidet sich dann anders.

Vielleicht hilft der Camino ihm an einem Punkt zu erkennen, dass es an der Zeit ist, die Praxis zu verkaufen und mit seinem Leben und dem verdienten Geld etwas anderes zu machen, was der wahren Berufung näherkommt? An Möglichkeiten dürfte es ihm nicht mangeln bei so viel finanzieller Sicherheit im Gepäck.

Ich traue mich nicht, es direkt anzusprechen.

»Du, ich weiß es schon, dass sich etwas ändern muss, aber es geht jetzt noch nicht.« Er lächelt gezwungen.

Irritiert sehe ich ihn an. Wie häufig kommt es hier vor, dass die Menschen, mit denen man sich unterhält, Gedanken lesen können?

»Ich hätte da eine kleine Hilfestellung für dich. Was hältst du von einem Wandtattoo in deiner Praxis? Mit dem Text: Jeder Tag bietet dir die Möglichkeit, dich wieder neu zu entscheiden, dein Leben zu ändern.«

»Das sagt sich so leicht.«

»Ich weiß.« Ich atme tief aus. »Aber es hilft, wenn du es immer wieder liest. Du musst es sehen, damit du es nicht vergisst.«

»Ich behalte es im Hinterkopf.«

Am Horizont taucht Viana auf. Dort hat Felix sein heutiges Übernachtungslager gebucht. Schade, er ist ein ebenso bereichernder Gesprächspartner wie schon Franziska und JD am heutigen Tag. Als er abbiegen muss, verabschieden wir uns freundschaftlich.

»Pass auf deine Gesundheit auf«, sage ich.

»Und du auf deine.«

Wir nicken einander aufmunternd zu. Wir haben uns gegenseitig gutgetan.

Bis zu meiner Herberge in der Altstadt von Logroño sind es immer noch neun Kilometer. Gute zwei Stunden. Erst jetzt, wo ich wieder allein bin, bemerke ich, dass sich – trotz der morgendlichen Dosis Hirschtalg und der neuen Zehensocken – eine pralle Blase seitlich an meinem rechten Ballen entwickelt hat. Der Zahnarzt hat mich offenbar mehr an Zähne denken lassen als an Füße.

Notdürftig pflastere ich sie zu. Ich will mich erst in der Herberge nach der Dusche richtig verarzten. Aber es ist nicht nur die Blase, die jetzt samt Pflaster weiternervt. Meine gesamte körperliche Verfassung verschlechtert sich rapide wie die Lebensdauer eines Handyakkus nach intensiver Nutzung. Diverse Beinmuskeln werden steinhart, andere entscheiden sich zu krampfen. Ich schütte mehr Magnesiumpulver direkt in meine Auftankluke, aber das lindert meine Beschwerden nur unwesentlich. Erschöpfung macht sich breit, auf ganzer Linie. Ich bin körperlich für heute am Ende, was bedeutet, dass ich auch *gar* keine Lust mehr habe auf weitere Quälerei.

Wenn Leute vom Camino berichten, schwärmen sie immer in den höchsten Tönen oder beschreiben in den schillerndsten Farben, wie wunderbar einfach *alles* ist. Der Weg, die Gespräche, die Partys, die Stimmung, die Gemeinschaft, die Kirchen, die Landschaft.

Ja, auch ich tue das die meiste Zeit. Und bis hierher war ja auch alles toll heute. Aber für mein letztes Stück bis nach Logroño sieht es anders aus. Meine auf mich fixierte, zusammengeschrumpfte Realität besteht nur noch darin, einen Schritt vor den anderen zu setzen. Es ist hart. Und was passiert in solchen Momenten? Richtig, die Gefährder des Abenteuers tauchen aus dem Nichts am staubigen Horizont auf und schwingen johlend ihre Lassos. Zweifel an der Richtigkeit und Wichtigkeit der Sache.

Was soll das hier eigentlich? Wärst du zu Hause nicht besser aufgehoben?, fragen sie mich.

Ich erinnere mich plötzlich, was ich mir zu Hause vorgenommen habe, falls ich unterwegs in solch eine extreme Situation kommen sollte. Vorausschauend habe ich mir ein paar »Kraftsätze« in mein Handy notiert und gleichzeitig auswendig gelernt. Als Motivations-Erste-Hilfe-Kasten. Bisher hatte ich den nicht gebraucht, aber Dr. med. Pilgerhut vermutet, dass es sich jetzt um einen solchen mentalen Notfall handelt. Ohne Zweifel der richtige Zeitpunkt, auszuprobieren, ob ich mich wirklich nur auf diesen einzelnen Satz fokussieren und die Lasso werfenden Miesmacher ausblenden kann.

Die Worte, die mir als Erstes in den Sinn kommen, lauten: Du bist viel stärker als du glaubst, du hast alle Kraft dieser Welt. Lautlos formen meine Lippen diesen Satz: Du-bist-viel-stär-ker-als-du-glaubst-du-hast-al-le-Kraft-die-ser-Welt-du-bist-viel-stär-ker-als-du-glaubst-du-hast … Mit jeder Silbe, die ich mir vorsage, mache ich einen Schritt. Jeden Schritt im selben Rhythmus.

Wahrscheinlich sind es mehrere Hundert Wiederholungen dieser sechzehn Silben, die mich gegen Abend tatsächlich in Logroño ankommen lassen. Mein Zustand lässt sich wohl am besten mit bedauernswert bezeichnen. Ich bin fertig. Und zwar komplett. Erheblich fertiger als nach meiner Ankunft im Kloster Roncesvalles, wo ich auch kaputt ankam, aber nicht so ausgelaugt. Heute ist es zwar erheblich wärmer gewesen, aber es waren nicht mal dreißig Grad. Kann der Temperaturunterschied allein als Erklärung ausreichen, warum ich auf den letzten Kilometern so extrem eingebrochen bin?

Auch der Hospitalero kann wohl anhand der Intensität meiner Gesichtsfarbe auf meinen gesamten Erschöpfungszustand schließen und gibt mir mitleidig eines der unteren Betten im Schlafsaal fünf. Ich bekomme Bett Nummer eins zugeteilt. Frisches Bettzeug gibt es auch dazu.

Ich habe eine wirklich nette Albergue erwischt mit engen langgezogenen Zimmern, deren Arrangement an ein U-Boot mit separierten Schlafkojen erinnert. Ich schleppe mich mühsam in mein Zimmer und lasse mich dort auf den nächstbesten Stuhl fallen. Das Einzige, was ich noch gerade so schaffe, ist, meine glühenden Hufeisen gleichenden Füße aus den Schuhkohlen zu ziehen und die Socken abzupflücken.

Ringsherum ist es ziemlich eng und busy. Marc, der Engländer mit dem knochentrockenen Humor, steht frisch geduscht herum, um seine Hüften nur ein dünnes Funktionstuch. Ich hatte ihn schon in Pamplona kennengelernt.

Ein junges koreanisches Paar sortiert energisch in seiner Muttersprache debattierend seine Habseligkeiten auf dem Fußboden um Marc herum. Es klingt, als hätten sie eine mittelschwere Krise. Ich vermute, es fehlt ein Flipflop, denn ich zähle nur drei. Eine Holländerin versucht währenddessen, ihr Bett zu beziehen, ohne beim Rückwärtsgehen mit Marcs dünnbetuchter Mitte zusammenzustoßen.

Eigentlich ist diese Szene zum Schreien komisch. Besser kann man das nicht für eine Comedy inszenieren. Doch ich kann das Ganze nur teilnahmslos betrachten. Als ich auch nach mehr als zehn Minuten noch keine Anstalten mache, mich mehr zu bewegen als eine Wachsfigur, kommt Besorgnis über meine Mitpilger. Die Holländerin, fertig mit ihrem Bett, bietet mir an, auch mein Bett zu beziehen.

»That is difficult«, antworte ich.

Warum das denn schwierig sei, will sie wissen. Es mache ihr wirklich nichts aus. Sie helfe mir gern.

Ich muss an den Moment heute Morgen mit JD zurückdenken.

Wenn man Hilfe braucht, bekommt man Hilfe. Ungefragt. Das scheint der erste Artikel des Caminogesetzes zu sein.

»Mein Bett ist schon besetzt.« Ich deute auf das untere Bett, das offensichtlich schon von jemandem einkassiert worden ist. Es ist sorgfältig gemacht und zum Zeichen des Besitzes hat der Bezieher seine Baseballkappe mittig auf dem Kopfkissen drapiert. Wer immer es auch vorgezogen hat, das ihm oder ihr zugeteilte obere Bett, deutlich gekennzeichnet mit »Nr. 2«, ungefragt und möglichst unauffällig mit dem Bett darunter zu tauschen, hat sich zweifelsohne aus dem Staub gemacht. Um unentdeckt zu bleiben oder Ärger aus dem Weg zu gehen.

Ich beuge mich noch näher zum Bett und stelle fest, dass es sich ganz offenkundig *nicht* um ein Versehen handelt, denn das zu dem unteren Bett Nr. 1 gehörige Gepäckfach ist noch frei, während das zum oberen Bett gehörende Fach mit passendem Schlüssel abgeschlossen worden ist.

Im Zimmer bricht nach dieser von mir geschilderten Beobachtung ein Sturm der Empörung aus. Selbst die Koreaner unterbrechen ihre Suche nach dem heiligen Flipflop und schauen entrüstet.

»Geh dich beschweren!«, rät die Holländerin, »das geht doch so nicht! Derjenige kann doch nicht einfach dein Bett klauen!«

»Da hatte jemand Schwierigkeiten, bis zwei zu zählen. Das macht man nicht«, ergänzt Marc.

»Vielleicht ist es jemand, der nicht gut nach oben klettern kann«, werfe ich ein, und erinnere mich daran, dass ich in Zubiri mit JD freiwillig Betten getauscht habe. Für ihn sind Topbetten mit Leiter ein Albtraum, weil er nachts öfter raus muss. Für mich war diese Nacht, unabhängig von der Notwendigkeit zum nächtlichen Klettern, ebenfalls einer gewesen.

»Glaub ich nicht, und selbst wenn, dann fragt man freundlich und es findet sich eine Lösung«, sagt Marc.

Da hat er recht.

Wer mich kennt, weiß, dass ich einen feinen Zeiger für Ungerechtigkeiten habe und dann durchaus kämpferisch eingestellt bin. Wie ein Stier würde ich versuchen, den Verursacher verbal zwischen die Hörner zu nehmen und aus der unteren Schlafarena zu schubsen. Normalerweise.

Nur nicht heute. Ich habe überhaupt keine Lust auf einen Konflikt. Nicht mal auf einen simplen, freundlichen Hinweis.

Die Tür steht offen. Candice steckt den Kopf herein.

»Hey Candice, schön, dich wiederzusehen«, sage ich müde zu der Frau, die in Orisson unter mir genächtigt hatte.

»Was ist hier los?«

Marc gestikuliert kurz.

Sie erfasst die Situation schnell. »Ich gehe für dich nach vorne und kläre das!«, bietet die Kalifornierin sofort an.

»Lasst es gut sein. Ich schlafe oben. Ist kein Problem«, sage ich zu allen.

Candice zuckt mit den Schultern. »Wie du willst. Aber das ist rücksichtslos! Unhöflich! Schlechtes Benehmen!«

Ich sehe sie an, höre aber kaum, was sie sagt. Es ist mir einfach alles zu viel. Wie schön wäre es jetzt, einfach nur in Ruhe einen schwarzen Tee zu trinken und damit meine geschundenen Lebensgeister wiedererwecken zu lassen. Blöd nur, dass man genau in dieser Herberge keinen Tee kaufen kann und ich die Notration an Beuteln, die ich zu Hause eingesteckt hatte, leider schon verbraucht habe. Ich atme lange und hörbar aus und mache sicher auch das entsprechende Gesicht dazu.

Als nächstes sehe ich Jenny, eine weitere Bekannte, aus dem Nebenzimmer auf mich zukommen. Die Engländerin balanciert behutsam eine volle Tasse dampfenden Tees über das Chaos am Boden, stellt sie vor mir ab und lächelt mich an. »Tea?«

Diese Engländer. Ich könnte sie küssen. Die Geste ist einfach herzerwärmend. Sofort denke ich an Lucas, auch, wenn der keinen britischen Pass hatte.

Anscheinend sehe ich öfter so aus, als müsse ich Tee trinken, um wieder in die Spur zu kommen. Ich bin sprachlos und mal wieder den Tränen nah. Wie ist das möglich? Sieht man mir den Teejunkie dermaßen an?

Ich bin körperlich total leer, aber mein Herz ist voll – mit Dankbarkeit. »Tausend Dank! Das ist unfassbar nett. Woher wusstest du das?«

»Auf dem Camino bekommst du nicht das, was du suchst, sondern das, was du brauchst.« Sie zwinkert mir zu. Berührt mich sachte am Arm.

Ich schüttele nur mit dem Kopf. Das zweite Mal, dass mir jemand ungefragt Tee bringt. Es fühlt sich großartig an. Wer solche Momente nicht erfahren hat, kann nicht ermessen, wie erfüllend es ist, so etwas zu erleben.

So funktioniert der Camino. Es ist eine Mischung aus verschiedenen körperlichen Defekten, gedanklichen Höchstleistungen, englischer Teemagie, deutscher Zahnarzttherapie und kanadischen Balanceakten. Auch, wenn einigen die Blasenpflaster unterwegs ausgehen, die allermeisten, die ich treffe, haben immer Ersatzpflaster für die Seelen ihrer Mitpilger dabei. Und die zu versorgen, ist noch viel wichtiger als die wunden Füße.

Nach dem Tee und einem Liter isotonischer Flüssigkeit schaffe ich es, zu duschen und meine Füße zu pflegen. Auf Initiative meines Magens lasse ich mich nach einer einstündigen Erholungsphase tatsächlich überreden, mit einer internationalen Pilgergruppe in das Herz von Logroño zu humpeln. Als amerikanisch-holländisch-englisch-schweizerisch-isländisch-deutsches Konglomerat schlagen wir eine große Probierschlacht in den verschiedenen Bars der Altstadt. Logroño ist bekannt für sein exzellentes Fingerfood, das andernorts in Spanien »Tapas« heißt. In dieser Region nennt man die »Tapas« jedoch »Pinchos«, weil sie auf kleine Holzstäbchen gespießt werden. Natürlich darf ein lokaler Rotwein dazu nicht fehlen. Und da Logroño bereits zur Region La Rioja gehört und hier der VIP-Wein Spaniens produziert wird, werden ein paar gute Flaschen Rioja geleert, deren leckerer Inhalt viel Frohsinn in unserer Runde verbreitet.

Es ist schön, ein Teil dieser Gemeinschaft zu sein.

»Did you find out who stole your bed?«, fragt mich die Isländerin Almaranth.

»The American boy from the cowshed«, reime ich spontan die Antwort auf ihre Frage.

»What was that?« Candice bricht in lautes Gelächter aus. Sie hat wunderschöne strahlendweiße Zähne. Wenn sie lacht, ertappe ich mich dabei, dass ich auf ihre Zähne starre. Ob es Felix auch so geht, dass er das Lachen seines Gegenübers dazu nutzt, den Zahnstatus zu überprüfen?

Sie wendet sich an die Isländerin, deutet mit dem Kinn zu mir. »Hey, kennst du eigentlich schon die Geschichte von ihren Schuhen? Vom Bootbandit und der Bootlady?«

Die Isländerin mit dem schwer zu merkenden Vornamen nickt. »Ja. Erst klauen sie ihr die Stiefel und jetzt auch noch das Bett.«

Auf dem Camino spricht sich anscheinend so einiges schnell herum.

»Hat eigentlich irgendjemand die Bootbanditin mal wieder gesehen? Ist sie immer noch mit Pete unterwegs?«, fragt Candice und schiebt sich ein Pincho mit frisch gegrillten Champignons in den Mund.

»Der australische Pete oder der Bruder von Kevin?«, fragt die Holländerin zurück.

»Der Australier. Er ist ein als Pilger verkleideter Engel, der sie am Anfang des Weges unter die Fittiche genommen hat, aber er musste nach Hause. Sie ist aber seit einigen Tagen mit der Amerikanerin Teresa unterwegs«, antwortet die Schweizerin.

Ich möchte zum Thema Bettenklau zurückkehren. »Hört mal. Das war kein Witz eben. Ich habe tatsächlich herausgefunden, wer im Bett unter mir schläft. Und das Unglaubliche an der Sache ist: Ich kenne ihn sogar.«

»Nein!«, ruft Almaranth, für eine Isländerin aufdringlich laut.

»Aber ich habe trotzdem nichts zu ihm gesagt.« An Candice gewandt, ergänze ich: »Du kennst ihn auch. Erinnerst du dich noch an den dunkelhaarigen Andy aus Florida?«

Sie schaut mich stirnrunzelnd an.

Ich helfe ihr auf die Sprünge. »Der Andy, der in Roncesvalles beim Essen das lustige Video von allen am Tisch aufgenommen hat.«

»Nein!«

»Ab heute ist er ›The Bedbandit‹.«

Die ganze Runde lacht herzlich.

Der heute größtenteils unsichtbar gebliebene Andy ist weder alt noch gebrechlich. Er hat vielleicht nur ein bisschen Höhenangst. Oder ist egoistisch. Und er verpasst heute einen tollen Abend.

11

Zwischen Realität und Traum

Santo Domingo de la Calzada. Eine Kleinstadt, schon fast am Ende der Rioja gelegen, die mittlerweile für eine alte Legende um ein Hühnerwunder ziemlich berühmt geworden ist. Seit Langem werden deshalb ein Hahn und ein Huhn in der Kathedrale in einem Käfig gehalten. Das Krähen des Hahnes soll den Anwesenden Glück bringen. Ich nehme an, aus Tierschutzaspekten hat man das Getier heutzutage in luftige Höhen hinter Glas verfrachtet, sodass die Glückssucher in der Kathedrale sich nicht zu sehr aufdrängen und die Tiere verstören können.

Ich liebe Santo Domingo de la Calzada. Genau genommen, liebe ich die Unterkunft, in der ich gelandet bin. Ich habe mir zur Abwechslung ein privates Zimmer gegönnt, das ich gestern vorab per Mail reserviert habe.

In den letzten drei Unterkünften in Ventosa, Najera und Logroño waren meine Nächte nicht unbedingt mit Tiefschlaf gesegnet. Neben den üblichen, störenden Schlafgeräuschen hatte ich es noch mit rücksichtslosen Türenknallern, Lichtanmachern und Ständig-Klospülern zu tun. Ja, ich habe es wieder mit Ohropax versucht. Von Anfang an. Aber meine Ohren sind einfach nicht für diese Stöpsel gemacht. Entweder empfinde ich sie als Fremdkörper im Ohr und kann nicht einschlafen, weil sie drücken, oder ich finde sie morgens im Schlafsack wieder, weil sie in der Nacht, selbstverständlich noch *vor* dem Einschlafen, aus meinen Ohren rausgefallen sind. Selbst, wenn ich körperlich absolut fertig bin, findet mein mimosenhafter Geist in Mehrbettzimmern einfach keinen entspannten Schlaf. Ich weiß nicht, ob er Angst hat, irgendwas zu verpassen.

Mehr zufällig als gewollt bin ich in einem für Pilger luxuriösen, aber günstigen Hotel untergekommen. Bei dem Gebäudekomplex handelt es sich um ein ehemaliges Kloster aus dem sechzehnten Jahrhundert, in dem sich heute auch ein Museum und eben diese Unterkunft befinden. Das historische Ambiente ist einfach erwähnenswert. Direkt hinter der Rezeption öffnet sich ein schmaler, gewölbeartiger Gang, der in eine Halle mit hoher Decke mündet. Die Wände sind teils unverputzt, auf dem Steinboden liegen, wie eine Brücke, dick gewebte Teppiche. Es fehlt etwas Tageslicht in dem Gemäuer, aber ein paar dezent positionierte Lampenschirme erzeugen diffuses Licht. Riesige, gepolsterte Sessel mit überdimensionalen Armlehnen vervollständigen die Einrichtung. Man atmet den Charme – und Staub – längst vergangener Zeiten. Ich komme mir vor wie ein modernes Burgfräulein mit verdreckten Bergstiefeln, als ich bewundernd und vorsichtig durch den Saal schleiche, um zu meinem Zimmer im ersten Stock zu gelangen.

Dort erwartet mich das Highlight. Der absolute Knaller. Ein antikes Himmelbett mit hölzernem Gestell, das mich an die Schlafstatt einer längst verschiedenen Monarchin erinnert. Ähnlich den Ruhestätten für Könige, die man in französischen Schlössern besichtigen kann. Sogar ein hoher, mit Samtstoff bezogener Baldachin erstreckt sich über das Kopfende.

Mich fasziniert das üppig verzierte handgeschnitzte Kopfstück. Es zeigt auf drei Ebenen Torbögen, die von jeweils zwei Säulenpaaren getragen werden. Die Ebenen verjüngen sich, ähnlich einer Pyramide, nach oben. Den Abschluss bildet eine geschnitzte

Jakobsmuschel, die über allem thront wie eine Krone auf dem Haupt eines Monarchen. Ein Bett, extra gemacht für müde Jakobspilger!

Keine Ahnung, ob das wirklich so gedacht war. Wichtig ist, dass ich mich heute fühlen werde wie die Königin unter der Jakobsmuschel, wenn ich einschlafe.

Queensizebett hin oder her, auch in diesem königlich-muschelbetonten Ambiente ist meine erste Handlung, mir die Schuhe von den qualmenden Füßen zu ziehen. Kein Mensch, der dies nicht selbst erlebt hat, kann sich vorstellen, was es für ein unglaublich erleichterndes Gefühl ist, sich nach gelaufener Etappe endlich dieser Schuhe und Socken zu entledigen!

Mit ausgestreckten Armen lasse ich mich auf das Muschelbett fallen. Es ist heute wieder verdammt heiß gewesen. Die körperliche Erschöpfung in Kombination mit meinem permanenten Schlafmangel führen dazu, dass ich augenblicklich davondrifte. Bilder kommen ungefragt zu mir. Ich finde mich in einer mittelalterlichen Szene wieder.

In moderner Pilgermontur sitze ich auf einem hölzernen Thron. Ein Herald verschafft sich durch fanfarenartiges Tröten Gehör. Vor mir gibt eine pulsierende Menge aus lebendigen Füßen den Blick auf den Innenhof einer ramponierten Burg frei. Eine zerfetzte Fahne hängt schlaff von einem Mast.

»Erweiset der Lady von Großbootanien und Herrscherin über die Ländereien der Sockelei Ehre! Auf eure Sohlen, Barfußvolk!«

Ein Raunen geht durch die stinkende Menge.

»Häh, wo liegt denn die Sockelei?«, fragt ein Naseweis-Fuß vorwitzig. »Leben dort diejenigen, die uns immer die Luft zum Atmen nehmen wollen und uns dafür in Säcke hüllen?«

»In Socken, mein Sohn. Es sind Socken, nicht Säcke.«

Dann legt sich eine ehrfürchtige Stille über den Platz. Ich schreite die Reihen der nackten Füße entlang, bis hin zu den beiden

Großfuß-Fürsten, zwei ziemlich herausragenden, aber geschunden aussehenden Brüdern. Die beiden sind am Ende mit ihrer Beinmuskulatur und hängen reichlich schlaff herum. Nur sehr widerwillig sehen sie mich aus jeweils fünf rotgeränderten Augen am Ende ihrer Zehen an.

»Hört, Ihr beiden verdienten Füße! Ich bin heute hier, um Euch für Eure Verdienste zu ehren. Dazu habe ich Geschenke mitgebracht. Die edelsten Stiefelmodelle aus dem Norden des großbootanischen Reiches. Außerdem, zum Schutze vor weiteren Kampfverletzungen, feinstes Sockengewebe aus der Sockelei!«

»Säcke!«, brüllt jemand von hinten. »Sie will sie in Säcke stecken!«

»Sklaverei!«, brüllt ein anderer Fuß, mit französischem Akzent, der Marcos Fuß mit dem aufgeriebenen Knöchel verdächtig ähnlich sieht.

Ich bedeute dem Fußvolk zu schweigen. Vergeblich.

»Stiefel!«, schnaubt der linke Großfuß verächtlich. »Lady, wir haben kein Interesse an dieser Art von Bestechung!« Er rollt mit insgesamt vier blau unterlaufenen Augen. »Wir werden kämpfen bis zum letzten freien Barfuß!«, brüllt er.

»Freiheit für alle Füße«, schreit sein Bruder, der den großen Zeh links statt rechts trägt.

Unter allen Füßen bricht lauter Jubel aus. Teleskopstöcke werden fordernd in die Höhe gereckt wie Mistgabeln bei einer Bauernrevolte.

Urplötzlich zerreißt ein ohrenbetäubender Knall die Drohgebärden. Die beiden Großfüße lösen sich vor meinen Augen in Rauch auf. Zwei weiße Kaninchen hoppeln flink zwischen anderen Füßen davon.

Die Fußvolkmenge jedoch schließt sich langsam enger um mich.

»Sie ist an allem schuld!« Der Marcofuß zeigt auf mich. Blut tropft von seinem Knöchel herab.

Die Meute kommt, Zehen voran, gefährlich drohend immer näher.

»Warum lässt sie uns nicht unsere Ruhe, statt uns täglich so zu quälen!?«

Der Mob fängt rhythmisch an zu skandieren: »Macht sie platt, macht sie platt, macht sie platt …«

Ich zucke heftig zusammen. Irritiert öffne ich die Augen und kehre beunruhigt in die Realität zurück. Wo soll das bloß noch hinführen? Das ist beängstigend! Ich setze mich auf und führe meinem Körper schnell noch einen Liter isotonische Flüssigkeit zu. Humple ins Bad, kippe mir eiskaltes Wasser ins Gesicht, damit ich wieder fit werde. Die tägliche Anstrengung, nun immer in der Sonne, löst nicht nur körperliche Mangelerscheinungen aus, sondern befeuert auch geistige Sonderleistungen. Die Hitze saugt mir die Energie so aus dem Körper, als hätte ich eine Herde Blutegel an mir kleben.

Trotz der Hitze war mir heute nach Singen zumute gewesen. Es hat einen alten amerikanischen Song getroffen. Nicht ganz zufällig einen absoluten Klassiker, in dessen Text ein Reiter besungen wird, der so ausgedörrt durch die Wüste irrt, dass er sich seinen Namen und den seines Pferdes nicht mehr merken kann. Ich habe die erste Strophe und den Refrain in Endlosschleife gesungen. Die anderen Strophen sind mir entfallen.

Nur, wenn mich jemand überholt hat, war ich kurz still. Weil ich mich ein wenig geschämt habe für meine sehr kurze Playlist.

Ich habe geglaubt, wenn ich erst einmal eingelaufen bin, was nun nach knapp zwei Wochen definitiv der Fall ist, wird mir das Gehen mit jedem Tag leichter fallen. Abgesehen von dem Megamarsch nach Logroño, der mir zugesetzt hatte, stimmt diese Einschätzung auch. Ich bin trainierter, kann täglich zwanzig Kilometer zurücklegen und komme relativ fit an. Verglichen mit der Kondition meiner ersten Tage eine deutliche

Leistungssteigerung. Aber ein gemütlicher Spaziergang wird es für mich wohl nie werden. Den würde ich vorzugsweise auch ohne Rucksack machen.

* * *

Ich bin mit Jim und James zum Abendessen verabredet. Sie sind heute Nachmittag mitten im heißen Nirgendwo plötzlich in einer Senke vor mir aufgetaucht. Ich habe sie schon ein paar Tage nicht gesehen und war umso erfreuter, bekannte Gesichter zu erspähen. Meinem namenlosen Pferd habe ich dann sofort die Sporen gegeben und sie eingeholt.

Jim hat heute einen schlechten Tag gehabt. Er ist sehr langsam unterwegs gewesen und die Anstrengung war ihm auch deutlich anzusehen. Er wäre mal besser musikalisch mit mir mitgeritten – vielleicht hätte es ihm, ebenso wie mir, geholfen, sich abzulenken.

Wir treffen uns frisch geduscht und wohlriechend auf der Terrasse eines Restaurants. Es liegt an einer in gleichmäßigen Abständen mit Bäumen bepflanzten Promenade. Ich würde tippen, es sind Platanen, die zwischen den Tischen herumstehen. Und ich würde annehmen, es sei ihre primäre Aufgabe, Schatten zu spenden. Zu meiner Überraschung fehlt ihnen jetzt in der zweiten Maiwoche noch jegliches Laub dazu. Mir war nicht klar, dass die gemeine Platane so ein Spätzünder ist. Die Sonne knallt daher selbst am Abend noch ungefiltert hell auf die Tische. Ich blinzele in die bebilderte Speisekarte. Dieses Restaurant ist auf Paella spezialisiert. Es gibt mindestens zehn unterschiedliche Varianten zur Auswahl. Paella mit Hühnchen (wahrscheinlich die ausrangierten Exemplare aus der Kirche), mit Meeresfrüchten, mit Gemüse, mit schwarzem Reis, nach Art des Hauses und so weiter und so fort.

Wir haben uns nicht für diesen Ort entschieden, weil wir ausgewiesene Paella-Liebhaber sind, sondern, weil dieses Restaurant etwas früher öffnet als die anderen Gastronomiebetriebe in der Straße. Als Pilger hat man immer viel früher Hunger als der landläufige Spanier, der normalerweise erst sehr spät am Abend isst, dafür umso ausgiebiger. Frühestens um neunzehn Uhr bekommt man etwas Warmes zu essen serviert. In absoluten Ausnahmefällen auch mal um halb sieben. Aber das habe ich bisher erst einmal erlebt.

Wir entscheiden uns alle für Paellas mit unterschiedlichen Zutaten. Jim und James bestellen eine Flasche Wein dazu. Ich genieße den Abend in ihrer Gesellschaft. Das Essen ist gut, wir reden und lachen viel. Und auch, wenn Jim etwas angeschlagen ist und ab und zu nach Atem ringen muss, ist er ein unterhaltsamer Gesprächspartner. Als ich mich besorgt nach seiner Gesundheit erkundige, macht er eine wegwerfende Handbewegung. Er meint, es sei bloß eine Erkältung mit ein bisschen Husten. Er würde zwei, drei Tage etwas langsamer machen und wäre dann wieder wie neu.

James guckt etwas skeptischer. Er macht sich schon ein wenig Sorgen um seinen betagten Vater. Aber das ist ja auch normal.

Jim schüttelt missbilligend über sich selbst den Kopf. »Ich habe heute Morgen auch noch ein paar Extrakilometer auf mein normales Tagespensum draufgepackt.«

»Warum das?«

»Ich Dussel habe mein Handy in der Herberge liegen lassen und es erst gemerkt, als wir schon ungefähr zwei Kilometer unterwegs waren.«

»Uh, das ist ärgerlich.«

Er nickt.

James hätte es auch allein holen können, um seinem Vater die zusätzliche Belastung zu ersparen. Aber wahrscheinlich gibt es einen guten Grund, dass beide zurückgegangen sind. Ich sage nichts.

»Ich glaube, wir machen morgen einen Tag Pause«, sagt James. Jim nickt.

»Ja, das klingt doch nach einem Plan«, sage ich. »Ich bin mir sicher, ihr holt mich wieder ein und wir sehen uns spätestens in drei oder vier Tagen in Burgos wieder. Dort werde *ich* nämlich einen Tag Pause einlegen.«

* * *

Die Nacht als Königin unter der Jakobsmuschel ist die großartigste bisher. Ich schlafe tief und diesmal traumlos, wache erholt auf. Eigentlich wäre ich gerne noch eine weitere Nacht geblieben, aber ich fühle mich fit, um weiterzugehen. Kein Zweifel, das sollte ich wohl unbedingt ausnutzen. Schweren Herzens verlasse ich mein königliches Gemach. Und bin sicher, die Jakobsmuschel zwinkert mir zum Abschied zu.

12

Ein Faustschlag ins Gesicht

»Wohin du auch gehst, gehe mit deinem ganzen Herzen.«
(Konfuzius)

Belorado, mein nächster Stopp. Gestern Abend im Ort gab es plötzlich ein unerwartetes Wiedersehen mit ein paar Bekannten aus Orisson. Ich habe auch Teresa getroffen, die mir erzählte, dass die Bootbanditin Maybrit es ebenfalls nach Belorado geschafft hat. Allerdings nur mit Teresas Hilfe, die perfekt Spanisch spricht. Allein ist die leicht verwirrte Maybrit – ohne ausreichende Sprachkenntnisse, dafür aber mit einem enormen Rucksack, den sie jeden Tag unerschütterlich herumschleppt – einfach überfordert. Norwegisch und Deutsch ist auf dem Camino leider nicht besonders hilfreich. Dazu kommt, dass es mit ihrem Orientierungssinn auch nicht weit her ist, denn sie verläuft sich auch gerne – trotz der überall angebrachten gelben Pfeile.

Teresa ist dazu übergegangen, für Maybrit, die mangels Planung ohne Reservierungen auskommen muss, vorab in den Unterkünften anzufragen, in denen sie selbst noch von zu Hause aus vorgebucht hat. Das klappt zwar nicht immer, aber oftmals zeigt man Verständnis für die Situation. Deshalb übernachten sie nun nach Möglichkeit in derselben Herberge. Gestern waren die beiden jedoch getrennt untergebracht und Teresa hat in Maybrits Abwesenheit einige ihrer Erlebnisse zum Besten gegeben. Eine Anekdote handelte von den Wanderstöcken einer fremden Pilgerin, mit denen sie abhauen wollte. Auch dieser Irrtum konnte glücklicherweise gerade noch rechtzeitig aufgeklärt werden.

So herzhaft ich auch lache über diese Geschichte, in mir erhärtet sich der Verdacht, dass die Frau leichte Alzheimersymptome aufweist. Es wäre sicher eine gute Idee, sich medizinischen Rat zu holen. Vielleicht hat sie das aber auch schon getan und nur niemandem davon erzählt. Vielleicht ist ihr tatsächlich sehr klar, dass dies ihre letzte Chance sein könnte, den Camino zu gehen. Denn, hätte man sonst eine Frau mit diagnostizierter Demenz allein auf dem Camino herumwandern lassen? Viel zu gefährlich!

Auf der anderen Seite – wo wäre sie besser aufgehoben als hier?

Auf dem Camino findet jeder einen Engel, der einen Engel nötig hat. Und wie wir ja alle hier wissen – Wandern ist die beste Medizin für Körper, Geist und Seele. Wenn schon einfaches Wandern Wunder bewirkt – was bewirkt dann erst das Pilgern?

Ich hätte gerne Lucas und Anna wieder gesehen. Ich wäre nun bereit, die Frage nach ihrem Feenhaar zu stellen. Oder mit Stefan ein spirituelles Gespräch zu führen. Ob er wohl sein Zelt immer noch unter dem Arm trägt? Ich vermute, dass alle ein bis zwei Tage Vorsprung vor mir haben.

Es stimmt, was die Hospitalera in Orisson an diesem für mich bisher wichtigsten Abend gesagt hat. Ich habe es immer noch im Ohr. »Schaut euch eure Mitpilger genau an, ihr werdet sie immer wieder treffen unterwegs. Mit einigen werdet ihr zusammen in Santiago vor der Kathedrale stehen.«

Sie hatte nur vergessen zu erwähnen, dass einige nur zur Tarnung mit uns laufen. Sie könnten auch hinfliegen. Jetzt mal metaphorisch gesprochen. Natürlich sind es Menschen. Aber rein vom Verhalten her betrachtet, ähneln sie meiner Vorstellung von Engeln: gütig, weise und frei.

* * *

Ich starte ziemlich früh für meine Verhältnisse. Es wird jeden Tag wärmer, heute sind wieder über dreißig Grad vorausgesagt. Ich fühle mich den zweiten Morgen in Folge fit. Genau wie gestern, als es sich schon leicht, befreit und mühelos anfühlte, setzt sich dieser neue Trend heute fort. Ich bin begeistert. Es hat offenbar länger gedauert, bis mein Motor auf Touren gekommen ist. Jetzt läuft er einwandfrei. Zwei Wochen bin ich nun unterwegs.

Mein Tagesziel ist San Juan de Ortega. Morgen Burgos. Dann sind die ersten dreihundert Kilometer geschafft. Zur Belohnung werde ich mir einen Pausentag in Burgos gönnen. Ich freue mich auf die erste größere Stadt seit Pamplona und eine tolle Kathedrale. So lautet mein sorgfältiger Plan für heute, morgen und übermorgen.

Mein Masterplan.

Mein Camino Francés endet ungefähr bei Tageskilometer neun, um neun Uhr morgens, nahe einem verschlafenen Nest, mit dem Namen Espinosa de Camino.

Von einer Sekunde auf die nächste. Gnadenlos und brutal.

Espinosa de Camino hat ein einziges Café. Viele Pilger stoppen hier. Ich sitze an einem grünen Holztisch in der angenehmen Morgensonne. Zittere unkontrolliert. Tränen laufen mir ununterbrochen über das Gesicht. Dieses Mal sind es keine Tränen der Erleichterung.

Di, die Australierin, mit der ich nach Pamplona gelaufen bin, ist ins Innere des Hauses gegangen. Sie kauft mir eine Tasse Tee und einen Orangensaft. Meine letzten Getränke auf meinem Camino. Heute wird kein Tee der Welt mich trösten können. Ich werde *nicht* nach Santiago weitergehen. Allein der Gedanke daran verstärkt das Gefühl der Trauer noch mehr. Ich versuche, die veränderte Realität zu begreifen.

Ein paar Minuten zuvor hat mein Handy in der Hosentasche vibriert. Meine Mutter bat dringend um Rückruf.

Das tut sie sonst nie. Nicht um diese Uhrzeit. Und sie bittet überhaupt nie dringend um Rückruf. Schon deshalb nicht, weil sie weiß, dass ich auf dem Camino unterwegs bin. Sie muss einen schwerwiegenden Grund haben.

Ich weiß in derselben Sekunde, in der ich auf Rückruf tippe, dass mein Weg hier, in diesem idyllischen Dorf, zu Ende ist. Denn kurz zuvor ist ein anderer Lebensweg zu Hause zu Ende gegangen. Ich weiß es, bevor sie es sagt. Manfred hat seinen irdischen Lebensweg verlassen und wandert jetzt auf einer anderen Straße.

Manfred war der zweite Ehemann meiner Mutter, mit dem sie dreißig Jahre verheiratet gewesen ist. Den ich seit meinen frühen Teenagerjahren kenne und der mir in meinen rebellischen Jahren des Erwachsenwerdens mit unaufdringlicher Zuneigung den nötigen Freiraum gelassen und mich genauso wertschätzend und respektvoll wie seine beiden leiblichen Töchter aus erster Ehe behandelt hat. Immer großzügig. Immer unterstützend, wo er konnte. Der selbst gerne Texte verfasste und mich in den letzten zwei, drei Jahren immer wieder ermutigt hat, doch endlich mit dem Schreiben eines Buches zu beginnen. Er ist schon sehr krank gewesen, als ich vor zwei Wochen losgefahren bin. Aber, dass es so schnell mit ihm zu Ende gehen würde, ist nicht zu erwarten gewesen. Niemand hat damit gerechnet. Niemand. Aus Pamplona habe ich ihm noch Fotos geschickt.

Ich brauche gar nicht lange zu zaudern, wie ich es sonst vor schwierigen Entscheidungen oft tue. Ich will sofort nach Hause.

Meine Mutter bietet mir an, noch etwas weiter zu laufen und erst zur Beerdigung zu kommen, weil sie weiß, wie wichtig mir meine Pilgerreise ist. Aber, was hätte das für einen Unterschied gemacht? Für mich in diesem Moment keinen.

Di trägt das Tablett zu meinem Tisch. Stellt es vor mir ab und umarmt mich fest und lange. Trotz meiner verschwommenen Sicht sehe ich, wie auch in ihren Augen die Tränen aufwallen. Sie erzählt mir vom Verlust ihres Vaters. Er ist der Grund dafür, weshalb sie ihren Camino geht.

Teresa und Maybrit tauchen wie von Zauberhand auf und kommen an unseren Tisch, wollen wissen, was los ist.

Ich erkläre tonlos, was passiert ist, und dass ich keine Ahnung habe, wie es nun weitergehen soll. »Irgendwie muss ich nach Hause.«

Teresa dolmetscht, bittet die junge Frau hinter dem Tresen, meine Rückfahrt mit dem Bus nach Burgos und von dort nach Madrid zu buchen. Maybrit umarmt mich lange und hält mich sehr fest.

»Jetzt muss die Bootbanditin alleine weitergehen«, flüstere ich ihr ins Ohr.

»Sandra, es tut mir so leid für dich!«, flüstert sie zurück.

Teresa fragt, ob sie noch etwas für mich tun kann.

Ich sehe durch sie hindurch und schüttele mit dem Kopf. Sie legt mir die Hand auf die Schulter. »Sandra, I am so sorry. Es tut mir so leid für deinen Verlust.«

Der Klang dieses Satzes katapultiert mich unvermittelt zurück in die Pyrenäen zu dem nassen Morgen, an dem meine Schuhe an Maybrits Füßen aufgetaucht sind und ich vor Erleichterung geweint habe, weil ich den Weg weitergehen durfte.

Hier bin ich nun und weine wieder. Sehne mich nach einer erleichternden Auflösung des Dilemmas, so wie in Orisson. Vergeblich. Die Schuhe waren einfach wieder da, Manfred aber nicht.

Engel Teresa bietet mir an, falls ich während meiner Heimreise irgendwelche Probleme, egal welche, bekäme, solle ich sie unbedingt anrufen. Sie würde für mich dolmetschen.

»Danke, Teresa. Ich weiß das sehr zu schätzen.«

Ich habe das Zeitgefühl verloren, deshalb weiß ich nicht genau, wie lange wir zusammensitzen, aber irgendwann brechen Maybrit und Teresa auf und winken zum Abschied.

»Buen Camino«, flüstere ich ihnen nach. Ich sehe sie hinter der nächsten Kurve verschwinden und kann es kaum ertragen.

Auch Di macht sich langsam bereit zum Weitergehen. Hebt sich den Rucksack auf den Rücken, schnallt die Gurte fest.

»Just a moment!«, rufe ich plötzlich aufgeregt. »Du musst mir noch einen Gefallen tun! Bitte, warte noch kurz!«

Gerade noch rechtzeitig ist es mir eingefallen. Mein Stein! Der Stein, den ich für das Cruz de Ferro, das Eisenkreuz am höchsten Punkt des Weges, mitgenommen habe. Einmal am Cruz de Ferro zu stehen, dort meinen Stein hinzulegen. Diese Szene habe ich mir in Gedanken noch viel öfter vorgestellt, als in Santiago anzukommen.

»Ich kann ihn unter keinen Umständen wieder mit nach Hause nehmen. Legst du für mich diesen Stein am Cruz ab?« Ich kann kaum sprechen, so emotional bin ich. »Es würde mir unendlich viel bedeuten.« Meine Stimme bricht.

Di kann auch nicht mehr sprechen und nickt nur. »Natürlich«, flüstert sie.

Ich wühle total planlos in meiner nicht mal faustgroßen Hüfttasche zwischen all den Magnesiumpulvertütchen, die ich nun nicht mehr brauchen werde. Schließlich finde ich ihn.

Ich überreiche ihr den signalgrünen Pilgerstein auf der ausgestreckten Hand. »Habe Mut« habe ich vor Monaten in schwarzer Schrift darauf geschrieben.

»Be brave?«, fragt sie leise nach.

Ich nicke stumm.

Sie schaut ihn einen langen Moment an und steckt ihn dann vorsichtig in ihre Gürteltasche.

Ich muss mich abwenden.

Sie umarmt mich ein letztes Mal. »Du wirst wiederkommen und diesen Weg zu Ende gehen! Hörst du?«

Ich weiß nicht, ob ich nicke oder nicht. Es tut so weh.

Gerade erst hatte ich mich eingelaufen. Hatte mich mit all diesen unglaublichen Menschen so verbunden, mich in dieser Pilgergemeinschaft so wohl gefühlt. Nun muss ich meine wundervolle Pilgerblase platzen, meine Caminofamilie zurücklassen.

Gehe ohne Abschied zum Abschiednehmen von Manfred.

Auch, wenn es hart ist, weiß ich, dass es die richtige Entscheidung ist. Ich verlasse Espinosa de Camino sehr schweren Herzens mit dem Bus, der mich direkt nach Burgos bringt, wo ich einige Stunden Aufenthalt habe. Ich laufe zur Kathedrale, möchte dort eine Kerze anzünden. Es gibt keine. Nicht mal elektrische.

Dann fährt mein Bus nach Madrid, von wo aus ich am nächsten Morgen nach Hause fliege.

Irgendwann später habe ich herausgefunden, was »Espinosa de Camino« übersetzt heißt: dorniger Weg.

Das ist sogar für mich ein bisschen zu viel der Ironie.

Teil 2

13

Gepäck der Erinnerung

»Es gibt Berge, über die man hinweg muss.
Sonst geht der Weg nicht weiter.«
(Ludwig Thoma)

Es knallt so laut, dass mein Bettgestell wackelt und in ihm die nächtliche Besatzung. Tief schlafend – zumindest bis dahin. Benommen schaue ich auf meine Uhr. Kann denn das wirklich wahr sein? Vier Uhr morgens. Ich habe sofort die schwere Eingangstür im Verdacht. Ihre Missbilligung für eine nachlässige Behandlung hat sie mit vielen Dezibels zum Ausdruck gebracht.

Den Klang zufallender Türen hatte ich schon lange wieder aus meinen Schlafgewohnheiten verdrängt. Weder vermisst noch herbeigesehnt. Doch der nächtlich Klangteppich erlaubt keine Zweifel: Ich bin zurück auf dem Camino!

Ich drehe mich auf die andere Seite, zur Wand. Ziehe den Schlafsack über mein Gesicht. Schließe wieder die Augen.

Hallo, Burgos. Danke für die freundliche Erinnerung. Nur erst noch ein bisschen schlafen …

Gute dreieinhalb Stunden später setze ich meinen Hut auf und schließe die Eingangstür behutsam hinter mir. Mit einem sanften Seufzen dankt sie mir dafür.

Meine ersten vorsichtigen Schritte setze ich auf der Calle de Fernan Gonzales, stadtauswärts. Die Sonne geht gerade auf und lässt die Kathedrale von Burgos in einem bezaubernden morgendlichen Licht erstrahlen. Noch fast menschenleer liegt das Areal um das gotische Bauwerk zu meiner Linken. Nur ganz behutsam öffnet die Stadt ihre verschlafenen Augen, räkelt sich noch einmal dezent, bevor das Leben in ihr erwacht und sie die Menschen auf Straßen und Plätze entlässt. Die Luft ist septembermild und klar.

Mein Kopf leider nicht.

Wahrscheinlich ist das auch nicht anders zu erwarten gewesen. Ich bin zu sehr mit den vergangenen Monaten und den zukünftigen Wochen beschäftigt, um diesen ersten, mir gerade geschenkten goldenen Moment auskosten zu können. Wie werde ich anknüpfen können an meine erste Caminozeit, die vor vier Monaten so abrupt und traurig für mich endete? Die Klinge des Verlusts hat an Schärfe verloren, ist aber noch immer deutlich spürbar. Zudem geht mir immer noch nach, dass ich mich damals nur von wenigen Mitgliedern meiner liebgewonnenen Caminofamilie habe persönlich verabschieden können.

Vor meinem inneren Auge erscheinen der fantastische Lukas und seine bezaubernde Anna, Sharon und Jerry, JD, Stefan, Candice, Eugenie, die australische Sandra, Di, Teresa, natürlich Maybrit, Jim und James, um nur einen Bruchteil meiner ersten Caminogroßfamilie zu nennen, deren Altersspanne mindestens drei Generationen umfasst.

Sie alle werden nicht mehr präsent sein bei der Fortsetzung meiner Pilgergeschichte. Keiner wird vor der Kathedrale stehen, um mich dort in vier Wochen in Empfang zu nehmen. Die Orisson-Gruppe ist zerstoben in alle Himmelsrichtungen. Das ist traurig.

Tatsächlich bin ich nicht die Einzige, die ihren Weg ungeplant in Burgos unterbrochen hat, was überhaupt kein Trost ist. Auch Jim und James haben die Umstände gezwungen, früher als geplant nach Florida zurückzukehren.

Ich sehe Jim vor mir, wie er Mitte Mai an derselben Stelle gestanden hat wie ich jetzt und mit Bewunderung auf diese historische Kathedrale geblickt hat. Bei dem Gedanken stellen sich mir alle Haare auf.

Sechs Wochen nach meiner Heimreise, gedanklich noch oft bei all meinen Caminobekannten in Spanien, habe ich extrem spontan James kontaktiert, weil ich neugierig war, wie es den beiden ergangen ist. Der Abend unter den knorrigen Platanen in Santo Domingo de la Calzada ist unser letztes Zusammentreffen gewesen, danach haben sich unsere Wege getrennt. Ich wollte lesen, dass sie Santiago erreicht haben, dazu ein Foto sehen von den beiden breit grinsenden Männern, die vor der Kathedrale stehen und die Arme in die Höhe recken.

Aber ich bekam kein Foto. Nur Text. Er begann mit den Worten: »I am absolutely heartbroken – Ich bin schrecklich traurig«.

Bei Nachrichten, die mit solch bedeutungsschwangeren Worten beginnen, möchte man am liebsten die Augen sofort schließen und beim Öffnen hoffen, dass sich der Text verändert hat. Was natürlich nie der Fall ist. Von einer dunklen Vorahnung heimgesucht, zwingt man sich doch, weiterzulesen und der nackten Realität in die hässlichen Augen zu sehen.

James schrieb, dass sein Vater sich von der Erkältung nicht wieder erholt hat. Sie haben in Santa Domingo, wie sie bei unserem Essen schon beschlossen hatten, länger Pause gemacht, Tage später einen Bus nach Burgos genommen und sich die Stadt noch ein wenig angesehen. Jims Atembeschwerden verschlechterten sich. Ein Test brachte Gewissheit: Jim hatte sich mit Corona angesteckt. Sie fuhren nach Madrid, wo er im Krankenhaus behandelt wurde. Es zog sich über Wochen, bis er sich einigermaßen erholt hatte. Da Jim aber immer noch Corona-positiv war, stellte die Heimreise in die USA ein fast unüberwindbares Hindernis dar. Zunächst war keine Fluggesellschaft bereit, die beiden nach Hause zu transportieren.

James setzte alle Hebel in Bewegung, bis es letztendlich ermöglicht wurde. Der lange Flug nach Florida kostete Jim eine Menge Kraft. Zu Hause verschlimmerte sich sein Zustand wieder.

Er ist kurz darauf verstorben, nur wenige Tage, bevor ich meine fröhliche Nachfrage abgeschickt habe.

Auch wenn ich nur einen ganz kurzen Ausschnitt aus Jims und James' Leben kennenlernen durfte, war es doch ein ganz besonderer. Wir waren Caminofamilie von Anfang an, wir haben dasselbe simple Leben genossen und dieselben anstrengenden Tage geteilt. Wir hatten dasselbe Ziel.

Ich werde mich immer an diesen aus meiner Sicht überaus bescheidenen Pyrenäentag erinnern, der für mich mit der panischen Suche nach meinen verschwundenen Schuhen begonnen hat. Nicht nur die Suche ist der Horror gewesen an diesem Morgen, sondern auch das Wetter. Die Sicht war so mies, dass Fotografieren so gut wie überflüssig war. Außer einem schlechten Selfie von dem Lepoeder-Pass habe ich nur noch *ein* weiteres Foto, auf dem ich drauf bin. James hat es mit meinem Handy gemacht, nach der nassen Pause am Foodtruck. Direkt neben mir, vor einem großen Steinblock, steht Jim. Wir haben die Kapuzen tief im Gesicht. Keine Nahaufnahme. Und farblos. Wenig Lametta, nur meine grellrote Regenjacke. Nach James' Nachricht habe ich mir das Foto genauer angeschaut. Habe Jims Gesicht herangezoomt. Trotz der bescheidenen Witterung sieht er glücklich darauf auf. So zumindest empfinde ich es und das tröstet mich ein wenig. Auch wenn es schwer ist zu verstehen, weshalb Jim seinen Weg nicht bis nach Santiago gehen durfte.

Vermutlich wird James sich das auch mehr als einmal gefragt haben. Nach alldem, was er als Intensivkrankenpfleger in den vergangenen zwei Jahren der Pandemie in Amerika erlebt hat, verliert er seinen Vater ausgerechnet an dieses Virus. Ausgerechnet in Spanien. Ich möchte mir gar nicht vorstellen, wie hilflos er sich gefühlt haben muss, während der Tod sich langsam genommen hat, was er noch lange nicht verdient hat.

Wir haben nicht darüber gesprochen, aber gemeinsam mit seinem Vater auf dem französischen Jakobsweg zu wandern, ist sicherlich auch James' Mittel der Wahl gewesen, um diese extremen beruflichen Erlebnisse der letzten Jahre zu verarbeiten. Um sich Zeit zu nehmen und seiner Seele die nötige Heilung zu ermöglichen. Doch, was hat er statt einer Heilung bekommen? Einen weiteren schweren Rucksack, ausgeteilt vom Schalter für seelische Sperrgüter. Wahrscheinlich noch versehen mit einem großen Gefahrengutaufkleber: Achtung! Besondere Herausforderung!

Das Leben ist manchmal schon sehr zynisch und in einigen Fällen sogar grausam.

Ich hoffe, James bringt eines Tages die Kraft auf, um sich mit der Last der Erinnerung auf seinen Schultern nach Santiago zu schleppen. Um für sich und seinen Vater diese Reise zu Ende zu bringen und Frieden mit dem Weg zu machen. So, wie ich Jim kennengelernt habe, würde er sich nichts Besseres auf dieser Welt für seinen Sohn wünschen, als dass er Ruhe findet. Ein paar Tage später habe ich einen Stein bemalt und nach Amerika geschickt. Darauf steht: »Just walk it – for your Dad«.

* * *

Nach einem halben Jahrhundert kenne ich mich selbst ziemlich gut. Ich habe im Augenblick noch zu viel unsortierten Bedenkenbrei im Hirn, während ich zögerlich Burgos den Rücken kehre.

Erinnere dich! Es ist noch nicht lange her. Du konntest das schon mal. Also wirst du es wieder können! Obwohl ich eigentlich weiß, was mich in den nächsten vier Wochen erwarten wird, einerseits körperlich fordernd, andererseits emotional wohltuend, muss ich mich an das Pilgerleben erst wieder gewöhnen, muss meinen Platz in der Pilgerwelt wieder einnehmen, mich einlassen, das Alltagsleben in Deutschland loslassen und die Gedanken an den schrecklichen Tag meiner Abreise im Mai. Ich fühle mich noch fremd und fragil. *Habe ich alles richtig entschieden? Oder hätte ich etwas anders machen sollen? Die Zeit für den Wiedereinstieg? Den Ort? Hätte ich wieder in Saint-Jean beginnen sollen? Was hält der Weg dieses Mal für mich bereit? Und mit dem Puzzlestück bin ich auch noch nicht viel weiter. Aber zumindest ist mein Rucksack diesmal zwei Kilo leichter.*

Mit zunehmender Anzahl an Schritten hebt sich der Theatervorhang vor meinem gedanklichen Gemischtwarenladen und gibt den Blick frei auf die beleuchtete Bühne für den nächsten Akt.

Und etwas Wesentliches ist mir plötzlich klar – gleichzeitig ist es so banal! *Jeder spielt die Hauptrolle im Drama seines eigenen Lebens.* Jims Leben endete als Tragödie. Er hat keine weitere Chance mehr bekommen, bis nach Santiago zu laufen. Sein Vorhang hat sich nach dem ersten Akt unwiderruflich geschlossen. Meiner aber nicht. Ich bin wieder hier! Ich habe eine zweite Chance, nach Santiago zu gehen. Ich darf im zweiten Akt mitspielen. Ich habe an jedem Tag die Wahl, weiter und weiterzugehen. Die Wahl, mitzuentscheiden, wie ich im zweiten Akt performen werde. Am liebsten möchte ich, dass es eine Komödie wird, also ein Drama mit heiterem Inhalt, gekennzeichnet durch einen glücklichen Ausgang. Ich bin fest entschlossen, meine zweite Chance zu nutzen!

* * *

Die Etappe nach Rabé de las Calzadas habe ich zum Wiedereinsteigen bewusst kurz gewählt. Der Zielort ist ein sympathisches verschlafenes Nest. Der Weg aus Burgos heraus zieht sich. Vereinzelte Pilger, aus verschiedenen Richtungen kommend, strömen zusammen und folgen den gelben Pfeilen. Genau wie ich.

Da sind sie wieder. Menschen mit Muscheln am Rucksack, mit Wanderstöcken in den Händen und Bandanas über geflochtenen Zöpfen oder Bärten. Mit Hunden, Gitarren oder Kleinkindern in Tandemanhängern. Mit wehenden Flaggen und wehenden Haaren. Mit demselben Ziel, aber anderen Lasten. Mit denselben Freuden am Pilgern, aber anderer Motivation. Mit vielen …

»Buen Camino, peregrina!«, rufen zwei spanische Pilgerinnen freundlich, als sie mich langsam überholen.

»Euch auch!« Ich lächele zurück.

Es wäre so simpel, sich ihnen einfach anzuschließen. Aber es geht noch nicht. Ich brauche noch Zeit für mich allein.

»Wie lange läufst du schon?«, möchte eine von ihnen wissen. Die Standardfrage.

Puh, was werde ich denn jetzt jedes Mal auf diese Frage antworten?

Ich zögere lange. Zu lange.

Die Pilgerin schaut mich verwundert an. Die Antwort auf diese einfache Frage sollte einfach sein.

Ich sage wahrheitsgemäß: »Seit gerade eben.« Aber die Worte gefallen mir ausgesprochen nicht. Denn ich bin in Saint-Jean-Pied-de-Port gestartet. Am Fuß der Pyrenäen. Vor vier Monaten. Eigentlich müsste ich erklären, was passiert ist, meine dornige Geschichte erzählen und sagen, dass ich den Camino unterbrochen und gerade erst wieder begonnen habe.

»Ah! Großartig! Dann genieße es.« Sie strahlt mich an.

Warum mache ich es mir immer noch so schwer? Für wen ist das überhaupt wichtig, wo oder wann ich gestartet bin?

Nur für mich, weil ich einfach nicht jedem zu Beginn eines Gesprächs erzählen will, was im Mai passiert ist. Es ist mir viel zu intim. Ich würde das komplette Thema am liebsten verschweigen. So tun, als wäre es gar nicht geschehen. Es gibt lustigere Gesprächseinstiege als den Tod eines engen Angehörigen.

Andererseits – ich bin auf dem Camino. Wenn man sich irgendwo unbesorgt öffnen und emotional werden kann, dann hier.

Aber nicht jetzt. Es ist nicht der passende Moment. Ich bin relativ sicher, dass sich noch genug Gelegenheiten zum Reden ergeben werden. Vielleicht auch solche, die prädestinierter für mehr Tiefe sind, weil sie nicht über eine Sprachbarriere hinweg geführt werden müssen.

Die zwei Frauen ziehen weiter.

Spontan greife ich in meine kleine Hüfttasche. Spüre die glatte, kühle Oberfläche einiger Pilgersteine in meiner Hand. Unabhängig vom Restgewicht meines Rucksacks, habe ich mich erneut dafür entschieden, ein Kilo Steine zum Auslegen einzupacken. Sie sind flacher, schöner und noch kleiner geworden als die, die ich in Saint-Jean ausgewildert hatte. In Summe etwas mehr als zwanzig.

Hauptsächlich wegen ihres Gewichts möchte ich auch jetzt, genau wie im Frühjahr, vermeiden, sie zu lange mit mir herumzuschleppen.

Ein umgestürzter Baumstamm neben dem Fußweg, ungefähr zwei Kilometer hinter Burgos, bietet sich als geeignetes Refugium an. Von dort aus sollen sie mit anderen Pilgern nach Santiago, oder wenn sie wollen, noch weiter, bis ans Ende der Welt nach Fisterra pilgern. Als kleine Weggehilfen.

Mir gefällt der holzige Ort. Ich angle die meisten Steine aus meiner Tasche und passe auf, dass ich nicht versehentlich den wichtigsten erwische. Das ist der, den ich dieses Mal selbst bis zum Cruz de Ferro tragen möchte: ein kleines, rundes, schwarz lackiertes Exemplar mit den Worten »Gib nicht auf«.

Die übrigen Steine, von denen ich mich noch nicht trennen kann, bleiben in der Tasche zurück. Es ist mehr ein Gefühl, dass ich eine eiserne Steinreserve brauchen könnte.

14

Eulenstund

Sechs Uhr dreißig. Warum habe ich, Schlaftyp Eule, auch optisch morgens mit dem Vogel verwandt, mich zum Frühstück angemeldet? Direkt nach dem Aufstehen verweigert mein Magen, unabhängig vom Nahrungsangebot, grundsätzlich seine Dienste. Es dauert einfach, bis er auf Betriebstemperatur gekommen ist. Das hätte ich doch nach fünfzig Jahren Erfahrung mit diesem Organ wirklich wissen müssen.

So sitze ich nur da und trinke antriebslos einen Tee. Müde sehe ich dem französischen Paar am Tisch zu, wie sie versuchen, ein Viertelglas Marmelade auf fingerdicke, geröstete Scheibchen Baguette zu schmieren, die in der Mitte auch noch taubeneigroße Löcher haben. Natürlich geht das nicht gut und der Marmeladenturm taumelt bereits Richtung Tisch, kurz bevor er den geöffneten Mund des alten Mannes erreicht. Da hilft auch ein rasches Zuschnappen nicht mehr – eine klebrige rote Marmeladenstraße ziert nun sein Funktionsshirt. Vom Handgelenk abwärts bis fast zum Ellenbogen. Und seine Hose hat mysteriöserweise auch noch was abgekriegt.

Willst du morgens Marmelade,
sieh dich vor bis hin zur Wade.
Schafft sie es nicht in den Mund,
tut das Hemd dies für dich kund.

Ich spüre einen ersten Impuls eulenhafter Heiterkeit in mir. Aus welchen Ritzen meines Gehirns kommt dieser Reim um diese Uhrzeit?

Um viertel nach sieben ist die Albergue wie leergefegt. Ich betrete die noch dunkle Straße, nicht überraschend, als Letzte. Der gemeine, nicht pilgernde Spanier scheint hingegen ebenfalls im Eulenmodus zu laufen, beziehungsweise nicht zu laufen. Spät rein in die Federn, lange ausschlafen. Kein Licht dringt aus den Häusern.

Direkt hinter dem Dorf geht es hinaus in die Natur. Mir fällt sofort diese Stille auf. Weder Motoren, Straßenlärm noch Mensch oder Tier sind zu hören, vor und hinter mir ist niemand zu sehen, auch das ist ein seltener Moment. Das einzige, sehr sachte Geräusch knirschender Kiesel verursacht meine Schritte.

Im selben Augenblick, in dem ich mich, aus einem Gefühl heraus, umdrehe, um noch einmal zurückzuschauen auf das nun in der Ferne ruhende Rabé de las Calzadas, genieße ich einen dieser magischen, unbeschreiblichen Caminomomente. Einen von denen, die man am liebsten, wie einen exotischen bunten Schmetterling, für immer einfangen und bewundern möchte. Die sich einbrennen in das Gedächtnis, wie Kunstharzfarbe in Keramik. Ein Gemälde für die Ewigkeit.

Ich stehe im Morgengrauen und sehe andächtig zu, wie die Sonne als zierlicher, orangefarbener Ball mit noch wenig Strahlkraft am östlichen Nachthimmel aufgeht. Das Land in sanfte Farben taucht. Ich bin total überwältigt von so viel epischer Schönheit. Was für ein Geschenk! Es ist so friedlich an diesem Ort, dass sich nur sehr schwer verstehen lässt, dass es nicht überall auf der Welt genauso sein kann wie jetzt gerade hier. Ein tiefes, ein ganz tiefes Gefühl der Zufriedenheit und Ruhe ergreift von mir Besitz.

Hier stehe ich, mutterseelenallein auf einem eineinhalb Meter breiten Weg inmitten der spanischen Pampa, und plötzlich ergibt wieder alles einen Sinn. Das, was mir gestern noch gefehlt hat, was mir wieder entglitten war nach meinem Abbruch vor vier Monaten, alle diese aufgepumpten Zweifel – einfach verschwunden. Stattdessen öffnet sich etwas in mir. In diesem Moment komme ich wieder auf dem Camino an – bereit für die Fortsetzung meines Abenteuers.

Nach einer gefühlten Ewigkeit drehe ich mich wieder zurück in Laufrichtung. Ich muss lächeln, als ich erkenne, dass ich nun nicht mehr allein bin. Auf dem Weg vor mir wartet mein ultralanger Schatten auf mich. Er ähnelt einer überdimensionalen Stabheuschrecke mit Hut und Hüften.

Wir wandern gemeinsam durch die Landschaft, die nun in ein warmes, goldenes Licht getaucht ist. Mein treuer Schatten und ich.

In der nächsten halben Stunde drehe ich mich praktisch im Gehen immer mal wieder um, um zu schauen, ob die Sonne noch ein paar Zugaben zu ihrem morgendlichen Schauspiel auf Lager hat.

Da ich ja nach Westen laufe, bedauere ich, dass sie die nächsten Wochen morgens immer in meinem Rücken scheinen wird. Diesbezüglich hatte Marco Polo einen echten Vorteil, wenn ich mal einen kränkelnden Vergleich heranziehen darf.

Im Nachhinein bin ich so dankbar, dass ich heute mit Ach und Krach meinen Biorhythmus dazu überreden konnte, mal wieder im Team Lerche mitzumachen. Ich hatte mich eigentlich darauf eingestellt, jetzt im Herbst morgens erst nach acht Uhr loszugehen. Wenn es draußen schon hell ist. Ich wollte ursprünglich gar nicht im Dunkeln starten. Nicht nur, weil es mir zu früh ist, sondern auch, weil man im Dunkeln gar nicht weiß, an welchen natürlichen, baulichen oder menschlichen Highlights man ahnungslos vorbeistolpert. Hatte ich im Mai überhaupt einen Sonnenaufgang zu Gesicht bekommen?

Doch. Schon. Aber nicht so einen Kracher.

Also gut, gebongt. Wenn das die Belohnung für meine frühmorgendlichen Leiden ist, wechsele ich vorübergehend mal ins Team »Herbstlerche«. Das ist eine in Zentraleuropa noch ziemlich unbekannte Vogelart, die morgens etwas später singt als der gemeine Vogeldurchschnitt, aber trotzdem zu einer Zeit tiriliert, zu der das »Schuschuu« der Eulen lange verstummt ist.

Als ich ein weiteres Mal stehenbleibe, diesmal, um ein Foto von meiner schlanken Schattenbegleiterin zu machen, taucht urplötzlich eine zweite Stabheuschrecke neben meiner auf.

Der Schatten gehört dem Australier, den ich bereits gestern Nachmittag stark humpelnd in meiner Albergue gesehen habe. In bester Erinnerung an Marcos suppende Fleischwunde habe ich direkt auf seine Socken geschielt, aber die waren zu dunkel, als dass man darauf Anzeichen von Blut oder Wundwasser hätte erkennen können. Wahrscheinlich hat er sich einfach nur überanstrengt.

Und anscheinend hatte er sich noch im Bad versteckt, als ich schon auf der Straße stand, sodass ich fälschlicherweise annehmen musste, die Letzte zu sein, die loswandert.

Der Aussie trägt zu einem riesigen, vollgepackten Rucksack noch ein zweites, etwas dezenteres Exemplar vor dem Bauch. Ich kenne das noch von meinem eigenen Backpacking durch Australien. Man trägt all die Dinge, die entweder nicht mehr in den großen Rucksack passen oder zu wichtig sind, um sie länger aus den Augen zu lassen, in einem zweiten »Daypack« vor dem Körper. Dieses Prinzip mag sich zwar für länger dauernde Weltreisen bewährt haben, wo der Fokus nicht auf der Fortbewegung zu Fuß liegt. Dem Pilgern aber ist diese Art des Beladens eher unzuträglich. Es ist megaunbequem, wenn man tagtäglich zig Kilometer mit einer solchen Konstruktion zurücklegt.

Wir gehen zusammen weiter. Zu meinem absoluten Erstaunen zeigt sich bald, dass der tapfere Lastenesel trotz seiner Zuladung heute gar nicht mehr hinkt und stattdessen ein Tempo vorlegt, bei dem ich kaum mithalten kann.

* * *

Ich finde den Anfang der Meseta, der fast zweihundert Kilometer langen, platten Hochebene zwischen Burgos und León großartig.

Diese dünn besiedelte, zumeist schattenlose Gegend, durch die der Jakobsweg führt, gilt aufgrund ihrer Kargheit, besonders in der Hitze des Sommers, als mental und physisch herausfordernd. Aus genau diesen Gründen wird sie entweder von den Pilgern innig geliebt oder innig gehasst. Die letztere Gruppe von Leuten vermeidet dementsprechend diesen Part und lässt sich stattdessen mit dem Bus daran vorbeischaukeln. Entweder, weil sie sich vor dem flachen, bis zum Horizont endlos erscheinenden Stück fürchten, oder weil sie das Durchwandern nicht für abwechslungsreich genug halten.

Ich hatte schon zu Hause beschlossen, dass flache Stücke meiner körperlichen Fitness eher entgegenkommen als mich behindern würden. Nur im äußersten Notfall sollten Busse zum Einsatz kommen. Schon gar nicht, weil ein Stück des Weges langweilig sein könnte. Ich finde es heute sowieso nicht langweilig. Zum einen, weil es sich in meiner australischen Gesellschaft gut läuft, zum anderen, weil der Tag so toll begonnen hat.

Ich bin sogar enttäuscht, als circa eineinhalb Kilometer vor dem für mich noch nicht sichtbaren Städtchen Hontanas, ähnlich einer Fata Morgana, mein nächster Übernachtungsplatz auftaucht. Zu früh! Es ist allerdings eine absolute Ausnahme, dass ich dieser Meinung bin.

Reichlich ab vom Schuss liegt dort eine einsame Hacienda. Rundherum fast wüstenartige Leere. Da sich die Übernachtungssituation im Vergleich zum Frühjahr immer noch nicht entspannt hat, habe ich bereits gestern dort mein Bett reserviert. Allerdings in der Annahme, die Unterkunft läge mitten in der Ortschaft, was sie leider nicht tut. Ich bin fälschlicherweise davon ausgegangen, in Hontanas City, mit direktem Zugriff auf Gemischtwarenladen und Saloon, untergebracht zu sein. Ich hatte mich auf die kulinarischen Verführungen der Zivilisation, also tolles Abendessen und Getränke meiner Wahl sowie das Aufstocken meiner Vorräte, gefreut.

Das war wohl ein Satz mit großem X, denn ich weiß genau, dass ich heute, einmal die Füße hochgelegt, keine drei Extrakilometer in ein Restaurant und zurück zum Bett zurücklegen werde. Da wird wohl gegessen werden, was heute Abend auf den Pilgertisch meiner Herberge kommt. Dabei knurrt mein Magen schon jetzt wie ein schlecht gelaunter Bengal-Tiger. Vier Stunden vor der Futterzeit.

Der Australier verabschiedet sich von mir, er geht weiter nach Hontanas.

Es stellt sich heraus, dass meine Befürchtungen mal wieder unbegründet gewesen sind. Die Albergue ist neu, modern, sogar mit Fotovoltaikanlage und einem eigenen, kleinen Restaurant. Die Speisen auf der Karte sind ungewohnt gesund und vielfältig, und die Küche hat schon – oder noch – geöffnet. Ich bestelle einen Berg Falafelbällchen als Nachmittagssnack und bin mit dem gefüllten Kugellager im Bauch gar nicht mehr so unglücklich, hier gelandet zu sein. So schnell kann das gehen.

* * *

Julia aus Nürnberg. Groß, schlank, durchtrainiert. Gepflegt, blondgelockt, gutaussehend. Sie räkelt sich in ganz kurzen Shorts auf einer der bequemen Sitzgelegenheiten vor der Herberge mit dem Wüstenpanorama. Es ist später Nachmittag geworden.

Ich hocke wie ihr Spiegelbild auf der anderen Seite der Veranda auf einem weich gepolsterten Sessel. Wir kommen ins Gespräch. Sie berichtet nicht ohne Stolz, sie sei dreiundsechzig.

Mir entgleisen ganz kurz die Gesichtszüge. Sie geht locker für fünfzehn Jahre jünger durch.

Und so fühlt sie sich auch. Nein, das verzerrt die Realität. Dann würde sie sich so alt fühlen wie ich mich, was ungefähr meinem tatsächlichen Lebensalter entspricht. Ich korrigiere zu *Sie fühlt sich noch wesentlich jünger als ich*. Mehr so wie Anfang zwanzig.

Dass sie viel fitter ist als für ihr Alter üblich, macht sie mir in den ersten Minuten unmissverständlich deutlich. Vielleicht ist das die Diskrepanz, mit der sie zu kämpfen hat. Oder wir beide.

Julia erzählt, nicht ganz beiläufig, von ihren dreißig bis vierzig Kilometeretappen, die sie jeden Tag mit einem Schnitt von sechs Kilometern in der Stunde zurücklegt. Sie ist durchdrungen von der Zielstrebigkeit, ihrem Alter schlichtweg davonzulaufen.

Ich fühle mich etwas überfordert von so viel geballter Fitness und lächele unsicher. Die Hobbypsychologin in mir gibt mir einen Hinweis, dass die Dame offensichtlich Bestätigung für ihre ungeheuerlichen Leistungen sucht und ich äußere mich – wie von mir erwartet – mit einer Mischung aus Bewunderung und Lob.

Julia ist gelernte Krankenschwester. Eine weitere Ausgebrannte, die auf dem Camino versucht, ihr Seelenheil wiederzufinden. Nach den letzten zwei Corona-Jahren ist es nicht verwunderlich, dass es Angehörige der sozialen Berufe aus dem Krankenhaus oder der Altenpflege sind, die mir am häufigsten auf dem Camino begegnen.

Julia hat sich im vorletzten Jahr bei der Arbeit mit dem Virus infiziert. Seit dem Abklingen der relativ milden Symptome ihrer Erkrankung hat sie jedoch das Pech, ein Long-Covid-Syndrom entwickelt zu haben. Sie erzählt eindrücklich davon, wie hart es war, monatelang unter besonders schweren Erschöpfungszuständen zu leiden und welche Kraftanstrengungen nötig waren, sich zurück ins Leben zu kämpfen. Mit eisernem Willen hat sie sich dazu gezwungen, jeden Tag aufzustehen, sich anzuziehen und spazieren zu gehen. Erst ganz kurze Strecken, dann längere. Bis sie irgendwann in der Lage war, jeden einzelnen Tag sieben Kilometer zu einem Café zu laufen, um sich dort mit einem Latte

Macchiato zu belohnen, um anschließend wieder nach Hause zurückzukehren.

Ich verstehe nun ihren Hunger nach Anerkennung für ihre Höchstleistungen besser und auch ihre mädchenhafte Art, das Erlebte verdrängen zu wollen.

Verdrängen tue ich doch auch ganz gerne. Nur etwas anders.

Als ich später am Abend im Schlafsaal eher gedankenlos erwähne, dass ich morgen früh, um sechs Uhr dreißig, schon aufstehen möchte und spätestens um sieben losgehen will, neigt sie überlegend ihr Haupt. »Schon um sieben Uhr?«

»Ja, ich bin eigentlich keine Frühaufsteherin, aber in einem Schlafsaal tief, fest und lange zu schlafen, ist schwierig für mich. Ich bin sehr lärmempfindlich.« Dabei setze ich jetzt schon viel Geld auf den alten spanischen Radfahrer im Bett mir gegenüber. Ich befürchte sehr stark, dass er ein labiles Gaumensegel hat und/oder ihm beim nächtlichen Toilettengang die Türklinke aus der Hand rutscht. Mit lautstarken Folgen. Außerdem brenne ich natürlich darauf, einen weiteren tollen Sonnenaufgang wie heute Morgen zu erleben.

»Wenn du so früh beim Packen Lärm machst, dann weckst du alle auf. Ich kann dann auch nicht mehr einschlafen«, bemerkt Julia.

Ich bin ein bisschen gereizt. Erstens, wenn man um halb sieben im Schlafsaal aufsteht, gehört man ohnehin schon zu den Langschläfern. Zweitens, wieso nimmt sie an, dass ich Lärm mache beim Packen? Ich gehöre zu der Spezies, die ihre Sachen am Morgen normalerweise sehr rücksichtsvoll außerhalb des Schlafsaales zusammenpackt. Plastiktütenknisterfrei.

Die missbilligende Furche auf meiner Stirn scheint nicht tief genug zu sein, um bemerkt zu werden, denn Julia ergänzt ihr Statement: »Also gut, dann stehe ich auch auf. Wir können morgen ja zusammen laufen.«

Eigentlich sollte mir ihr euliges Spätaufstehertum sympathisch sein. Trotzdem bin ich skeptisch. »Julia, ich gehöre zum Team ›Slowmotion‹. Ich weiß nicht, ob das mit uns passt. So schnell wie du kann ich nicht gehen, zumindest nicht über weite Strecken.«

»Ach, das kriegen wir schon hin. Ich muss ja nicht so rennen wie sonst. Ich passe mich dir lieber an, als allein zu laufen.«

Ist das jetzt ein Kompliment für mich und meine Gesellschaft oder eher der Unwille, allein unterwegs zu sein?

»Außerdem ist es schön, sich mal wieder auf Deutsch unterhalten zu können. Ich war in spanischer Gesellschaft die letzten fünf Tage.«

Obwohl ich es eigentlich besser wissen müsste, nicke ich.

* * *

Seltsamerweise haben die Besitzer des Hauses in dieser kargen, einsamen Umgebung ausschließlich für ihre Pilgergäste etwa dreißig Meter hinter dem Haus eine riesige, solide Betonplattform errichtet – mit freiem Blick nach Westen. Dieses Ding wurde zum Bestaunen des Sonnenuntergangs installiert. Wir sind nach dem gemeinsamen Abendessen nur mit einer Handvoll Leuten dort, aber zur Unterstützung begleiten uns Tausende Fliegen. Ich kann mich des Eindrucks nicht erwehren, dass es auch ohne Betonbalkon eine prima Sicht gewesen wäre.

Ohne die lästigen Fliegen ebenfalls. Ich habe keine Ahnung, wo sich die Nutztiere verstecken, die sie normalerweise attackieren würden. Hier sind wohl die Pilger erste Adresse am Ort. Dazu würde ich die nicht gewagte These aufstellen: Ich bin ein echter Fliegenmagnet! Eine Erkenntnis, die ich schon auf vielen verschiedenen nationalen und internationalen Wander- oder Pilgerpfaden gewonnen habe. Es macht überhaupt keinen Unterschied, ob ich frisch geduscht, nassgeschwitzt oder in Antifliegenspray gehüllt bin. Sie lieben mich einfach immer und lassen auch schon mal gern ihr Leben für einen kräftigen Sog in meine Nase oder Sturz in mein Auge, wenn sie einer blitzschnell herannahenden Frau Pilgerhut nicht mehr rechtzeitig ausweichen können.

Die Nacht draußen ist sternenklar und wunderschön, still und romantisch, auch, weil nach Sonnenuntergang endlich die aufdringlichen Schwirrlinge weg sind. Die Nacht drinnen erhält von mir erneut das Prädikat »Vollkatastrophe«.

Obwohl nur zu viert im Raum, tue ich, wie schon so oft im Frühjahr, auch dieses Mal kaum ein Auge zu. Ich wäre reich geworden, hätte ich die Schnarchwette auf den steinalten Spanier tatsächlich vorher abgeschlossen. Zusätzlich scheint er auch noch schwerhörig zu sein, denn sein Handy empfängt bis in die frühen Morgenstunden megabyteweise Nachrichten. Jede einzelne wird mit einem lauten »Plingplopp« bestätigt. In den kurzen Schnarch- und Sendepausen kracht es bedrohlich im Dachgebälk über mir. Das Holz findet ebenfalls keine Ruhe – vielleicht aus Angst vor dem Durchgesägtwerden.

Diese geballte Kakofonie von Klängen trägt viel dazu bei, dass ich, wie angekündigt, um sieben Uhr marschbereit bin. Ich habe aus meinen gestrigen Beobachtungen gelernt und mich heute nicht zum Frühstück angemeldet. Abgesehen davon, gäbe es das hier sowieso erst ab acht Uhr.

Julias letzte Handlung vor dem Start ist gewöhnungsbedürftig. Sie schnallt sich auf jede Seite ihres Rucksacks eine Banane in die dortige Tasche, die dann dort hängen wie Pistolen in ihren Halftern. Immer griffbereit zum Abbiss.

»Du isst sie während des Gehens?«

»Ja. Immer!«

Oha! Worauf habe ich mich eingelassen …

Von wegen Morgen, es ist – genau wie gestern – stockfinsterste Nacht, als wir fernab aller Lichtquellen hinaus in die nordspanische Hochebene treten. Die Sterne tragen zur Ausleuchtung unseres Weges kaum bei und die Sonne wird erst in einer Stunde aufgehen. Wir müssen mit den Handytaschenlampen Licht machen, um den Weg zu finden und nicht über Steine zu stolpern. Es ist zum ersten Mal richtig frisch heute, und obwohl die Landschaft staubtrocken ist, riecht es für mich erdig. Nicht intensiv, nur ganz zart. Ein Wohlfühlgeruch. Ansonsten ist es wieder vollkommen still. Außer uns zwei Vögeln scheint noch niemand unterwegs zu sein. Ich habe tatsächlich auch noch keine echten Vögel gehört oder gesehen in dieser Gegend. Weder tags noch nachts. Ich nehme an, es ist ihnen einfach zu trocken.

Ich würde jetzt bevorzugen, eine Weile still in dieser Umgebung zu laufen. Morgens bin ich von Natur aus mit Worten eher geizig, würde am liebsten nur ein verspätetes »Schuschuu« rufen und mindestens noch eine halbe Stunde still vor mich hin muffeln.

Dass Julia sich unterhalten möchte, wundert mich kein bisschen. Das hat sie ja gestern schon angekündigt.

»Weißt du, die letzten Tage habe ich nur Spanisch gesprochen«, beginnt sie das Gespräch. »Ich habe einen sehr attraktiven Spanier vor Logroño kennengelernt. José. Er lief genau mein Tempo. Wir haben uns wunderbar ergänzt. Keiner von uns wollte zuerst zugeben, dass er müde ist und eine Pause braucht. Wir haben uns gegenseitig animiert, immer weiterzulaufen.«

»Aha!« Das kann ich mir prima vorstellen.

»Männer fragen einen ja sonst oft gar nichts. Die erzählen einfach nur, wie unfassbar toll sie sind. Aber mit José war das ganz anders.«

»Hm.«

Zwanzig Schritte in Ruhe, dann: »Ach, ich wäre so gerne mit ihm weitergelaufen. So ein durchtrainierter, schöner Mann. Ich stehe voll auf diese südländischen Typen, braungebrannt, mit richtig viel

Haar zum Reingreifen und einem getrimmten Vollbart.«

Moment. Hat sie weiter- oder weggelaufen gesagt?

»Auch altersmäßig ein Traum. Einundvierzig.«

Ich sehe die Lichtgestalt José vor meinem inneren Auge sich auf einem Sockel um die eigene Achse drehend und verpasse daher die nächsten Sätze. Ich steige erst wieder in ihren Monolog ein, als sie sagt: »… und plötzlich triffst du diesen einen Menschen, der dich sieht, der dich versteht, der an dich glaubt. Und bei dem das Alter absolut keine Rolle spielt.«

»Hm.« Sie meint wohl *ihr* Alter, weil seines schien ihr doch eine Erwähnung wert gewesen zu sein.

»José hat mir gesagt, er leide darunter, immer so auf sein gutes Aussehen reduziert zu werden.«

What? Wie sagt man so etwas überhaupt auf Spanisch? Trägt Julia nicht *ein bisschen* zu dick auf? Naja, auch egal. Jedenfalls klingeln bei mir alle Alarmglocken durch die Stille des Morgens. Ohne ihn zu kennen, diagnostiziert die Psychologin Dr. Pilgerhut allenfalls grenzenlose Selbstüberschätzung. Ich möchte mich nicht ärgern in dieser schönen Atmosphäre, also sage ich weiterhin so wenig wie möglich.

»Dann haben wir auf dem Handy Fotos angeschaut von seinen fünf Hunden. Die hat er von der Straße, aus den Händen von Hundefängern, gerettet. Und dann hat er mir auch noch von früher erzählt. Von seiner Mama, seinen Geschwistern, seiner ersten Liebe. Er hat mir seine verletzliche Seite gezeigt und war plötzlich fast schüchtern. Total süß und …«

Ich traue meinen Ohren kaum. Ernsthaft? Fünf Hunde? Von den Hundefängern gerettet? Wo hat er die denn gelassen, während er auf dem Camino wandelt? Extrem schräg. Nicht unmöglich die Geschichte, aber für mich klingt das alles total konstruiert.

Ich kann mich nicht mehr zurückhalten. »Ich will dich nicht in deinen Grundfesten erschüttern, Julia, aber das glaube ich alles nicht so richtig. Der gute José hat dich mal so richtig um den Finger gewickelt, um ein bisschen Spaß zu haben.«

Als ich ihr entsetztes Gesicht sehe, wünsche ich mir, ich hätte mich etwas dezenter geäußert. Oder besser noch, weiterhin nur »Hm« gesagt.

»Nein!«, sagt sie fest und schüttelt ihre blonden Locken. »Das ist nicht so, wie es vielleicht klingt. So ein kurzes Abenteuer, weil sich gerade die Gelegenheit ergab. Null! Das war etwas ganz Besonderes!«

Okay, bitte, meinetwegen. Aber ich verzichte auf die Details! Ich würde viel lieber die beginnende Morgendämmerung in Ruhe genießen. Vielleicht hat ja der Caminogott Erbarmen mit mir und verschließt ihr den Mund …

Hat er nicht.

»Wie kannst du nur so schnell über ihn urteilen? Du kennst ihn doch gar nicht!«, fährt sie mich nach kurzem Überlegen an. »Es ist mir egal, was andere von dieser Geschichte denken. Er hat mir dieses gute Gefühl des Sich-um-mich-Kümmerns vermittelt.«

Anscheinend ist ihr doch nicht egal, was ich denke, sonst würde sie ja nicht direkt so heftig reagieren. Vielleicht ist sie auch eine sehr einsame Frau zu Hause. »Tut mir leid. Du hast recht, ich sollte nicht vorschnell über ihn urteilen.«

Die nächsten hundert Meter gehen wir schweigend. Eigentlich müsste sich das Thema nun erledigt haben, aber Julias Mitteilungsbedürfnis ist grenzenlos. »Leider musste er gestern in Burgos aufhören. Er fängt heute wieder an zu arbeiten.«

Ich weiß gar nicht, ob ich es wirklich wissen will, aber nach langem Kampf mit mir siegt doch die Neugierde: »Und seine Familie?« Vielleicht hatte José ihr ja auch von ihnen Fotos gezeigt.

Tiefer Seufzer. »Er hat eine Freundin, zu der er zurückgekehrt ist.«

Wahrscheinlich musste sie die Hunde hüten. Vorsicht Sandra,

großer Fettnapf! Stattdessen wiederhole ich: »... zu der er zurückgekehrt ist?«

»Ich muss mich für nichts rechtfertigen«, sagt Julia trotzig.

Anstatt auf der Eskalationstreppe noch ein paar Stufen höher
zu steigen, versuche ich, etwas Versöhnliches zu sagen, obwohl ich
nicht wirklich überzeugt davon bin. Ich will das Thema jetzt wirklich abschließen. »Auf jeden Fall teilt ihr unvergessliche, starke Caminomomente. Die bleiben dir für immer.«

Noch so ein Seufzer. »Ich glaube, das reicht mir einfach nicht.
Ich bin ein bisschen verliebt in ihn. Er fehlt mir so sehr.«

Sie meint das alles ernst. Sie ist mehr als nur ein bisschen verliebt
in ihren spanischen Adonis. Ich betrachte den dreiundsechzigjähri-
gen Teenager an meiner Seite nachdenklich. Für den charmanten,
sportlichen, süßen Pilger José bin ich natürlich kein Ersatz. Aber
was soll's! Wir sind auf dem Camino! Jeder darf hier seine eigenen
Erfahrungen sammeln und Entscheidungen treffen, auch, wenn sie
anderen, in diesem Falle mir, eigenartig erscheinen.

»Du kannst ruhig schneller gehen, wenn ich dich aufhalte. Das
ist absolut okay für mich«, biete ich nochmal an.

Sie schüttelt energisch den Kopf.
Zumindest spreche ich Deutsch.

Nachdem wir fast drei Stunden unterwegs sind und ich die un-
freiwillige Empfängerin ihres Herzschmerzes geworden bin, erkennt auch die Bananenpistolera schließlich, dass wir beide *nicht*
so gut harmonieren. »Mit manchen Leuten fließt es halt einfach
nicht. Selbst dann nicht, wenn man dieselbe Sprache spricht. Und
wenn es halt nicht fließt, fließt es halt nicht«, stellt sie auf subtile
Art und Weise fest.

Da gebe ich ihr absolut recht. So richtig fließen tut außer dem
Schweiß bei uns nichts. Ich für meinen Teil weiß auch haargenau,
warum nicht. Eigentlich habe ich es schon gestern Abend gewusst,

dass ich Schnecke wohl nie so schnell dahinfließen werde wie die leichtfüßige Julia. Aber noch weniger als mit mir will sie allein gehen.

Schließlich ist es soweit: Ich werde erhört. Eine Macht des Himmels oder etwas ähnlich Kraftvolles lässt einen jungen Mann auf uns auflaufen, der auch noch hübsch anzuschauen ist.

»Hola peregrinas! Cómo estáis?«, fragt er freundlich mit einem Zahnpastawerbelächeln und begleitet uns wie selbstverständlich.

Nur Deutsch spricht er nicht. Julia verwickelt sich schnell in ein gebrochen spanisches Gespräch mit dem halb so alten und halb so großen Südamerikaner, schaltet einen Laufgang hoch, winkt mir zum Abschied zu und fließt mit »Alfonso« zügig aus meinem Blickfeld.

Ich kann nicht behaupten, dass ich unglücklich darüber bin. Und sie ganz sicher auch nicht. »Danke« murmele ich mit einem Blick zum Himmel.

15

Teatime

»Wer immer König sein mag, Tee ist die Königin!«
(aus Irland)

Ich weiß nicht, wer diesen blöden Hügel hinter Castrojeriz aufgestellt hat. Er ragt schon von Weitem gut sichtbar in die ansonsten platte Landschaft. Okay, es ist jetzt keine Alpenkette, die es zu überqueren gilt, aber es sind ungefähr einhundertzwanzig Höhenmeter bei zwölf Prozent Steigung zu bewältigen. Das ist ziemlich steil. Wenn man oben ist, folgt man dem Weg fünfhundert Meter geradeaus, bis es auf der anderen Seite, auf Asphalt, ebenso unangenehm steil wieder hinabgeht, zurück auf das Felderniveau ringsherum. Unnötig. Absolut unnötig.

So, wie ich das einschätze, hätte man auch einfach drumherum gehen können. Dann hätte ich jetzt zwei Blasen weniger.

* * *

In Itero de la Vega habe ich mit Brigitte, einer bezaubernden Deutschen, ein Doppelzimmer geteilt. Dieselbe Wellenlänge. Es floss einfach zwischen uns. Wir haben ewig gequatscht. Ich habe nun einen Stein weniger im Gepäck.

Im ersten Ort nach Itero de la Vega stoppe ich, um zusammen mit der siebenundfünfzigjährigen Paula aus England eine Tasse schwarzen Tee zu trinken. Sogar Earl Grey, meine Lieblingssorte. Wir haben die Teatime, very unbritish, etwa um fünf Stunden vorverlegt. Der Tee wird auch wesentlich informeller zubereitet als in England. Wer in Spanien braucht schon Teekännchen? Ganz zu schweigen von einem Schuss Milch. Zu meinem Bedauern kann ich auch kein englisches Teegebäck oder klassische Scones mit Marmelade und Clotted Cream, was man bestenfalls mit »verklumpter Sahne« übersetzen kann, dazu ordern. Marmelade mit Baguette könnte ich bekommen. Steinhartes Baguette, bei dem man vermuten könnte, es hätte schon eine mehrtägige Reise durch die Sahara hinter sich.

Ach Quatsch! Sahara! Heutzutage reicht schon für das komplette Durchtrocknen des Brotes eine Tagespilgerreise durch die regenlose Meseta.

Ich war noch nie ein Fan des langen Stangenbrotes. Zu unhandlich zum Abbeißen, zu riskant, daran zu ersticken oder damit erschlagen zu werden. Aber in Spanien und Frankreich würde man mit einem Bann von Baguette wahrscheinlich, neben einer großen Hungersnot, unkontrollierbaren millionenfachen Aufruhr und eine nationale Identitätskrise auslösen. Ich versuche, die bizarren Szenen von aggressiven Brotplakate schwenkenden Demonstranten, die sich vor meinem geistigen Auge formen, zu verdrängen. Stattdessen fokussiere ich das übersichtliche Angebot von Essbarem auf dem Teller vor mir. Wie fast jeden Vormittag ruht darauf mangels Alternativen ein Stück spanische Tortilla. Ein Eieromelette mit Kartoffelstückchen in reichlich Öl gebraten. Lecker. Paula, die von meinen wild gewordenen Baguette-Fantasien nichts ahnt, hat sich ein mit Käse belegtes, schneeweißes Prachtexemplar bestellt.

Paula lebt in Cornwall. Im Gegensatz zu mir kann sie sich bereits als Autorin bezeichnen. Ich bin sofort Feuer und Flamme. Cornwall bringe ich gleich in Verbindung mit einem wahnsinnig toll geschriebenen Buch über den South West Coast Path, einen durch ihre Heimat führenden, sehr anspruchsvollen Küstenfernwanderweg. Das Buch, das sich durch seinen außergewöhnlichen

Erzählstil und bestechenden Ehrlichkeit auszeichnet, habe ich erst vor einigen Monaten gelesen. Diesen Bestseller kennt Paula natürlich auch und hätte ihn, genau wie ich, gern selbst geschrieben.

Paulas Buch bewegt sich ebenfalls im Reisebericht-Genre und erzählt davon, wie sie es trotz ihrer Bedenken und Ängste geschafft hat, als Mittfünfzigerin während der Pandemie allein per Bus und Bahn quer durch ganz Europa zu ziehen. Ich nehme mir vor, ihr Buch bei Gelegenheit zu recherchieren.

»Mein nächstes Buchprojekt ist bereits in Planung«, sagt sie zwischen zwei Bissen Baguette.

»Meins auch. Also mein erstes.«

Es überrascht mich nicht, als sie mir offenbart, dass sie über ihre Pilgererfahrungen schreiben wird. »Oh, da haben wir ja außer Tee trinken noch etwas gemeinsam. Genau *das* möchte ich nämlich auch machen.« Ich bin entzückt, auf eine Gleichgesinnte zu treffen.

»Scheint, als sprießen hier Autoren wie Pilze aus dem Boden«, stellt Paula fest. Sie sieht ebenfalls wenig überrascht aus und ist definitiv nicht die Erste, die mir unterwegs, praktisch im Vorbeigehen, von dem Wunsch erzählt, ihre Pilgermemoiren festzuhalten.

Ich werde dieses Gefühl schon seit Längerem nicht los, dass es unter den Fußreisenden eine hohe Konzentration an begeisterten, ambitionierten Schreibwütigen zu geben scheint, die ihre individuellen Erfahrungen nicht nur auf Social Media, sondern ganz klassisch – als gedrucktes Buch – teilen wollen. Wahrscheinlich geht es den meisten Leuten, die eine Veröffentlichung planen, nicht in erster Linie um Ruhm und Reichtum, als vielmehr darum, ihrer Faszination über diese Reise einen bleibenden Ausdruck zu verleihen. Um die persönlich erlebte Caminonostalgie festzuhalten, denn die erneute Reflexion ihrer Pilgerzeit während des Schreibprozesses führt auch dazu, dass die heilsamen Erinnerungen noch tiefer im Gedächtnis verankert werden. Für jeden pilgernden Schriftsteller – oder schriftstellenden Pilger – ist sein Erleben einzigartig, sein

Jakobsweg ein Kaleidoskop voll bunter Mosaikstückchen. Man kommt fast nicht umhin, als diese zu einem wundersamen, einzigartigen Gebilde zusammenzufügen. Zu seinem ganz persönlichen Buch, das man trotz seines privaten Charakters mit der ganzen Welt teilen möchte. Ganz schön verrückt, oder? Ist das ein Widerspruch?

»Aber so viele Pilze sprießen ja auch wieder nicht in diesem spanischen Klima. Und wenn, bleiben die ziemlich mickrig«, sagt Paula.

Ob sie wohl damit nur die Pilze meint oder den Erfolg der schreibenden Pilger?

Ich beschließe, mich auf die Pilze zu konzentrieren. »Hier in Kastilien vermehrt sich außer dem gemeinen Fußpilz wahrscheinlich gar nichts. Da hast du recht. Aber Galicien ist nicht halb so trocken wie dein Baguette. Es soll sehr grün, voller Wälder und ziemlich feucht sein.«

»Englisches Klima.« Sie rümpft die Nase nur minimal.

»Optimales Pilzklima.«

Sie nickt.

»Gibt es in England viele Pilze?«

»Nicht auf dem Rasen.«

Bizarr. Was sind wir eigentlich für Pilger, die in Spanien sitzen, Tee trinken und über die Bestandteile von englischem Rasen nachdenken? »In Galicien müssen wir erst mal ankommen, um überhaupt in die Verlegenheit zu geraten, über Größe und Menge gefundener Pilze debattieren zu können.«

»Ich würde sagen, das dauert noch ungefähr zwei Wochen. Bis dahin können noch einige wachsen«, sagt sie und lächelt verschmitzt. »Auf und neben dem Weg.«

Ich bin wieder verwirrt. Das Gespräch mit Paula ist ein wenig kryptisch. Über was reden wir jetzt? Menschen? Pilze? Wege?

»Ich liebe Gerichte mit Steinpilzen«, sage ich unverfänglich.

»Und dazu einen guten französischen Rotwein«, ergänzt Paula wie aus der Pistole geschossen.

Das aus dem Mund einer Engländerin in Spanien. Unverhofft kommt oft. Ich finde diese Konstellation lustig, bleibe aber ernst.

»Uh, für die französischen Sorten konnte ich mich noch nie erwärmen.« Ich muss ein Schütteln unterdrücken.

»Sandra, du wirst sehen, wir werden es erleben. Ich glaube auch, dass Galicien bei Weitem nicht so trocken sein wird wie französischer Rotwein.«

Jetzt bricht der Frohsinn doch aus mir heraus. Ich muss herzlich lachen. Hoffe aber trotzdem nicht, dass sie recht behält.

Paula erzählt mir noch, wie sie ihr erstes Buch selbst verlegt und veröffentlicht hat, und gibt mir nützliche Informationen. Neben dem Ankommen in Santiago ist das In-der-Hand-Halten eines selbst geschriebenen und veröffentlichten Buches ein weiterer Wunsch, der darauf wartet, aus den Tiefen seines Verschüttetseins befreit zu werden. Unabhängig von der Entdeckung meiner Leidenschaft für das Pilgern, ist er schon immer latent vorhanden. Lange, bevor ich über Lebensziele im Allgemeinen und Pilgerwege im Besonderen überhaupt nachgedacht habe. Der Gedanke blubbert schon seit vielen Jahren in mir wie heißer, süßer Erdbeerbrei im Topf auf dem Herd. Eine frische Marmelade, die verführerisch duftet, und nur darauf wartet, endlich probiert zu werden.

Wenn ich so darüber nachdenke – eigentlich wollte ich schon als Teenager ein Buch schreiben. Allein fehlte mir die zündende Idee, die entscheidende Geheimzutat für die Kreation eines literarischen Festmahls. Ganz buchstäblich. Mal ganz abgesehen von der Disziplin, das Gericht dann auch zu Ende zu kochen und appetitlich zu servieren.

Wenn ich meine Pferdehofgeschichten von damals heute lese, komme ich zu der Überzeugung, dass die Menschheit nicht gerade auf die gewartet hat. Und dass deren Nichtveröffentlichung sich nicht nachteilig auf die deutsche Literaturszene ausgewirkt hat.

Ob ich nun, nach all den Jahren, tatsächlich die eine richtige Zutat für das Gelingen eines Buches gefunden habe? Das kann ich momentan nicht beurteilen. Ein Rezeptebuch mit Geheimzutaten für die Zaubermahlzeiten des Lebens könnte noch anders aussehen, aber das spielt am Ende auch keine entscheidende Rolle.

Wichtiger ist, was sich für mich herauskristallisiert hat. Mein Jakobsweg ist *meine* Geschichte und damit einzigartig. Erst auf dem Camino wandern – in dem Wissen, welche Herausforderung dieser Weg für mich darstellen würde – und dann ein Buch über diesen Spaziergang schreiben. Wäre doch auch gar kein so übler Titel gewesen: »Das wird sicher (k)ein Spaziergang!«

Wobei die Ironie in diesen Worten auf dem Cover wahrscheinlich zu multiplen Missverständnissen geführt hätte, vielleicht sogar zum Ärger bei anderen Caminopilgern, denn dieser Weg ist tatsächlich *alles andere* als ein Spaziergang.

Was ich hingegen schon jetzt mit Sicherheit weiß, ist, dass ich mich auf den Tag sehr freue, an dem ich mein erstes Buch einfach so aufklappen kann. Ich werde darin herumblättern und mir selbst zurufen können: *Das warst du! Das hast du alles geschafft und geschaffen!*

Und auch, wenn Stolz eine der sieben Todsünden ist, gebe ich es gerne zu. Ja, ich werde in diesem Moment sicher nur mehr als ein bisschen stolz auf mich sein.

Wie durch einen Nebelschleier höre ich Paulas Stimme.

»Sandra, are you dreaming?«

* * *

Am Tisch neben uns sitzen zwei athletische junge Männer, durchgeschwitzt in T-Shirt, Laufshorts und Trailrunnern, die einen herben Duft verströmen. An die Wand gelehnt ruhen ihre sicher sechs Kilogramm schweren Rucksäcke. Ein Haufen Bananenschalen und zwei große, leere Flaschen eines Sportgetränks zieren den Tisch. Die gibt es am Francés an jeder Ecke zu kaufen wie bei uns geschnitten Brot beim Bäcker.

Als Nachtisch schlingen sie noch ein paar Muffins hinunter. Auf eine ursprüngliche, aber gemütliche Teezeremonie, wie wir sie gerade zelebrieren, verzichten sie komplett.

Einer von ihnen sieht tatsächlich schon relativ erschöpft aus, gemessen an der Tageszeit. Er stützt mit leicht leidender Miene den Kopf in die Hände. Wahrscheinlich hat er Schmerzen. Aber da ist er in dieser illustren Gesellschaft ja eher die Regel, denn die Ausnahme. Der Sprache nach sind es Engländer.

Paula ist neugierig, fragt nach.

Sie bestätigen, dass sie nach Santiago laufen würden.

Laufen wie andere Läufer joggen? Ja genau, halt nur mit Rucksack.

Ob da nichts scheuert am Rücken bei dieser Extrembelastung?

Schon, aber das ginge eigentlich, viel Tape würde viel helfen, sagt der Nichtleidende.

Wahrscheinlich ist die Vorstellung von lokal aufgescheuerten Hautstellen nicht fantasievoll genug bei so vielen optionalen Problemzonen. Knochen, Sehnen, Muskeln – bei dieser Belastung fängt sicher alles zeitgleich an zu jodeln.

Sie haben die Idee gehabt, den kompletten Jakobsweg von Saint-Jean bis nach Santiago zu rennen. Und sich dafür genau zwei Wochen Zeit gegeben. Danach müssen sie leider wieder zurück auf die Insel, weil sie nicht länger Urlaub bekommen haben. Ihre Jobs, beziehungsweise Chefs, lassen leider auch keine Verlängerung zu.

Ich rechne kurz nach, runde großzügig auf achthundert Kilometer auf und teile durch fünfzehn Tage. Das macht mehr als fünfzig Kilometer pro Tag.

»*Fünfzig?*« Meine Augen werden groß wie VW-Käfer-Scheinwerfer. Ich wäre nach so einer Tortur sicher auch reif für die Insel. Liegend verschickt im Holzkästchen.

Der Fittere der beiden nickt. Ja, sie würden jeden Tag einen Marathon laufen, plus zehn bis fünfzehn Kilometer. Mit einem vollgepackten Dreißig-Liter-Rucksack auf dem Rücken.

»Seid ihr vor irgendwas auf der Flucht?«, frage ich lachend, aber mein ironischer Einwurf wird nur mit zwei bösen Blicken quittiert.

Anscheinend habe ich was Wesentliches verpasst. Vielleicht machen die beiden ja mit beim »Ironpilgrim«? Ich frage lieber nicht nach, um mich nicht noch unbeliebter zu machen.

Vier Ultramarathons nach Santiago! Leck mich an den Füßen! Ich glaube wirklich nicht, dass diese Art der Fortbewegung gesünder ist als das gemütliche Wandern. Das erklärt zumindest, weshalb der eine schon ziemliche Verbrauchsspuren aufweist, nach nicht einmal der Hälfte des Unternehmens. Die bräuchten eine ganze Bananenplantage als Energieboost! Oder alternativ ein paar Tage Regeneration.

Warum sie denn nicht wenigstens das Gepäck transportieren lassen, will Paula jetzt wissen.

Das haben sie tatsächlich schon in Betracht gezogen. Aber leider würde der Gepäckservice, den Gewohnheiten seiner Klientel entsprechend, nur das nächste Etappenziel anfahren, das normalerweise zwanzig bis maximal dreißig Kilometer entfernt liegen würde. Sie würden aber immer mindestens zwei »normale« Tagesetappen machen. Da haben sie auf die Schnelle niemanden gefunden, der den Transport in zwei Wochen durch ganz Spanien durchführen wollte. Die Organisation wäre viel zu kompliziert geworden. Deshalb haben sie sich entschieden, das Gepäck selbst zu tragen.

Alles eine Frage des Geldes. Ich weiß nicht so recht, was ich von der ganzen Aktion halten soll. Einerseits bin ich natürlich mächtig beeindruckt von so viel jugendlicher Fitness, Entschlossenheit,

Ausdauer und Leidensbereitschaft, gepaart mit einem Schuss Verrücktheit. Andererseits frage ich mich schon – was hat das noch mit Pilgern im ursprünglichen Sinne zu tun?

Für die beiden scheint es ein rein sportives Projekt zu sein, gepresst in eine extrem enge Zeitschablone, nach dessen Abschluss sie sich als Nachweis eine Urkunde mit rekordverdächtig kurzer Pilgerdauer an die heimische Wand hängen können. Sofern sie sich überhaupt in Santiago eine *Compostela* ausstellen lassen, denn das Papier ist für einige Leute mittlerweile gar nicht mehr wichtig. Da ist die persönliche Leistung – gemessen durch eine App am Handgelenk – und der dazugehörige Screenshot doch viel aussagekräftiger und mit einem Klick global verfügbar.

Bleibt trotzdem die Frage: Wird das sportliche Kunststück diese beiden Menschen auch innerlich nachhaltig beeindrucken können?

Ich kann es natürlich nicht beantworten. Möglich ist das schon. Es können ganz unvorhersehbare Dinge passieren. Zur richtigen Zeit am richtigen Ort. Wenn man sich denn genügend Zeit dafür nimmt und nur ein wenig achtsam ist.

Mir gefällt die Idee dahinter trotzdem nicht. Da bleib' ich konservativ wie ein in Stein verewigtes Fossil. Auch, wenn ihre Erlebnisse vermutlich ein Buch wert wären, auszeichnen tut sich ihr Pilgern auf diese Weise nicht. Im Vorbeirennen, immer am Limit, verpasst man zu viel an menschlicher und natürlicher Schönheit. Jetzt mal abgesehen von den Mohnblumen, für die sich nur Frauen jenseits der Dreißig begeistern können. Spaß beiseite, natürlich bietet die Weite Nordspaniens für alle viel mehr als Blumen. Stefan mit dem Zelt unterm Arm hat es so ausgedrückt: »Ich möchte Zeit mit mir verbringen. Ein paar Fragen klären und Antworten finden. Vielleicht Gott begegnen. Das ist doch der Sinn des Pilgerns.«

Natürlich ist das ein ganz anderer, eher spiritueller Ansatz, der auch nicht für jeden gelten mag. Aber es gibt auch eine Menge Zwischentöne, für die sich jeder frei entscheiden darf.

Vielleicht sind die beiden unbewusst tatsächlich auf der Flucht und ich habe deshalb den strengen Blick abbekommen. Weil fliehen schon immer die beste Option war, wenn man nicht kämpfen will – gegen starke Gegner wie Selbstzweifel und Unsicherheiten, gegen die wachsenden Herausforderungen unserer Arbeitswelt und des Zeitenwandels, gegen alte Dämonen wie Süchte, Kindheitstraumata oder Beziehungskonflikte, die einen einfach nicht in Ruhe lassen wollen.

So ein Endboss versteckt sich im Gepäck der Allermeisten, die hier unterwegs sind, und springt an irgendeiner Stelle erwartungsgemäß unerwartet hervor. Für diese Feststellung muss man keine große Wahrsagerin sein. Mit dem Unterschied, dass nicht jeder, der plötzlich damit konfrontiert wird, ganz so schnell weglaufen kann wie diese jungen Sportler.

Und das ist auch gut so, dass man sanft dazu gedrängt wird, sich mit seinen Problemzonen auseinanderzusetzen – in einem Umfeld, das optimaler nicht sein könnte. Dazu gehören all die menschlichen Wunder, die man auf diesem Weg trifft, das einfühlsame Verhalten und die Herzenswärme der Spanier, die Weite der Landschaft, die Strahlkraft der Sonne, die Frische der Luft, der Glauben und das Vertrauen an wen oder was auch immer. Alle gewinnen neue Erkenntnisse über sich, die erst mit der Zeit langsam ins Bewusstsein einsickern. Aber genau das ist der Punkt: *mit der Zeit und langsam.*

Aber vielleicht kommen die Jungs ja im nächsten Jahr wieder. Mit mehr Zeit im Gepäck.

* * *

Paula und ich gehen noch ein Stückchen zusammen weiter. Recht schweigsam. Das Treffen mit den Läufern hat uns nachdenklich gemacht.

Plötzlich huscht ein Lächeln über ihr Gesicht. »Warte mal kurz.« Sie öffnet ihr Bauchtäschchen und angelt mit Daumen und Zeigefinger nach einer Sache, die sie mir wohl zeigen möchte.

»Schau mal, was ich vor ein paar Tagen Schönes gefunden habe!«

Als sie langsam die Hand öffnet, liegt dort einer … meiner Pilgersteine.

Ich schüttele ungläubig mit dem Kopf.

»Was ist los?«

»Creepy! Ständig passieren so komische Sachen.«

»Was meinst du?«

Ich deute auf den Stein. »Das ist einer von denen, die ich ausgelegt habe.«

»Du hast den bemalt?« Sie schaut mich jetzt auch merkwürdig berührt an. Nachdenklich steckt sie den Stein wieder ein und wir gehen weiter.

Ungefähr eine halbe Stunde später treffen wir auf eine junge Deutsche, die, wie aus dem Nichts aufgetaucht, plötzlich neben uns hergeht. Nach der Vorstellung und den üblichen Einstiegsfragen sagt sie: »Ich finde es total schön, was einem unterwegs so alles Unerwartetes passiert. Vor drei Tagen ging es mir psychisch nicht so gut. Ich musste viel an meinen Freund denken. Hatte einen dieser schlechten Tage.« Sie schluckt, geht ein paar Schritte, bevor sie fortfährt. »Ein Stück hinter Burgos lag ein Baumstamm auf der Seite und da habe ich …«

»… einen schönen bunten Stein mit einem Spruch darauf gefunden, der wie für dich gemacht war«, ergänzt Paula, ohne eine Miene zu verziehen.

Ich unterdrücke mit Mühe einen Lachanfall. Ich möchte nicht, dass das Mädel denkt, ich wolle sie auslachen.

Sie guckt ganz erschreckt. »Woher wisst ihr …?«

Paula zeigt auf mich. »Das ist ihre Schuld.«

»Das kommt definitiv in mein Buch!«, sage ich.

»Manchmal passieren eben solche Dinge«, sagt Paula.

»Das ist total schräg! So was kann man sich nicht mal ausdenken. Wenn ich das schreibe, glaubt mir kein Mensch! Das ist doch wie in einem schlechten Roman, klingt total konstruiert.«

Paula zuckt mit den Schultern. »Ist aber so passiert.«

Der Verlauf des Gespräches trägt nicht dazu bei, dass sich der Blick der Deutschen entspannt.

»Das liegt letztlich an der Kunst der Schreibenden«, fällt Paula noch ein.

»Bitte jetzt kein Pilzvergleich«, erwidere ich. Dann erbarme ich mich und kläre unsere Begleiterin auf.

Sie ist hocherfreut. Allerdings wandert sie schneller als der deutsch-britische Debattierclub, dem ich angehöre, und verschwindet einige Minuten später, verfolgt von unseren »Buen-Camino-Wünschen« hinter der nächsten Kurve.

»Mathematisch betrachtet ist die Wahrscheinlichkeit, innerhalb einer Stunde zwei Pilgersteinträgerinnen zu finden, zwar nicht so gering wie im Lotto zu gewinnen, aber auch nicht viel kleiner als vom Blitz getroffen zu werden.« Ich schaue Paula erwartungsvoll an.

»Glaub' ich nicht.«

»Naja, ich bin keine großartige Mathematikerin.«

»Aber dafür eine großartige Übertreiberin?«

»Auf jeden Fall gefällt mir das Wort *großartig*.«

»Einigen wir uns darauf, dass es ein sehr ungewöhnliches Ereignis war.«

»Ein großartiges!«

16

Cric-Crocs

»Es gibt nur zwei Tage im Jahr, an denen man nichts tun kann. Der eine ist gestern, der andere morgen. Das bedeutet, dass heute der richtige Tag zum Lieben, Glauben und in erster Linie zum Leben ist.«
(Dalai Lama)

Trotz der Wärme, die die Sonne tagsüber auch Ende September noch spendet, ist morgens und abends jetzt deutlich spürbar, dass der Herbst kommt. Bei mickrigen drei Grad gehe ich los. Ich verzichte das erste Mal auf meinen Hut. Stattdessen kommt meine Mütze zum Einsatz – ich habe empfindliche Ohren, die sonst abfallen könnten.

Auch meine bisher jungfräuliche Isolationsjacke hat Ausgang aus ihrem Kompressionssack erhalten und darf ihre Pflicht tun. Mich wärmen.

Die heutige Etappe nach Fromista ist flach wie eine Flunder. Wobei Patricia das ja von ganz Spanien behauptet. Sie ist meine Bekanntschaft aus Genf, die ich seit Burgos immer mal wieder tagsüber auf dem Weg oder abends in den Herbergen treffe. Ich halte diese Aussage für moderat übertrieben. Aber die Schweizer haben für alles unter Matterhornniveau nur ein müdes Lächeln übrig. Die sind ihr Leben lang nichts anderes gewohnt, als bergauf oder bergab zu laufen, zu radeln oder zu fahren. Und deshalb einfach topfit. Ich bin mir sicher, ich treffe Patricia nur deshalb immer wieder, weil sie ein lädiertes Knie hat, was sie ein wenig einschränkt und ab und zu nach Pause schreit. Andernfalls wäre sie sicher schon längst über alle spanischen Nichtberge.

Ich finde es nach wie vor auffällig, wie rar sich die Tierwelt auf diesem Abschnitt macht. Außer den nervigen Fliegen, ein paar engagierten Ameisen, ein oder zwei platten Salamandern und dem gelegentlich »mitpilgernden« Hund habe ich bisher nichts Animalisches gesehen. Lediglich auf Verkehrswarnschildern zeigen sich weitere Tierarten. Wahrscheinlich trampele oder atme ich einfach zu laut, was die übrige Fauna der Meseta rechtzeitig vor mir fliehen lässt, denn es kursieren auch andere Beobachtungen. Gestern hat mir ein kauziger Typ erzählt, dass er auf dem Anstieg zur Hochebene dieses schlecht platzierten Hügels, der nur deshalb Eingang in mein Buch gefunden hat, weil er mich so gepiesackt hat, morgens früh drei Hirsche gesehen hat.

Ich habe so meine Zweifel an dieser Erzählung, denn rein theoretisch könnten es auch gebeugte Pilger gewesen sein, die auf allen Vieren raufgekrabbelt sind. Der Mann trägt eine Brille mit starken Gläsern.

Wer sieht morgens im Halbdunkel und -schlaf schon so scharf? Eulen jedenfalls nicht. Dass man tagsüber entlang des Jakobsweges kaum größere Tiere sieht, liegt hauptsächlich an der Kargheit der Region, die weder ausreichend Schatten, Wasser, Nahrung noch Unterschlupf bietet. Die Farbe Braun beherrscht zuverlässig die Landschaft. Von einem bleichen Ockergelb bis hin zu einem dunklen Terracotta reicht die Vielfalt der Erdtöne. Dieses Jahr war der spanische Sommer derart heiß und trocken, dass offenbar selbst die Sonnenblumen, bekannt für Trockenheitsresistenz und Sonnenliebe, in die Bredouille gerieten. Ausnahmslos alle, an denen ich vorbeikomme, lassen müde und bezwungen ihre schweren, ebenfalls braunen Köpfe hängen. Als Mahnmale einer gewaltigen Sonnenherrschaft stehen sie dort zu Zigtausenden auf den verdorrten Feldern wie eine besiegte Armee. Ich bin mir nicht sicher, ob die Samen noch viel Öl enthalten in diesem

Zustand. Es ist unschwer zu erkennen, dass die Erde ächzt, die Pflanzen siechen. Traurig anzuschauen.

Ich habe gelesen, dass in den letzten acht Sommern ein Temperaturrekord nach dem anderen gebrochen worden ist und diese Jahre die wärmsten in der spanischen Geschichte seit Beginn der Wetteraufzeichnungen waren.

Man kann nur hoffen, dass es nächstes Jahr kühler, nasser und wolkiger ist und wieder fröhlichere Sonnenblumen zu bewundern sein werden.

Ich bin mittlerweile sehr froh, mich nicht für den Hochsommer zur Fortsetzung meines Vorhabens entschieden zu haben, sondern erst Ende September auf den Jakobsweg zurückgekehrt zu sein. In der Sommerhitze hier zu laufen – ich glaube, zwischen dem verdorrten Kopf einer Sonnenblume und meinem wäre nicht viel Unterschied auszumachen gewesen.

Außer dem Hut.

* * *

Ich mag Carrión de los Condes, eine Kleinstadt mit circa zweitausend Einwohnern, ungefähr achtzig Kilometer östlich von Burgos und etwa einhundert Kilometer vor León gelegen. Bereits am frühen Nachmittag sitze ich frisch geduscht an der Plaza Santa María in einem kleinen Café und blinzele in die angenehm warme Sonne. Leider unterbrechen hin und wieder kurze Windböen meine entspannte Zufriedenheit und lassen mich an den Armen ein wenig frösteln. Mein Tag ist hier zu Ende. Andere Pilger laufen noch weiter, machen im Zentrum nur ein kleines Päuschen und strecken dankbar ihre müden Füße von sich.

Fast direkt gegenüber dem Café gibt es einen kleinen, aber gut sortierten Pilgershop mit dem vielversprechenden Namen *Pilgrim's*

Oasis Store. Für all diejenigen, die jetzt plötzlich merken, dass sie doch morgens eine Mütze brauchen, dass ihnen die Hände ohne Handschuhe abfrieren oder dass sie in der letzten Herberge die einzige Ersatzunterhose auf der Wäscheleine hängen gelassen haben, tatsächlich eine Oase in der Einkaufswüste.

Mir gegenüber im Café sitzt eine hübsche Kanadierin, Colin, die bereits in dem Laden fündig geworden ist. Colin hat es im Laufe des Vormittags geschafft, unbemerkt einen ihrer pinkfarbenen Crocs zu verlieren. Er hat offenbar keine Lust mehr gehabt, außen am Rucksack nur nutzlos herumzuhängen. Zu einem nachträglich nicht mehr genau definierbaren Zeitpunkt hat er sich kopfüber fallen lassen. Seitdem spielt er eine Hauptrolle in dem Low-Budget-Streifen *Lost in Meseta*. Vielleicht ist er auch auf dem Weg nach Jerusalem, zusammen mit einer Socke und einem Bleistift? Man weiß so wenig.

Grundsätzlich besteht auf dem Camino immer eine gute Chance, dass verlorene Gegenstände wieder auftauchen, weil irgendjemand sie bemerkt, freundlicherweise aufhebt, mitnimmt und sie dann auf kuriose Weise, wie von einem unsichtbaren Band geführt, zu ihrem Besitzer zurückfinden. Der Urheber dieser Wiederbeschaffungsmaßnahme könnte natürlich auch JDs Caminogott sein.

Bei Schuhen allerdings – außer denen an den Füßen der Banditin – ist das so eine Sache. Die sieht man oftmals paarweise zurückgelassen, manchmal auf den steinernen Muschelwegweisern thronend. Fast immer werden die miesen Blasenverursacher bewusst verstoßen, sodass wirklich niemand auf die Idee kommen würde, jemand hätte die Schuhe dort vergessen. Deshalb bleiben sie dann auch dort zurück wie Radkappen am Straßenrand.

Ich verstehe sowieso nicht, warum man seine ausgelatschten, müffelnden Wanderschuhe gut sichtbar in der heißen Botanik ausstellen muss, statt sie bis zum nächsten Mülleimer mitzunehmen und dort zu entsorgen. Nach Hunderten von Kilometern, die sie mitgeschleppt wurden, kann es auf die paar Meter auch nicht mehr ankommen. Vielleicht sollen sie – ähnlich wie die Gaunerzinken – als geheime Wegmarkierungen dienen, nur ich bin noch nicht erfahren genug, ihre Nachricht zu entziffern? Ist das etwa Maybrits geheime Pyrenäenmission gewesen, die ich gerade noch rechtzeitig durchkreuzt habe? Ein geheimes Schuhkomplott?

Fragen, auf die ich wohl nie eine ernste Antwort bekommen werde, deren humorvolle Betrachtung mich aber wieder mal erheitern.

Zurück zu den Schlappen: Sofern jemand nur einen einzelnen mitten auf dem Weg verloren hat, stehen die Chancen für eine Reunion besser. Der Finder mag Erbarmen verspüren mit dem einsamen Ding und es auflesen. Aber ich wage trotzdem die steile These, dass im Gegensatz zu liegengelassenen Jacken, Pilgerpässen, Sonnenbrillen, Handys oder Kopfhörern ein einsamer Flop – oder in Colins Fall Croc – nicht so oft vom Weg gepflückt wird, um mit seinem Zwillingspartner Flip oder Cric wiedervereint zu werden wie die anderen schmerzlich vermissten Utensilien.

Colin erzählt, bereits zum zweiten Mal, da sich inzwischen Peter aus Holland zu uns gesellt hat, wie unglücklich sie zunächst über ihre Schusseligkeit gewesen sei, als sie das Fehlen des Schuhs bemerkt hat. Sie fürchtete, bis León wie ein Flamingo auf einem Bein stehend duschen zu müssen. Bei dieser bildhaften Beschreibung lacht sie selbst laut auf. Ihr Ärger sei allerdings purer Freude gewichen, als sie in dem Geschäft ein neues Paar, sie sagt wirklich *Cric-Crocs*, in demselben kräftigen Pink, ihrer Lieblingsfarbe, gefunden habe.

Man mag es kaum glauben, aber die Tatsache, dass die Dinger pink sind, macht sie total happy. Ihre großen, blauen Augen scheinen förmlich mit den neuen Crocs an ihren Füßen um die Wette zu leuchten.

Señora Pilgerhut vermutet, dass sie zu Hause vielleicht eine Shopping Queen ist, und falls dem so wäre, der Erwerb des siebzehnten schicken Schuhpaares, passend zur Handtasche, dort nicht mal ein Zucken um die Mundwinkel ausgelöst hätte. Aber hier hat der Kauf banaler, quietschender Gummischuhe einen ganz anderen Stellenwert. Er symbolisiert die Tüpfelchen auf ihrem persönlichen Glücks-Ü. Ein Paar bequeme Schlappen bedeuten Entspannung für ihre Füße am Abend, ebenso wie die Möglichkeit, sich zweibeinig in den manchmal nicht ganz blitzsauberen Duschen aufhalten zu können. Jeder definiert sein Pilgerglück halt anders. Ihre Füße sind »healthier in pink«.

Mir sind Schuhfarben ziemlich egal, Hauptsache, die Dinger passen. Ich muss an diese Bootlady aus Orisson denken. Wie glücklich sie war, als sie ihre dunkelblauen Schuhe zurückbekommen hat. Jedes Mal, wenn ich an die Szene denke, kann ich nicht anders, als zu grinsen. Wäre das Ganze auch passiert, wenn meine Boots pink gewesen wären? Ob Maybrit auch pinke Schuhe anziehend gefunden und angezogen hätte? Vielleicht hätte Colins schreiendes Pink einen echten Unterschied für uns beide gemacht.

* * *

In der Albergue Parroquial Santa María del Camino findet an diesem Abend um achtzehn Uhr ein Treffen für alle gesangsaffinen Pilger statt. Die Nonnen, die die Herberge betreiben, sind als singende Nonnen bekannt. Jeder, der teilnehmen möchte, ist eingeladen, und auch die Pilger, die nicht in dieser Herberge schlafen, sind herzlich willkommen.

Zu meiner Überraschung sind es drei Nonnen in den Zwanzigern, die sich mit Hockern und einer Gitarre im Innenhof platzieren, umringt von mindestens fünfzig Pilgern. Die Menschen, die sich versammelt haben, könnten unterschiedlicher kaum sein. Frauen und Männer, Alte und Junge, Lockenmähnen und Kahlköpfige, zusammengekommen aus ganz unterschiedlichen

Herkunftsländern. Nachdem jeder seinen Namen, seine Nationalität und das Motiv für seinen Pilgerweg genannt hat, wird gemeinsam musiziert. Alle Anwesenden bekommen ein Blatt in die Hand gedrückt mit Texten auf Italienisch, Französisch, Englisch, Deutsch und Spanisch. Mir sind die Songs größtenteils unbekannt. Es ist ein gewagtes Experiment, denn jeder darf, oder vielmehr soll, alle Lieder mitsingen, auch in den Sprachen, die er nicht beherrscht.

Nach anfänglicher Scheu, die Melodie falsch zu singen oder/und noch dazu die Aussprache zu ruinieren, steigert sich die Runde zu einem erstaunlich lauten internationalen Chor. Es ist ein sehr besonderes Gefühl, gemeinsam zu singen, unterstützt vom Klang der Gitarre. Das Wort »hitverdächtig« zu benutzen, wäre jedoch ein wenig übertrieben, wobei Paula mir den Hang zum Übertreiben ja attestiert hat. Zwischendurch dürfen sich Pilger melden, die eigene Liedvorschläge haben und diese in ihrer Muttersprache vortragen möchten. Da bin ich definitiv raus. Zwei Mutige finden sich und werden spontan von der extrem musikalischen Nonne an der Gitarre begleitet. Bräuchte sie einen Künstlernamen, würde ich Sister Erica vorschlagen, in Anlehnung an Mister Clapton.

Leider mischt sich irgendwann der Klang meines knurrenden Magens unter die ätherischen Töne. Egal, was ich auf dem Camino tue – gehen, mich ausruhen, singen –, ich habe, außer frühmorgens natürlich, immer einen Riesenhunger. Wahrscheinlich wissen das auch die Nonnen aus Erfahrung, denn um sieben beenden sie die musikalische Session, bevor die Mägen der Anwesenden die musikalische Kontrolle übernehmen können.

Mit vielen anderen Hungrigen ströme ich danach, noch ganz beseelt, zu einem Restaurant an der Hauptstraße, das mir schon im Vorbeigehen am Nachmittag aufgrund seiner einladenden Speisekarte aufgefallen ist. Obwohl es bereits nach neunzehn Uhr ist, hat dieser Gourmettempel aber noch geschlossen. Durch die Fenster kann man sehen, dass die Belegschaft die letzten Vorbereitungen für die Gäste trifft, Tische eindeckt und Weinflaschen bereitstellt. Vor der Tür bilden sich bereits Menschentrauben, alles Pilger in Sandalen, Leggings oder Shorts, mindestens so hungrig wie ich. Kaum jemand der Leute um mich herum hat sich Gedanken gemacht, dass hier aufgrund der begrenzten Restaurantplätze eine Reservierung hätte von Vorteil sein können.

»Reservación? Reservación?«

Nach diesem bedeutsamen Detail fragt der Kellner zuerst, als er schließlich langsam die Tür öffnet und sich ein breiter Pilgerstrom augenblicklich in Bewegung setzen will.

»Stopp! Un Momento! Hat jemand reserviert? Por favor, die Leute mit Reservierung zuerst!«

Während alle Glücklichen mit Reservierung hereingebeten werden, wird den Übrigen schnell klar, dass es nur dann eine Chance auf baldiges Essen gibt, wenn man die Plätze an den wenigen noch freien Tischen schnell bis auf den letzten Pilger auffüllt. So findet sich, als der Kellner schließlich einen noch freien Tisch für fünf Personen ausruft, innerhalb von zehn Sekunden spontan eine Gruppe zusammen, die »hier« schreit. Wir, der frisch gegründete Verein »Schnelles Abendessen«, bestehend aus Paul aus England, Peter aus Dänemark, Ji aus China, Joyce aus Kanada und mir, werden an allen anderen Wartenden vorbeigeführt zu dem uns zugewiesenen Tisch.

Es wird ein fantastischer Abend. Das Essen – warmer Salat mit Meeresfrüchten – ist großartig. Einen besseren habe ich nie gegessen. Der Rotwein sei ebenfalls sehr gut, behaupten zumindest meine Mitpilger. Doch noch wundervoller als das Essen sind die Seelen an meinem Tisch. Empathisch. Intensiv. Ehrlich. Offen. Wir erzählen einander unsere Geschichten, unsere blinden Punkte, unsere Wünsche. Hören zu. Wir lachen unglaublich viel, und ja, wir weinen auch ein wenig zusammen. Aber dann wischen wir die

Traurigkeit schnell am Tischtuch ab und freuen uns unglaublich, dass uns dieser Abend geschenkt wird, dass wir hier sein dürfen.

In diesen Stunden spüre ich die Dankbarkeit erneut, ein Teil des gewaltigen Ganzen sein zu dürfen, fühle ich mich mit jeder Faser meines Körpers lebendig. Ich glaube, den anderen geht es genauso – dem spontan zusammengewürfelten Haufen von fünf Menschen aus fünf Ländern. So unglaublich verschieden und doch im Handumdrehen so vertraut.

Paul, der auch ein ordentliches Päckchen zu tragen hat, sieht in die Runde und sagt mit bewegter Stimme: »Es ist doch so einfach. So sollte es immer sein.«

Ich sehe ihn und die anderen am Tisch an.

»Das ist die Essenz des Pilgerns«, sagt Joyce und hebt ihr Glas. »Auf das Leben!«

Ohne Vorwarnung überfällt mich mein Geist, der verrückte, und zieht mich mit in seine Filmwelt. Ausgerechnet jetzt. In seinem Film »Licht des Lebens« möchte er, als Regisseur, bei anderen Menschen ganz besondere Fähigkeiten sichtbar machen. Ich sehe nun die Restaurantszene aus einer anderen Perspektive, in der ich nicht mit am Tisch sitze. Die Regie sagt dem Beleuchter, der die Szene von oben beobachtet, er solle seine Lichtquelle so einsetzen, dass es aussieht, als würden die Menschen von innen heraus leuchten. Ganz sanft. Der Beleuchter schafft das. Ich finde, es sieht wunderschön aus.

»Sandra?«

»Ja. Alles gut.« Ich lächele entrückt. Mein Sohn würde dazu sagen: Das Ganze klingt ziemlich »weird«. Er hat recht. Manchmal habe ich schräge Ideen. Es ändert allerdings nichts an meiner spontanen Empfindung des puren Glücks an diesem Abend. Ähnlich stark habe ich das in Spanien schon einmal gespürt. Es ist etwas über vier Monate her. Aus dem Nichts ist sie wieder da, wie durch einen Wink mit dem Zauberstab: meine Orisson-Magie.

Mein Gott, wie habe ich das vermisst! Bis Carrión de los Condes musste ich laufen, um dieses Gefühl wieder einzufangen. Die Gänsehaut auf meinem Rücken kann sich gar nicht mehr beruhigen und läuft langsam rauf und wieder runter.

»Ist ganz schön spät geworden«, bemerkt Joyce auf dem Weg in die Unterkunft.

»Für mehr solcher Abende würde ich bis ans andere Ende der Welt und zurück zu Jakobus pilgern und sogar noch ein paar Extrablasen in Kauf nehmen«, sage ich überzeugt.

»Na, hoffentlich erinnerst du dich morgen noch an deine Worte«, sagt Ji skeptisch.

»Morgen wird anstrengend«, bemerkt Joyce.

»Aber erst morgen. Dafür kannst du heute noch nichts tun«, sagt Peter.

Recht hat er. Dann verabschieden wir uns voneinander. Ich laufe nach wie vor morgens lieber alleine los.

* * *

Nachdem das »morgen« von gestern Abend viel zu schnell zu »heute« geworden ist, geht es für mich ganz gemütlich auf dem knapp achtzehn Kilometer langen Weg nach Calzadilla de la Cueza.

Ich habe mich extra wie ein Kamel vollgetankt und meine Flaschen befüllt, denn eines der Standardwerke aller deutschen Pilger, der gelbe Outdoor-Reiseführer, beschreibt dieses Stück als eines der härtesten und spirituell aufregendsten überhaupt, aber auch als unscheinbar.

Die Etappe zeichnet aus, dass es kaum Schatten gibt, und auch keine Dörfer, Bars oder Oasen, um Proviant oder Wasser aufzustocken. Wenigstens kann man sich nicht verlaufen – es geht stur geradeaus, wie an einer gespannten Schnur entlang. Kommt daher die Redensart »Das läuft ja wie am Schnürchen«? Und was mir eigentlich zusätzlich entgegenkommen müsste – sämtliche Hügel, Berge oder andere Unebenheiten hat man auch aus der Landschaft radiert. Schönstes Flachlandpanorama. Also, was soll daran schon hart sein?

In manchen Beziehungen bin ich schon immer naiver als der Durchschnitt gewesen.

Kilometer fünf: Ist doch gar nicht schlimm, die Autoren sind wohl eine ganz andere Strecke gelaufen. Im Gegenteil. Ein leichter Tag.

»Mir geht's supi! Die haben total übertrieben in dem Buch. Alles easy heute«, winke ich bei Kilometer sieben ab, als mich jemand nach meinem Befinden fragt.

Kilometer zehn: »Und sooo heiß ist es ja Ende September auch nicht mehr.«

Bei Kilometer zwölf kippt meine Stimmung langsam, ich werde müde, nörgelig, hungrig, halte an, setze mich mangels Alternativen einfach für eine längere Pause auf die staubige Erde, halb in den flachen Graben neben dem Weg. Gut, dass schwitzende Kamele wenig Pipi müssen, denn der blanke Popo wäre meilenweit sichtbar. Und hier geht man nicht mal ein Zehntelmeile allein!

Ich sitze verkrampft, gemütlich ist definitiv anders, meine Füße tun auch weh. Irgendwas Stacheliges piekst mich ins Bein. Und nicht nur dahin. Zu allem Überfluss sticht mit einem Mal auch noch der Sonnenstachel vom Himmel, trotz Hut, mir mitten ins Gehirn. Als ob jemand meinem großkotzigen Gelaber unterwegs zugehört hätte und mir jetzt beweisen will, dass es auch im Herbst noch richtig heiß sein kann.

Was soll der Quatsch? Habe ich dieses Wetter etwa gestern Abend bestellt?

Bei Kilometer vierzehn läuft bei mir nichts mehr, schon gar nicht am Schnürchen. Wie bei einem Motor, dem der Zahnriemen gerissen ist. Mehr noch als die Füße lahmen, wollen die Augen beschäftigt werden und verlangen nach Abwechslung. Braune Stoppelfelder, mehr braune Stoppelfelder, noch mehr braune Stoppelfelder. Oh, Überraschung des Tages: ein paar echte Schafe und zehn Bäume. Mangels Alternativen singe ich endlich wieder ohne Rücksicht auf Verluste das Lied von dem Pferd ohne Namen in der Wüste. Und das, trotz der Tatsache, unfreiwilliger Teil einer langsam ziehenden – und mir vermutlich lauschenden – Kamelkarawane zu sein. Aber auch das hilft mir nicht, mich besser zu fühlen. Ich sehne mich nach Häusern, Schatten, Zitronenlimo.

Bei Kilometer sechzehn verfluche ich meine Schuhe und bin kurz davor, sie an einem Muschelwegweiser stehenzulassen. Ich belege eine neue Blase an meinem linken Fuß mit nicht jugendfreien Schimpfwörtern – und mit Pflastern, so wie andere Leute ihr Brot mit reichlich Wurstscheiben.

Extrablasen! Hatte ich die etwa gestern Abend auf dem Heimweg beim Universum bestellt? Ernsthaft? Das ist doch nur ein Beispiel gewesen, ein dummer Spruch! Kann das Universum das nicht erkennen?

Kilometer siebzehn. Der Schweiß rinnt mir in die Augen, vermischt mit den schmierigen Resten hastig aufgetragener Sonnencreme. Ich *hasse* das. Brennt wie Hölle und ich kann kaum noch was sehen. Mein Rücken ist klatschnass. Meine Lippen knochentrocken. Der Rucksack tonnenschwer. Die Füße glühen. Die Blasen blubbern.

Ich will nicht mehr. Was soll das alles? Wieso kann ich dieses besch…eidene Dorf nicht sehen? So ein verdammter Dreck!

Ich bleibe kurz stehen und lehne mich zur Entlastung meiner Füße und meines Rückens nach vorn auf meine Wanderstöcke. Von Weitem sehe ich bestimmt aus wie ein entlaufenes Kamel oder ein Hirsch ohne Geweih. Zumindest für stark kurzsichtige Zeitgenossen, die ihre Brille nicht geputzt haben.

Das kann doch gar nicht sein! Siebzehn lumpige, flache Kilometer und ich bin ähnlich erledigt wie im Frühjahr nach der Etappe nach Logroño. Hoffentlich kommt jetzt niemand vorbei und wünscht mir einen »Buen Camino«. Ich könnte für nichts garantieren! Zumindest dieser Wunsch wird mir erfüllt.

Nach einer Ewigkeit eine langgezogene Rechtskurve. Die erste heute. Wann sieht man denn nun endlich die Wohnklötzchen von Calzadilla? Blöde Frage! Natürlich, wenn man da ist!

In meinem Fall genau fünfzig Meter vor dem Ziel. Die Zivilisation liegt geschickt verborgen in der einzigen Senke weit und breit. Man stolpert quasi darüber.

Ich stelle mir kurz vor, ich blödes Kamel hätte die ganze Strecke bei weit über dreißig Grad gehen müssen und nicht nur die letzten anderthalb Stunden. Nein, keine gute Idee. Meine Laune ist im Keller. Ich bin wütend auf die Blase an meinem Fuß. Es ist immer gut, wenn man mit dem Finger auf den Schuldigen zeigen kann und das Opfer zum Täter macht. Sie, die Blase, ist an allem schuld! Aber eigentlich bin ich stinksauer auf mich selbst. Ich habe die Strecke auf den ersten zehn Kilometern unterschätzt und eine deutliche Überheblichkeit zur Schau gestellt. Warum eigentlich?

Ich brauche eine ganze Weile, um mich zu beruhigen. Eine weitere Begutachtung meines linken Fußes hilft dabei nicht weiter. Trotz des Blasenpflasters hat die pralle Hautbeule zwischenzeitlich weiteres Gelände erobert und sich ausgedehnt. Das sieht nicht gut aus. Ich tue etwas, was ich sonst eigentlich nie mache: Ich steche sie auf. Dann desinfiziere ich das Drama und klebe es erneut zu. Damit es auch wirklich hält, umwickele ich den Ballen nochmal fest mit mehr Tape. Und muss an den tollen gestrigen Abend zurückdenken. Und an meine finalen Worte: Extrastrecken, Extrablasen! Ich habe doch nicht mehr alle Tassen im Schrank!

Auch mit dem Reiseführer stimme ich nicht überein. Spirituell aufregend war heute rein gar nichts. Nur über mich habe ich mich aufgeregt. Das war allerdings eher das Gegenteil von spirituell. Wie hat der heutige Marsch nach dem gestrigen Wohlfühlabend so aus dem Ruder laufen können? Das kann ich mir nur schwer erklären.

Wahrscheinlich habe ich mich selbst getäuscht. Ich wollte einen Spaziergang, hatte deutlich höhere Erwartungen an mich, meine Fitness und meine Gelassenheit.

Frage des Tages: Habe ich heute gelebt? So, wie ich mir das gestern schön vorgestellt habe? Nee. Ich habe es versemmelt. Aber morgen werde ich es wieder neu versuchen.

17

Pirat auf vier Pfoten

*»Wende dein Gesicht der Sonne zu,
dann fallen die Schatten hinter dich.«*
(Aus Afrika)

Ja, ich würde heute zum wiederholten Male lieber nach Osten gehen, um die Sonne vor mir zu haben. Aber mein Weg führt weiterhin nach Westen, während mein Schatten vor mir herumstolpert statt mir untertänigst zu folgen.

Erneut bekomme ich einen Morgen mit unglaublichen Farbakzenten präsentiert, was mein Herz vor Freude springen lässt. Der einzige Teil von mir, der gegenwärtig leichtfüßig einen Satz machen kann. Die morgendlichen Naturschauspiele haben den netten Nebeneffekt, dass sie mich von meinen Strapazen ablenken. Mein Tagesziel heißt heute Mansilla de las Mulas, eine Kleinstadt, die eine Tagesetappe vor León liegt. Morgen werden zweihundert Kilometer zwischen Burgos und mir liegen. Ich könnte dann happily singen: I've been through the desert and I still know my name …

Meseta Ende. Schön war es mit dir. Dankeschön für alles, was du zu bieten hattest. Blasen inklusive.

Jetzt, keine zweiundsiebzig Stunden nach dem desaströsen Marsch ins versteckte Calzadilla, bin ich also tatsächlich wieder dankbar für die feuchtfröhliche Landschaft unter meinem Fuß. So langsam hat mich der staubige Geist der Straße wohl doch durchdrungen …
In Mansilla de las Mulas haben früher Verkaufsmessen für Pferde, Esel und Maultiere stattgefunden, daher rührt der Name der

kleinen Stadt. Dort finde ich in einer äußerst schnuckeligen Herberge Unterschlupf. Modern, sauber und mit Liebe zum Detail. In der sehr gut ausgestatteten Küche kann jeder versuchen, einem Induktionsherd seine Geheimnisse abzuringen und – wenn er dann mal läuft – seine Mahlzeit *nicht* anbrennen zu lassen. Die Etagenbetten in den beiden Gemeinschaftsschlafräumen sind abwechselnd wie ein Schachbrett mit apfelgrünen und pinkfarbenen Bettlaken bezogen. Colin hätte ihre helle Freude daran gehabt, auf einem zu ihren Crocs farblich abgestimmten Betttuch zu schlafen.

Die Hospitaleros, Carlos und Marisa, ein spanisches Paar, das die Liebe zum Pilgern aus eigener Erfahrung kennt, bieten die sechzehn Schlafplätze in ihrem Haus aus tiefster Überzeugung an. Nachdem der eigene Camino den Blick auf ihr altes Leben verändert hat, haben sie sich ihren Traum, ein eigenes Hostel zu eröffnen, erfüllt. Ein Ort zum Leben und zum Teilen sollte es sein, wo sie die Geheimnisse des Jakobswegs an andere Pilger weitergeben, damit die ihn besser verstehen können.

Alle Pilger werden hier mit einem warmen Lächeln empfangen, mit echter Freundlichkeit, großer Hilfsbereitschaft und tiefem Respekt. Carlos hat zudem noch ein phänomenales Gedächtnis – er spricht jeden Tag alle Pilger in seinem Haus mit Namen an, von dem Moment an, wo sie zur Tür hereinkommen und sich als Gast eintragen.

Nachdem ich mich, megadankbar für mein unteres Bett, dort wohnlich eingerichtet habe, will ich wissen, wie Carlos das schafft.

Er sitzt hinter dem Laptop im Eingangsbereich.

»Hallo Sandra, was kann ich für dich tun? Fühlst du dich wohl?«, begrüßt er mich in fließendem Englisch.

»Absolut! Es ist toll hier. Dazu tragt ihr beide maßgeblich bei.«

»Vielen Dank.« Er strahlt mich an. »Wir möchten einfach etwas zurückgeben an alle Pilger, weil wir so viel Gutes bei unserem eigenen, magischen Camino erfahren haben. Der Weg gibt einem viel Grund zur Dankbarkeit, zumindest denjenigen, die ihn bedingungslos annehmen wollen.«

Ich nicke zustimmend, auch wenn ich nicht hundertprozentig sicher bin, ob das jetzt auch für mich gilt. Ich könnte jetzt nachfragen, was er denn genau mit »bedingungslos« meint. Oder kommt es eher auf das »Wollen« an? Aber ich tue es nicht. Stattdessen höre ich mich sagen: »Carlos, wie machst du das denn bloß mit all den Namen? Ich komme schon bei denen meiner beiden Kinder durcheinander. Und du merkst dir jeden Tag sechzehn neue Namen? Was ist dein Geheimnis?«

Er lacht herzlich. »Ja, ich weiß es auch nicht. Es ist mir einfach wichtig. Jeder wird doch gern mit seinem Namen angesprochen, oder nicht? Es ist doch wertschätzender. Ein Zeichen dafür, dass du als Persönlichkeit wahrgenommen wirst.«

»Ja, natürlich. Dem stimme ich absolut zu. Nur, dass du keine Chance hast, die Namen zu verfestigen, wenn die Gesichter nach nicht mal vierundzwanzig Stunden wieder wechseln. Und du siehst sie ja immer nur für ein paar Stunden, bis alle ins Bett verschwinden.«

»Es ist auch ein wenig Übung«, gibt er zu. »Beim Einchecken schau ich mir das Foto auf dem Ausweis und den Namen an. Das hilft mir. Schwierigkeiten habe ich mit den asiatischen Namen. Aus Korea, Taiwan, China, die sind für unsere Zungen schon eine echte Herausforderung. Und für mein Gehirn auch.« Er lacht wieder.

In diesem Moment geht die Eingangstür auf. Eine kleine, sportliche Frau in Shorts mit einem riesigen Rucksack und jeder Menge Charisma tritt herein. Florence. Sie ist in Begleitung eines Vierbeiners. Der kniehohe, schwarzweiße Bordercollierüde mit dem Knickohr hat mindestens genauso viel Ausstrahlung und sofort meine Sympathie. Er hört auf den Namen »Pirat«. Als vierbeiniger Pilger trägt er sein Trinkwasser selbst in zwei schlauchartigen Satteltaschen auf dem Rücken. Durch seine pure Anwesenheit zieht er sofort jegliche Aufmerksamkeit auf sich, was entweder daran liegt, dass er ein ausgebildeter Therapiehund ist, oder daran, dass er das Bedürfnis weckt, ihn sofort zu streicheln. Er hat die sanfteste, intelligenteste und zugewandteste Hundeseele, der ich bislang begegnet bin, und die Fähigkeit, Menschenherzen im Sturm zu erobern.

Florence spricht fließend Spanisch mit Carlos, fließend Englisch mit mir, fließend Italienisch mit den anwesenden Italienern, und Französisch, ihre Muttersprache, mit dem Hund, der allerdings zusätzlich jede Menge nonverbale Kommandos versteht. Drei Fremdsprachen annähernd perfekt sprechen – das würde ich auch gerne können.

Englisch läuft bei mir ganz geschmeidig, aber mein Französischbutton klemmt nach wie vor zu oft, und wenn man auf Spanisch drückt, dauert es eine Ewigkeit, bis zusammenhängende Worte aus meinem Mund kommen. Wenn ich Carlos und Florence so zuhöre, nehme ich mir vor, nach meiner Heimkehr an meinem Spanisch zu arbeiten. Ich verstehe relativ viel, aber hätte mich gern aktiver an Gesprächen beteiligt. Ich hatte schon des Öfteren den Eindruck, dass ich noch einen viel intensiveren Zugang zu den durchweg herzlichen Spaniern bekommen würde, wenn ich auch in ihrer Muttersprache kommunizieren könnte.

Pirat darf heute Nacht mit uns im Schlafsaal schlafen. Florence erklärt lachend, dass seine Rasse ursprünglich als Hütehund gezüchtet worden sei und dass in Pirat gewisse, damit verbundene Instinkte auch Generationen später noch vorhanden seien. So sähe er sich jede Nacht, in jeder neuen Herberge, bevor er sich zum Schlafen zusammenrolle, genau an, wer in welchem Bett liege und praktisch dort »zu Hause« sei. Diese Menschen würde er zu seinem »One-night-Rudel« zählen und sie gegen nächtliche Eindringlinge beschützen.

Ich werfe spaßeshalber ein, dass er die Betteninhaber nachts hoffentlich nicht mit Eindringlingen durcheinanderbringen würde, für den Fall, dass mal jemand aufs Klo und danach zurück ins Bett müsste. Nicht, dass er gestellt und angebellt würde …

Florence versichert mir, dass Pirat sich niemals irren würde. Dessen hätte es nicht bedurft, denn ich habe vollstes Vertrauen in dieses Wesen mit seinem scharfen Verstand, seinem aufmerksamen Blick, der witternden Supernase und dem schwarzen Knickohr.

Flo und Pirat sind auf einer gemeinsamen Mission, denn nicht nur Pirats Herz ist aus Gold, sondern auch das seiner Besitzerin. Die beiden machen einen Spendenlauf nach Santiago, um auf die Organisation »Hikes for Liv«, die die Französin initiiert hat, aufmerksam zu machen und Geld zu sammeln. Mit großem Enthusiasmus beschreibt sie »Hikes for Liv« als solidarische, sportliche Herausforderung für einen wohltätigen Zweck. Die Spenden sollen der im letzten Jahr zu früh geborenen Tochter von Freunden zugutekommen und die teure physikalische Therapie des Mädchens abdecken. Liv hat kurz nach der Geburt durch eine Streptokokkeninfektion eine Hirnhautentzündung erlitten, verbunden mit irreversiblen Gehirnschäden und immensen Einschränkungen, die eine lebenslange, umfassende Betreuung und Therapie erforderlich machen.

Flo liegt es zudem am Herzen, zusätzlich Aufklärung rund um diese Krankheit bei Neugeborenen zu betreiben. Soweit ich es verstanden habe, hätte sich die Infektion des Babys und damit das Auftreten der Meningitis vermeiden lassen, wenn die Mutter, als Trägerin des Bakteriums, unter der Geburt zum Schutze des Kindes intravenös Antibiotika erhalten hätte, was versäumt worden ist. Florence' Ziel ist es nun, ein Netzwerk aufzubauen, das darüber aufklärt, mit welchen medizinischen Präventivmaßnahmen Schicksale wie das von Liv künftig verhindert werden können.

Es ist beeindruckend, dass Flo bereits auf der Hälfte der Strecke mehrere Tausend Euros gesammelt hat.

»Welche Strecke schafft Pirat denn so durchschnittlich pro Tag?«, will ich wissen.

»Der kann gut fünfundzwanzig Kilometer laufen, aber auf Dauer ist die konstante Belastung auch für einen Hund ermüdend. Deshalb haben wir auch erst nach den Pyrenäen, in Pamplona, angefangen, weil ich ihm nicht direkt zu Beginn unserer Reise zu viel zumuten wollte. Wir finden ja nicht überall in den Herbergen einen Platz zum Übernachten. Nicht jeder Gastgeber nimmt Hunde auf. Ich musste die Übernachtungen deshalb akribisch planen, habe Monate im Voraus überall vorher angefragt.«

Das kann ich mir gut vorstellen. Eine komplette Planung über Wochen ist ja schon ohne Hund ziemlich aufwendig. Ich blicke auf ihren großen Rucksack. »Ich nehme an, du hast noch einiges extra für den Hund dabei?«

Flo zählt diverse Hundeartikel auf.

»Und was frisst Pirat?«

»Er bekommt sein normales Hundefutter. Aber das kann ich natürlich nicht alles tragen. Pirat ist schon sehr hungrig. Ich habe ungefähr fünfundzwanzig Kilogramm Hundefutter eingeplant für die komplette Strecke. Sein Futter fährt mit dem Taxi mit.« Sie lacht. »Auch deshalb musste ich mich vorher auf die Herbergen festlegen, denn ich musste den Fahrern ja Adressen zum Ansteuern geben, sonst hätten sie es nicht gemacht.«

Ich muss grinsen. Flo und Pirat marschieren und sein Hundefutter fährt bequem mit dem Taxi. Höchstwahrscheinlich mit denselben Taxis, mit denen die Rucksacktransporte abgewickelt werden. Mir kommen die beiden Marathonbriten wieder in den Sinn, deren Gepäck kein Taxi fahren konnte? Ich glaube, sie haben nur nicht gründlich genug recherchiert. Oder nicht richtig gewollt, denn, wo ein Wille ist, ist auch ein Taxi.

Dann geht die Eingangstür wieder auf. Herein kommt eine wenig erschöpft wirkende Frau in ihren Sechzigern, die sich sofort suchend umsieht. Carlos begrüßt sie herzlich. Ein Lächeln huscht über ihr Gesicht, als sie ihren überdimensionalen Hartschalenkoffer in der Ecke neben der Rezeption entdeckt.

Carlos checkt sie ein und weist ihr ein Bett zu. Es ist das über meinem Nachtlager, stelle ich ein paar Minuten später fest, als ich den Schlafsaal betrete, wo sie bereits unschlüssig mit ihrem rollenden Ungetüm im Raum steht, ihr Blick fixiert auf die letzte freie Matratze.

Als ich mich auf mein Bett setze, verlässt sie wortlos das Zimmer.

Keine Minute später geht die Tür wieder auf. Carlos kommt zu mir. Er sieht mich freundlich an. Ich ahne bereits, was er sagen wird, bevor er den Mund aufmacht.

Mit sehr viel Wärme fragt er mich, ob ich mit der australischen Lady die Betten tauschen könnte. Sie könne nicht so gut oben schlafen.

Ich bin nicht überzeugt, ob sie es tatsächlich nicht kann oder einfach nicht will. Ich zweifele an ihren Motiven, besonders nach dem Erlebnis in Logroño mit Andy, dem Bettendieb.

»Warum fragt sie mich das nicht selbst?«, erwidere ich. »Ich sehe eigentlich, außer direkt nach dem Wachwerden, nicht so aus, als würde ich kleine Kinder, lärmende Silberrücken oder Seniorinnen mit Koffern zum Frühstück verspeisen.«

»Sandra, es ist nicht alles für alle Menschen gleich einfach.«

»Aber dann kann sie auch nicht …«

»Tut sie auch nicht.«

Mein Herz will eigentlich noch etwas länger abwägen, ob es heute lieber aus Gold oder aus Stein sein möchte. Ich mag Steine. Untere Betten sind wertvoll. Luxus. Komfort. Ich nehme einen tiefen Atemzug durch die Nase und atme hörbar durch den Mund aus. Dann nicke ich Carlos zu. »Also gut.«

Er weiß, dass dies ein großer Gefallen für ihn ist, weniger für die Australierin.

»Muchas Gracias, Sandra«, sagt er und legt mir kurz bestätigend eine Hand auf den Arm. »Gute Entscheidung.«

Eine weitere Pilgerin im Zimmer, die zugehört hatte, erzählt: »Ich habe mal eine Amerikanerin getroffen, die hat sich ihre unteren Betten gekauft. Immer, wenn sie oben schlafen sollte, hat sie im Schlafraum gefragt, ob für zehn Euro nicht jemand mit ihr ihr Bett tauschen möchte. Sie sagte, es hat sich *immer* jemand gefunden.«

Ich lasse das unkommentiert stehen, denn ich will keine Stereotype bedienen wie »Die Amerikaner klauen sich entweder Betten oder kaufen sich eines«. Das ist natürlich totaler Quatsch.

Die Australierin kriegt kaum ein »Thanks« über ihre schmalen Lippen, als sie das freigeräumte Bett frisch bezieht. Wie schade. Hätte sie mich selbst freundlich gebeten und erklärt, weshalb sie unten schlafen möchte, hätte das eine ganz andere Wirkung auf mich gehabt. Aber sie zeigt nicht einmal ansatzweise Dankbarkeit.

Ich schüttele unmerklich mit dem Kopf. Der weise Yoda tief in mir drin möchte ihr zurufen: »Den Camino bedingungslos annehmen du musst! Viel zu lernen du noch hast!«

Aber ich bleibe stumm. Ihr Camino. Nicht meiner. Ihr Yoda muss zu ihr sprechen. Nicht meiner.

Als ich am Morgen nach meiner piratbewachten Schlafruhe die Herberge verlasse, gehe ich nicht, ohne einen meiner noch verbliebenen Pilgersteine zu hinterlassen. Eine ganz spontane Entscheidung. Für zwei besondere Menschen an einem außergewöhnlichen Ort.

18

K&O-Tag in León

»Yesterday is history. Tomorrow is a mystery.
Today is a gift. That's why we call it The Present'.«
(Eleanor Roosevelt)

Willkommen in der einstigen historischen Königshauptstadt León. Die hätte ich erleben dürfen, wenn ich gute elfhundert Jahre früher eingelaufen wäre und sie in ihrer iberischen Blütezeit erwischt hätte. Die heutige Stadt, einhundertdreißigtausend Einwohner stark, ist aber auch nicht so übel. Immerhin ist sie noch Hauptstadt der autonomen Region Kastilien-León, einer von siebzehn in ganz Spanien. Sie kokettiert unübersehbar mit ihrer bronzenen Löwenstatur auf der Plaza de San Marcelo. Trotzdem war das Tier wohl nicht namensgebend für die Stadt. León ist nicht vom spanischen Wort für Löwe abgeleitet worden, sondern von Legio, wie die Römer es tauften, angelehnt an die siebte ihrer Legionen, die hier, satte neunzehnhundert Jahre vor meiner Geburt, ihr Zeltlager aufgeschlagen hatte. Iberien gehörte früh zum römischen Reich, und dass die Römer hier rumlungerten, hatte auch einen nachvollziehbaren Grund. Von der Gesinnung her eher weniger edel, passten sie auf etwas äußerst Edles auf, nämlich auf ihre wichtigste Goldmine, Las Médulas, in der Nähe von Ponferrada gelegen. Heute gehört dieses Gebiet zum UNESCO-Welterbe, aber leider liegt es nicht direkt am Jakobsweg, sodass ich wohl auf einen Abstecher zum Goldschürfen und Aufstocken meiner Reisekasse verzichten muss.

Eines der tollen Dinge an León ist, dass man seine erhabene frühgotische Kathedrale schon kilometerweit vor der Stadt, südöstlich aus Richtung Manzilla kommend, sehen kann. Mir hilft es bei der Bewältigung der letzten Kilometer immer, wenn ich das Ziel vor Augen habe – wie ein Esel die Karotte vor der Nase, die er freudig anbeißen will.

León erfreut seine Pilger aber nicht nur mit den weit sichtbaren Kathedraltürmen, sondern zusätzlich mit einem Geschenk zum Anbeißen. Jeder Rucksackträger, der es an den Infostand am Stadtrand schafft, und das sind viele, wird freundlich von einer Dame begrüßt, die rote Lutscher verteilt.

Ein Nähset für meine Hose wäre mir lieber gewesen. Ich weiß, manchmal bin ich eine alte Nörglerin, aber ich habe, um mich nicht unbeliebt zu machen, ja nicht mal danach gefragt! Die Reparatur der Hose wäre mir trotzdem ein echtes Anliegen. Das letzte Mal, als ich einige Kilometer vor der Stadt für ein Foto in die Knie gegangen bin, hat es nämlich verdächtig gekracht. Meine Gelenke waren es nicht, deren Beschwerde klingt anders. Seitdem kann ich ein wenig zarte Zugluft in der betroffenen Region spüren.

Rund um das Infohäuschen bilden sich lollilutschende Menschentrauben, dankbar für das zuckerhaltige Geschenk, das die Engländerin neben mir als ein »spanish gift« bezeichnet.

Vielleicht wäre es eine innovative Idee gewesen, für einen unvergesslichen Stempeleintrag in den Pilgerpass einige Lollis zu erwärmen, bis sie wieder beinahe flüssig sind. Statt auf das Stempelkissen könnte man dann den Stempel in die zähe Lutschermasse drücken. Das macht man ja auch mit Wachs in seltenen Fällen. Diese meist roten Abdrücke sehen aus wie mittelalterliche Briefsiegel, auf die jeder Pilger in seinem *Credencial* besonders stolz sein könnte. Je näher man Santiago kommt, desto kreativer werden auch die Pilgerstempel. Ich muss grinsen bei der Vorstellung, wie sehr sich einige Pilger über verklebte Passseiten ärgern würden. Es ist mir bewusst, dass eine solche klebrige Spielerei außer mir niemand auch nur ansatzweise witzig finden würde.

Ich stecke meinen Lutscher erst mal in die Hosentasche, wobei ich aufpasse, dass er nicht versehentlich ins Hoseninnere fällt, denn, wenn er an der kaputten Stelle herausrutschen würde, sähe das mit Sicherheit ziemlich, hmm, seltsam aus.

In León habe ich meinen ersten K&O-Tag eingeplant. Ich habe bereits sechs »K's« für mich identifiziert, mit denen ich mich dort beschäftigen möchte. Sie stehen für Kathedrale, Kultur, Kulinarisches, Kontakte, Klamottendreckcheck und Kleidungsreparaturservice, nicht unbedingt in der richtigen Reihenfolge ihrer Wichtigkeit für mich. Das »O« begleitet das jeweilige »K-Wort« als verbalen Ausdruck des Staunens, des Entzückens, der Müdigkeit, des Bedauerns oder ähnlichen Gemütszuständen, in Abhängigkeit von Dauer und Höhe des intonierten Lautes und der Wucht des Erlebnisses.

Der Kleidungsreparaturservice, auch Änderungsschneiderei genannt, steht tatsächlich ganz oben auf meiner »To-Find-Liste«, denn sonst liegt mein Pöppes bald komplett im Freien. Würde ich diesen Punkt hintenanstellen, wäre fraglich, ob ich es überhaupt in die Kirche schaffen würde, bevor die Naht bei der nächsten Hocke noch weiter nachgibt. Das wäre nicht nur ein ziemlich peinlicher Moment für mich, sondern auch gleichzeitig ein belustigender für alle anderen Besucher. Vermutlich würde ich dann auf dieser zweiten Reise als »Free Bum Lady« in die Caminoannalen eingehen. Nein, das muss nun wirklich nicht sein, also muss ein Schneider her. Natürlich ist Samstagnachmittag, was meine Chancen auf eine fixe Problemlösung schmälert. Ich kenne mich in der Stadt überhaupt nicht aus und wage zu bezweifeln, dass in der Nähe meiner Unterkunft Schneider wie Tapasbars in der Altstadt aus dem Boden sprießen, die nur darauf warten, eine dunkelgraue, dauergetragene Trekkinghose zu reparieren.

Während der letzten zwei, drei Kilometer, die ich mich ins Zentrum von León vorarbeite, kämpfe ich zudem mit einem unbekannten Schmerz, der im linken Bein bis unters Knie hochzieht. Immer dann, wenn ich den Fuß für den nächsten Schritt anheben will. Ich tippe auf einen akuten Schwächeanfall meines vorderen Schienbeinmuskels, besser bekannt als Fußheber.

Kaputte Hose, kaputter Fuß – grandios. Da waren sie wieder, die Probleme, die keiner braucht. Unter diesen Umständen fürchte ich, dass ich mein akribisch geplantes Sightseeing-Programm neu aufsetzen muss.

Als ich in meiner Unterkunft ankomme, bin ich erst mal froh. Ich habe wieder Glück und einen total netten Gastgeber, den ich gleich nach einer Schneiderei frage. Ich habe sogar mehr als Glück heute, denn er winkt mich zum Fenster und deutet auf ein Schild, keine hundert Meter die Straße runter.

»Da ist ein gutes Geschäft für Stoffe. Die machen auch Reparaturen. Um siebzehn Uhr öffnet der Laden wieder.«

Frisch geduscht humple ich eine Stunde später in meiner einzigen Ersatzshorts zu dem Laden. Ich lege die kaputte und verstaubte Hose auf den Tisch und erkläre der alten Dame – in meinem besten Google-Translator-Spanisch – mein Anliegen. Aber die Mühe hätte ich mir sparen können, denn der Schaden ist ziemlich offensichtlich.

»Los pantalones estáran listos mañana. Hasta las dos! Vale?« Sie lacht und streckt mir zur Verdeutlichung ein Victoryzeichen entgegen. Morgen kann ich sie abholen. Bis zwei Uhr. Danach ist geschlossen.

»Morgen?« Aber morgen ist doch Sonntag!

»Siiiiiiiiiiiii!« Sie strahlt mich an.

»Haben Sie geöffnet?«

»Siiiiiiiii.« Ich kann alle ihre verbliebenen Zähne sehen.

»Muchas gracias, Señora!«

Mir fällt ein Stein vom Herzen. Ich deute eine leichte Verbeugung an und bedanke mich gefühlte weitere einhunderttausend Mal. Dann lasse ich meine Hose in guten Händen zurück. Die Frau hat sich auf einen Zettel meinen Vornamen notiert. Mehr nicht. Keine Telefonnummer, keine Abholnummer für mich, nichts. Sie legt den Zettel nicht mal in die Nähe der Hose. Sie ist wohl ziemlich sicher, dass ich wiederkomme. Außerdem besteht wohl auch keine Gefahr, meine Hose mit ähnlichen Kleidungsstücken zu verwechseln. *Obwohl ...* zweifelt das schwarze Engelchen die Entscheidung an, und verweist auf die Stiefelgeschichte. *Ach was, wahrscheinlich ist man hier einfach nicht so kompliziert wie in Deutschland. Wer braucht schon Nummern oder Zettel, die man nur verlieren kann.* Dieses Mal kann das weiße Engelchen sich durchsetzen und zeigt dem schwarzen das Victory-V. Das hat es wohl eben von der Schneiderin gelernt.

Ich jedenfalls habe Vertrauen zu der Frau, die mein Problem so unkompliziert und überaus hilfsbereit lösen wird.

Zurückgehumpelt in mein Zimmer, ziehe ich mir ein paar YouTube-Videos rein. Lernmaterial für medizinische Laien wie mich, um mein linkes Bein so zu tapen, dass das Fußheberkonstrukt unterstützt wird. Nach Anleitung klebe ich einige Streifen Sporttape kreuz und quer, mal mit fünfzig Prozent Stretch, mal mit weniger auf meine Haut.

Den Rest des Tages verbringe ich auf meinem Bett, Bein hochgelegt, um mich zu schonen. Schade, León ist bekannt als Tapas-Hochburg. Ich hätte mich gerne Samstagabend mit Mimi und Jeff, einem bezaubernden amerikanischen Pärchen, das ich in der Meseta kennengelernt habe, und der sympathischen Schweizerin Patricia getroffen, um zu testen, ob die Tapas so gut sind wie ihr Ruf. Stattdessen knuspere ich die letzten trockenen Dinkelkekse zum Abendessen.

Am Sonntagmorgen sieht die Welt – und mein Bein – schon wieder etwas besser aus. Um meine Geduld, die leider keines meiner markanten Charaktermerkmale darstellt, steht es hingegen schlechter. Leichtsinnig gebe ich, weil Sonntag ist, meiner Vernunft heute frei und obwohl ich mich, rational betrachtet, weiter schonen sollte wie ich es so gerne in einem solchen Fall anderen Pilgern ans Herz lege, humpele ich vormittags, noch in Shorts, quer durch León. Ich kann dem Reiz der Stadt nicht widerstehen, besichtige die Kathedrale, bestaune die Altstadt, hole pünktlich meine Hose ab und esse anschließend fantastisch gegrillten Fisch auf einem Foodmarket zu den Klängen einer Liveband.

Zufällig treffe ich Flo und Pirat in der Fußgängerzone. Der Hund begrüßt mich freudig und springt schwanzwedelnd um mich herum.

»Das kann doch nicht sein, dass der sich an mich erinnert! Bei so vielen Menschen, die er jeden Tag neu kennenlernt«, sage ich etwas ungläubig.

»Doch«, sagt Flo. »Natürlich erkennt er dich wieder. Du hast mit ihm in einem Zimmer geschlafen und dich mit ihm bekannt gemacht. Er hat doch auf dich aufgepasst. Du bist jetzt Teil seines Rudels. Du siehst doch, dass er all die Fremden hier einfach ignoriert.« Sie macht eine ausladende Handbewegung in Richtung der vielen Menschen, die an uns vorbeigehen.

Ich glaube eher, dass ich, weil ja schon seine Urururururahnen Hütehunde gewesen sind, Teil seiner imaginären, riesigen Schafherde geworden bin. Aber ist ja auch egal, wie Pirat das sieht, ob freundschaftlich von Hund zu Hund oder schützend von Hund zu Schaf. Er freut sich genau so sehr wie ich mich über unser Wiedersehen. Ich kann es nur nicht so effektiv zeigen.

Kurz nach dem kultigen Rudeltreffen beschäftige ich mich wieder mit Zweibeinern. Diesmal mit einer spanischen Berühmtheit, die allerdings schon tot ist. Ich habe bis dato nicht gewusst, dass der alte Gaudí, bekannt hauptsächlich für seine geniale Architektur in Barcelona, auch in León gewirkt hat. An der Plaza Santo Domingo steht die Casa Botines, ein Gebäude, das wie alle Gaudí-Werke selbst für mein ungeschultes Auge als solches zu erkennen ist. Zum Dank für sein Schaffen hat man hier Señor Gaudí für die Nachwelt in Bronze gegossen, ebenso wie in Pamplona im Café Iruña den Mister Hemingway. Sein Abbild steht aber nicht gedankenversoffen an der Bar wie das des Amerikaners, sondern sitzt, ernstvertieft in seine Notizen, unmittelbar vor seinem Bauwerk.

Ich setze mich neben Antoni auf die Bank und wir schauen eine Weile schweigend auf seine Arbeit. »Junge, wen du wohl schon alles an Gesellschaft neben dir hattest!?«, raune ich ihm zu. Er sitzt da nämlich schon einige Jährchen herum. Über diese Leben könnte man eine Reihe Bücher schreiben, eine kilometerlange wahrscheinlich. Angenommen, jede Biografie wäre drei Zentimeter dick, dann würden die Bücher wohl von Saint-Jean bis nach Santiago reichen, wenn man sie nebeneinander aufstellen würde, wie in ein Regal? Wie viele Leute müssten für diese Strecke wohl neben ihm gesessen haben? Ich habe nicht den blassesten Schimmer und überlasse gern anderen die Mathematik für die Berechnung solcher Eventualitäten. So eine Vorstellung konsequent zu Ende zu rechnen, ist mir zu anstrengend.

Abends bin ich auf der Plaza Mayor zum Konzert – übrigens ein weiteres Event mit »K«, wie mir dabei auffällt – einer schottischen Band verabredet. Vor der Bühne kann man kostenlos stehen und tanzen oder alternativ in einem der einladenden Cafés rund um den Platz mit Blick auf die Bühne gemütlich sitzen und dabei etwas trinken. Hier Dudelsackklänge hören zu können, überrascht mich zunächst, bis ich herausfinde, dass das Festival ein Tribut an die keltische Vergangenheit des nordwestlichen Spaniens ist.
Der Legende nach benutzten sogar schon die alten Kelten den Jakobsweg. Sie glaubten an seine Verbindung mit den Energiebahnen

und Kraftadern in der Erde. An Leitlinien, die sich über die gesamte Strecke bis nach Fisterra, den westlichen Punkt des spanischen Festlandes, ziehen sollen.

Was mir bisher nie richtig bewusst war: Es scheinen ja schon früher eine ganze Menge Leute, abgesehen von den Pilgerfreaks, durch Spanien gelaufen zu sein und ein paar Hütten aufgebaut zu haben, weil es ihnen in dem sonnigen Land so gut gefallen hat.

Die Musik und die schottische Band sind mir jedenfalls sehr sympathisch. Da war ich mal ganz spontan zur richtigen Zeit am richtigen Ort. Geht doch. Großartig! Auch das ist Pilgern für mich: Mit allen Sinnen Neues zu entdecken und aufzunehmen.

Ein Megatag! Oder, wie mir heute beim Konzert eine andere Pilgerin glücklich ins Ohr brüllte: »Could life be better?«

Gut, dass sie nicht meinen linken Fuß, den alten Nörgler, gefragt hat.

* * *

Nur wenige Stunden später, noch im Stockdusteren, versuche ich, mich morgens mit mäßigem Erfolg durch León zu navigieren und die Muschelmarkierungen wiederzufinden. Eine Stirnlampe besitze ich nicht. Ich habe sie ursprünglich für überflüssig gehalten. Eulen tragen auch keine Stirnlampen. Meine Unterkunft lag ein paar hundert Meter entfernt vom ausgeschilderten Jakobsweg. In größeren Städten kann es schon mal passieren, dass man für seine Übernachtung etwas von der ausgewiesenen Route abweichen muss.

Gestern Nacht nach dem Konzert war es schon spät. Ich habe keine Lust mehr gehabt, mich prophylaktisch mit dem Verlauf des Weges durch die Innenstadt vertraut zu machen. Um so etwas kümmere ich mich lieber ganz spontan, frühmorgens, allein, im Dunkeln, auf der Straße …

Aber es ist wirklich kein Drama. Irgendwann trifft man immer auf andere orientierungsfreudigere Pilger, und dann macht man es sich so einfach wie möglich. Entweder fragt man nach dem Weg oder folgt ihnen unauffällig wie ein verloren gegangenes Schaf in frisch genähter Hose.

Die Ladeninhaberin hat drei Euro für ihre Arbeit verlangt. »Drei Euro?« Ich habe erst die Hose anerkennend und dann die Dame erstaunt gemustert. Drei Euro erschienen mir entschieden zu günstig für die Glücksgefühle, die sie in mir ausgelöst hat. Ich habe ihr fünf Euro extra gegeben. Nicht, dass diese Summe dem gewonnenen Mehrwert für mich entsprechen würde, denn eigentlich war der unbezahlbar, aber es sollte eine Geste der Anerkennung sein.

Galt mein unausgesprochener Wunsch nach dem Nähset an der Lollistation vielleicht doch schon als eingegangener, aber noch nicht abgestempelter Bestellvorgang beim Universum? Das muss man sich einmal auf der Zunge zergehen lassen: Ich komme an einem Samstagnachmittag in eine fremde Stadt, der Laden liegt keine hundert Meter von meiner Unterkunft entfernt, hat offen, und ich kriege die Hose innerhalb eines Tages, an einem Sonntag, repariert wieder zurück. Für drei Euro. Sind das nicht unfassbar viele glückliche …? Na was? Zufälle?

Moment. Man könnte jetzt auch ganz pragmatisch antworten: Nein, das ist plausibel, denn du bist auf dem Camino in Spanien. Da ist das normal.

Hm.

Ich bin nicht überzeugt. Die endgültige Frage nach dem Caminogott erwartet ja auch noch ihre Beantwortung.

* * *

Die heutige Etappe ist nicht als landschaftliches Highlight angekündigt. Als es hell wird, hört man nicht mehr nur, sondern sieht auch die hässlich betonierten Einzelheiten der vielbefahrenen Straße, an der der Jakobsweg stadtauswärts kilometerweit entlangführt.

Am Stadtrand hat ein netter Mensch eine Versorgungsstation für Pilger auf Spendenbasis aufgebaut. Kaffee, Tee, Wasser, Obst, Kekse, Kuchen, Müsliriegel. Alles da. Wie eine Wunder-Bar.

Was für ein persönliches Engagement! Hier jeden Morgen mit all diesen Herrlichkeiten für die Hunderte von Pilgern, die täglich vorbeiziehen, bereitzustehen, ist nicht wenig Aufwand. Das macht man aus Überzeugung. Die überwiegende Mehrheit des wandernden Volkes zeigt sich dafür auch sehr dankbar und packt entsprechend gern und großzügig Geld in das Spendenkästchen. Ich bin überzeugt, dass dieser hin und wieder gegebene Überschuss die Waren für diejenigen Pilger bezahlt, die unterwegs mit wenig oder gar keinem Geld auskommen müssen, sodass es kein Zuschussgeschäft für den Spanier wird. Ansonsten könnte die tägliche Verpflegung auf diesem viel frequentiertem Stück äußerst teuer werden.

Ich lasse mich an der rechten Seite der »Wunder-Bar« mit einem frisch gezapften Tee auf eine schmale Bank sinken. Ganz unverhofft mit meinem geliebten Heißgetränk in Kontakt zu kommen, bringt mich auf verbale Betriebstemperatur und vertreibt außerdem die letzten Schlafspuren aus meinem Gesicht. Ich schaue zur Seite. Neben mir sitzt eine Frau, vielleicht Anfang zwanzig. Sie unterhält sich, leicht von mir abgewandt, auf Deutsch mit einem gleichaltrigen Mann. Ich habe einige Tage kein Deutsch mehr gesprochen und habe spontan einfach Bock – ähnlich wie Julia nach ihrem spanischen Abenteurer-Intermezzo –, mich in meiner Muttersprache zu unterhalten. Außerdem geht es um Trailrunner, dazu hätte ich eh noch ein, zwei Fragen.

Ich lausche also, wie das Mädel von ihren neuen Laufschuhen schwärmt, die sie sich vor einigen Tagen gegönnt hat. Da ich spätestens seit der Meseta endgültig eingesehen habe, dass meine

Bergschuhe viel zu schwer sind für dieses Gelände, spiele ich, spontan, wie ich jetzt geworden bin, auch mit dem Gedanken, auf ein leichteres Modell umzusteigen. Zumindest möchte ich mich für meinen nächsten Jakobsweg informieren.

Ich lächele sie also freundlich an und frage interessiert, wo in Spanien sie ihre leichten Laufschuhe gekauft hat, oder ob sie ihr aus Deutschland nachgeschickt worden sind. Doch anscheinend habe ich meine Sitznachbarin auf dem falschen Fuß erwischt. Im Gegensatz zu ihrem deutschen Gesprächspartner, den sie ohne Schwierigkeiten permanent silbenbeschallt, gibt sie mir nur sehr maulfaul und fast mürrisch Auskunft. Dabei habe ich sie nicht mal ungefragt ein Stück begleitet.

Ich versuche es noch mal. Wieder nur eine knappe Antwort ohne Blickkontakt. Ich scheine das Ambiente zu stören wie eine Mutter, die in cooler Lederjacke versucht, sich an die hippen Kids der Gen Z heranzuwanzen. Mir kommt tatsächlich der Gedanke, dass ich hier aufgrund meines Alters diskriminiert werden könnte, oder aber, dass Mrs. Trailrunner eine konfliktreiche Beziehung zu ihrer Mutter hat.

Ich ziehe mich in die Rolle der stillen Beobachterin zurück. Das Mädel läuft zu bestgelaunter Hochform auf und lacht sich scheckig, als drei weitere Jungs dazustoßen und, nun in Englisch, damit geprahlt wird, wer von den Fünfen gestern tagsüber am weitesten gelaufen, abends am lautesten gefeiert und nachts am wenigsten geschlafen hat.

Einer der drei Neuankömmlinge jammert, dass er noch unfassbar müde sei. Kopfschmerzen hätte er auch gewaltige. Heute würde er mal chillen und maximal zwanzig Kilometer laufen.

Was, nur zwanzig Kilometer? Wer saufen kann, kann auch laufen, liegt mir auf der Zunge, aber ich schlucke es hinunter. Mit *dem* Satz in meinem ironischen Unterton wäre ich der Endgegner.

Außerdem kann ich selbst weder säuferisch, was ich gar nicht schlimm finde, noch läuferisch, was schon ab und zu blöd ist, mit Höchstleistungen punkten.

Je länger ich zuhöre, desto weniger fühle ich mich zu dieser Gruppe von Menschen hingezogen. Da habe ich mich in Pirats Rudel wesentlich wohler gefühlt. Diese fünf Pilgerfreunde auf geheimnisvollen Spuren missverstehen, dass der Francés nicht als Ballermann für Wanderer konzipiert wurde, und Jakobus auch keine Gratisrunde schmeißen wird für alle, die es grölend an sein Grab schaffen.

Ich versuche, tolerant zu bleiben, auch wenn ich eine andere Meinung vertrete als diese Leute, die das Pilgern auf dem Jakobsweg umdeuten in einen spaßigen Aktivurlaub, dessen Erfahrungen man nach drei, vier Wochen im Alltag schnell zurücklässt, ähnlich den leeren Plastikflaschen und Getränkedosen, derer man sich bevorzugt an den Rastplätzen, aber auch mitten auf dem Jakobsweg einfach entledigt.

Die Gruppe, die letzte Nacht zu tief ins Glas geschaut hat, kennt sich schon seit Saint-Jean und trifft sich immer mal wieder, mehr zufällig als geplant. Sie sind sicher auch eine eingeschworene Gemeinschaft, wie ich sie auch kennen und schätzen gelernt habe im April. Klar, ich bin nicht Mitglied ihrer Peergroup, teile nicht ihre Erfahrungen, bin dazu noch doppelt so alt. Die Summe dieser Faktoren führt dazu, dass ich aus ihrer Sicht komplett zu vernachlässigen bin. Ob berechtigt oder nicht, das sei mal dahingestellt.

Ich versuche mich in Gelassenheit. Trotzdem bin ich ein wenig verärgert über so viel Ignoranz, denn eigentlich wollte ich kein Date crashen, sondern lediglich ein paar Informationen über Laufschuhe haben. Ich nehme den letzten Schluck Tee. In solchen Augenblicken wird mir schmerzlich bewusst, wie ich meine eigene Peergroup von Ende April vermisse. Sie waren anders drauf, waren dem Rotwein zwar auch nicht unbedingt abgeneigt, hatten aber eine grundlegend andere, viel tolerantere Einstellung.

Ich mache mich zum Gehen bereit. Gerade, als ich meine Stöcke aufnehmen will, kommen Flo und Pirat in Sicht. Der Hund hat ein weiteres Rudelmitglied dabei, das er für sich gewonnen hat. Er führt einen ansehnlichen Dänen an der Leine spazieren, ohne dass dieser das merkt. Simon hat seine blonden langen Haare zu einem Dutt zusammengebunden.

Da Pirat nur eine kurze Pause einlegen will, entscheide ich mich, auf die drei zu warten. Zusammen gehen wir weiter. Ich brauche jetzt ein bisschen aufmunternde Gesellschaft, und die bekomme ich auch. Simon ist ein extrem interessanter Gesprächspartner. Trotz seiner Jugend – er ist erst sechsundzwanzig Jahre alt – hat er in seinem Leben schon mehr erlebt als viele, die doppelt so alt sind wie er. Der Mann ist Hubschrauberpilot bei der dänischen Luftwaffe.

»Wow! Wie kommt man dazu Helikopterpilot zu werden?«, will ich wissen.

»Es war schon als Kind, also, solange ich mich zurückerinnern kann, immer mein Traum, fliegen zu können. Auch, als ich älter wurde, hat sich daran nichts geändert – alles, was ich immer wollte, war, unbedingt fliegen zu lernen.« Er lacht bei diesen Erinnerungen. »Aber das war nicht so einfach, da die Flugschule ziemlich teuer ist. Eine Ausbildung als Pilot von Passagiermaschinen ist mit extremen Anforderungen, einem langen Studium und hohen Ausbildungskosten verbunden. Ich habe mich dann für das entschieden, was für mich die einfachste Lösung schien, mein Ziel am schnellsten zu erreichen. Das war dann eben die Ausbildung zum Helipiloten bei der Berufsarmee.«

Klingt gar nicht so übel. Ein bisschen über Dänemark rumknattern, schöne Aussicht genießen und dafür auch noch passabel bezahlt werden. In Friedenszeiten sicher keine schlechte Idee.

»Wie lange muss man sich dafür verpflichten?«

»Zwölf Jahre«, sagt er.

»Nicht anders als bei uns in Deutschland. Wann sind die um?«

»Ich habe noch fünfeinhalb Jahre vor mir.«

Ich horche auf. Das klingt ein bisschen nach dem Absitzen einer restlichen Gefängnisstrafe. Die kindliche Freude über das Fliegen ist definitiv einem düsteren Unterton gewichen.

»Das hört sich ja fast so an, als ob du froh wärst, wenn die Zeit vorbei ist.«

»Ja. Ist auch so.« Längere Pause. »Eigentlich will ich jetzt gar nicht mehr fliegen.«

Flo und ich sind beide etwas verunsichert von diesem Satz. Die Französin entscheidet sich, die Andeutung zu ignorieren, und fragt: »Wo fliegst du normalerweise?«

Keine Ahnung, was ich als Antwort erwartet habe. So was wie: Norddänemark? Nordsee? Ostsee? Wie gesagt, ein bisschen Naivität hat mich schon immer daran gehindert, bei schwierigen Situationen das Offensichtliche direkt zu erkennen.

»Ich bin geflogen für Missionen in Mali und Afghanistan. Für solche Spezialeinsätze bin ich ausgebildet worden.«

Wir schweigen ein paar Schritte lang. Flo und ich warten, ob er noch etwas dazu sagen möchte. Natürlich sind wir neugierig auf seine Geschichte, aber ich traue mich nicht zu fragen, ob er direkten Feindkontakt hatte, ob da scharf auf ihn geschossen wurde und sein Hubschrauber auch zurückgeschossen hat? Und falls ja, ob der Pilot selbst das Ziel anvisiert und Raketen losschickt, oder jemand anderes im Hubschrauber zielt? Ob er den Befehl dazu geben muss? Oder ihn bekommt? Ob er jemanden getötet hat? Oder einen Kameraden sterben gesehen hat?

Ich hätte eine Menge Fragen, deren Antworten mir wahrscheinlich zusetzen würden. Daher bremse ich mich heute zum zweiten Mal. Allerdings nun aus anderen Gründen: Zu groß ist die Chance, in einen Traumanapf zu treten.

Simon fühlt sich nicht bedrängt von uns. Er öffnet sich von selbst, schildert, was er da oben in der Luft normalerweise so tut. Er spricht über die Verantwortung, die er für das Leben der Soldaten an Bord hat, die er sicher absetzen und irgendwann wieder sicher abholen muss.

Ich finde Simon sehr mutig. Stelle mir vor, wie der junge Kerl in diesem millionenteuren Ungetüm mit unzähligen technischen Gadgets sitzt und es durch schwieriges afghanisches Gelände manövrieren muss – mit einer Besatzung, die ihm sein Leben anvertraut.

»Aber nach dem letzten Einsatz habe ich Probleme bekommen … es ist unfassbar laut in so einem Heli … ich habe auf einmal nichts mehr gehört. Gar nichts mehr. Das wurde zwar wieder etwas besser, aber seit der Zeit habe ich einen heftigen Tinnitus, der mich auf Schritt und Tritt begleitet …«

Jetzt kenne ich schon einen Zahnarzt und einen Piloten mit Tinnitus im Ohr, ausgelöst durch eine Kombination von Lärm, Stress und seelischer Belastung.

Wir lauschen Simons Erzählung, bis wir unerwartet schnell vor der Abzweigung nach Mazarife stehen, einer viel längeren Alternativroute, die den Hauptweg erst morgen wieder trifft. Simon und Flo haben ihre Übernachtung dort eingeplant. Wegen des Hundes ist Flo leider nicht flexibel, was eine spontane Änderung ihrer Route angeht. Ich hatte mich hingegen auf die kürzere Hauptroute eingestellt und meine Übernachtung im Ort San Martín reserviert. Spontane, gewagte Umwege? Meine beiden Schulterengelchen diskutieren wirklich heftig, sind hin- und hergerissen. Letztendlich entscheide ich mich für die Mainstream-Strecke nach San Martín und gegen das Rudel. Das Vernunftengelchen triumphiert.

So trennen sich unsere Wege leider viel zu schnell. Gerne hätte ich dem Piloten der dänischen Luftwaffe noch weiter zugehört und erfahren, weshalb er mindestens fünf Wochen Zeit hat, den

Jakobsweg zu gehen. Und was er sich davon verspricht. Eine mögliche Antwort wäre gewesen: Er ist hier, um sich über seine nähere Zukunft klar zu werden. Eine andere: Eine Wanderung ist der beste Problemlöser.

Vielleicht ist das der Grund, warum so viele Pilger, die in Santiago ankommen, ihr Leben danach verändern. Weil sie eine Lösung für ihr Problem unterwegs gefunden haben. Und dafür muss eine Veränderung ihres alten Lebens her.

Simon beschäftigt mich noch eine ganze Zeit lang. Ich habe noch vor Augen, welche Zuneigung er dem ausgebildeten Therapiehund Pirat entgegengebracht hat, welche Wirkung die Seele dieses Hundes auf seine eigene hatte. Hat Simon da schon unbewusst den Schlüssel zu seiner Veränderung an der Leine gehabt?

* * *

Erneut knallt die Sonne in der zweiten Tageshälfte auf mich herab und ich würde am liebsten leicht wie ein Schmetterling von Schattenplätzchen zu Schattenplätzchen flattern. Das wäre auch ein einfacheres Leben für meine Füße.

Dreißig Grad im Oktober! Das ist mal wieder ein willkommener Grund zum Jammern. Zu heiß. Zu anstrengend. Hätte ich doch Trailrunner. Oder einen Helikopter. Wo ist der Herbst, wenn man mal einen braucht? Immer diese Klimafaxen! Wo bleibt die verflixte Herberge?

Die letzten acht der fünfundzwanzig Kilometer nach San Martín del Camino ziehen sich wie Kaugummi auf heißem Asphalt.

Als mir alles schon wieder ziemlich egal ist, laufe ich auf Andrea auf, einen jungen Italiener aus der Nähe von Bologna. Sein gelber Rucksack schaukelt erst eine ganze Weile vor meinen Augen sanft hin und her. Wie in Trance folge ich ihm im Abstand von ein bis zwei Metern und freue mich über sein rhythmisch wippendes Gepäck. Dann kommt der Rucksack abrupt näher, sehr nahe, bevor er ebenso abrupt aus meinem Sichtfeld verschwindet.

Verflixte Axt! Erst in der letzten Millisekunde erkenne ich das Problem. Der Typ hat sich zum Schuhebinden einfach senkrecht fallenlassen. Kennt der denn keine Verkehrsregeln? Auf der Autobahn hätte so ein Manöver einen schweren Auffahrunfall verursacht. Auch ohne Auto hatte ich meinen Fuß nicht schnell genug auf der Bremse und wäre fast in ihn hineingelaufen. Mit einem akrobatischen Hüftschwung kann ich ihm nach links ausweichen und mich samt Rucksack gerade noch so abfangen.

Das wäre sicher lustig für uns beide geworden, wenn ich ihn mit meinem Schwung voll erwischt hätte – wie eine Bowlingkugel die Pins. Ich entschuldige mich reflexartig auf Englisch und Spanisch für mein fehlendes Reaktionsvermögen. Wenigstens mein Sprachzentrum ist noch auf Zack.

Er grinst nur über so viel ungestüme Annäherung. »Tutti paletti« oder irgendwas ähnlich Italienisches kommt jedenfalls aus seinem Mund. »Mi chiamo Andrea. E tu?«

Meinen Vornamen kriege ich gerade noch raus, aber dann ist mein Italienisch auch schon am Ende. Außer ein paar Eissorten und Pizzabelägen kann ich kein Wort dieser schönen Sprache.

Wie die meisten Italiener, von denen Scharen die letzten zwei, drei Herbergen bevölkert haben, spricht auch er nicht fließend Englisch. Anders als die meisten Italiener ist er jedoch allein unterwegs. Seine Landsleute schließen sich gerne zu größeren Gruppen von Männern und Frauen zusammen oder pilgern sogar als Familie mitsamt den Kindern.

Ich finde es nicht schlimm, dass Andrea nicht so viel Englisch spricht und ich kein Italienisch, denn Reden würde mich jetzt, im Gegensatz zum Morgen mit Simon und Flo, wo es sogar sehr hilfreich war, nur beim Gehen behindern.

Andrea kämpft auch mit sich und den Umständen. In wenigen Worten sagt er noch, er sei extrem müde, weil er gestern und vorgestern jeweils über dreißig Kilometer gelaufen sei. Okay, ich bin auch müde, auch ohne die obligatorischen dreißig Kilometer gestern und vorgestern, die hier fast jeder, den ich treffe, auf dem Tacho zu haben scheint. Eine Weile trotten wir schweigend nebeneinander her. Als er genug davon hat und das Tempo etwas erhöht, um mich zu überholen, löse ich ebenfalls mein Bremspedal. Ich will einfach nicht abgehängt werden von dem müden kleinen Italiener, den ich fast umgerannt hätte.

Ich hefte mich von Neuem dicht an seine Fersen, richte den Blick jetzt auf seine Waden und hoffe schwer, dass sein Schnürsenkel nicht wieder aufgeht.

Er gibt die Geschwindigkeit vor und ich passe mich an. Ich bin mittlerweile tatsächlich so fit geworden, dass ich immer noch versteckte Reserven habe, um mit seinem Tempo mitzuhalten, auch ohne Kathedraltürme als Zielmarkierung.

Im Gleichschritt marschiere ich sehr konzentriert hinter ihm her. Links. Rechts. Links. Rechts. Immer dieselbe Bewegung. Die Arme im Takt. Den Blick auf den Waden. Einatmen. Links. Rechts. Ausatmen. Links. Rechts. Einatmen. Ich schalte alle Gedanken ab. Nur das synchrone Knirschen der Steine unter unseren Schuhen ist zu hören, ansonsten schweigen wir und atmen viel.

Auf einmal stellt sich, trotz der Wahnsinnsanstrengung, etwas Unerwartetes ein: innere Ruhe. Kein Murren und Meckern mehr im Kopf, kein Schmerz mehr im Bein. Nur Stille. Alles andere ist weggelaufen. Was das sportliche Gehen so alles bewirken kann.

Ich bin mir sicher, der Italiener spürt diese unverhofft über uns hereingebrochene Harmonie auch, die sich einfach so entwickelt hat, und ich bin mir ebenfalls sicher, dass sie ihm genauso hilft wie mir, sich zu fokussieren. So marschieren wir kilometerlang schweigend in einer Zweierkolonne hintereinander her. Er zieht mich die nächsten eineinhalb Stunden mit – wie ein Auto an einem unsichtbaren Abschleppseil.

Als ich zu meiner Herberge abbiege, winkt er mir zum Abschied zu. Der müde Andrea mit dem gelben Rucksack, auf dem ich jede Falte kenne, als wäre sie auf meiner Haut, geht noch bis zum nächsten Ort.

Wenn ich es richtig überlege, habe ich eigentlich bisher keine zwei Pilger gesehen, die so im Gleichschritt unterwegs gewesen sind wie wir.

Was Julia wohl aus dieser Erkenntnis gemacht hätte?

19

Einmal Käsekuchen bitte

*»Fordere viel von dir selbst und erwarte wenig
von den anderen. So wird dir Ärger erspart bleiben.«*
(Konfuzius)

Fünfundzwanzig Kilometer zusammengefasst in neun Worten: Drei Hügel rauf, drei Hügel runter, die Sonne brennt.

Für die zweite Hälfte der Strecke nach Astorga scheint die Losung zu gelten: »You'll Never Walk Alone«. Dieser Teil des Jakobswegs ist zwar nicht annähernd so stark frequentiert wie Fußballstadien, in denen Fans diese Hymne aus zigtausend Kehlen inbrünstig anstimmen, aber es ist auffallend belebter als noch in der Meseta, die ihrerseits zwar tier- aber nicht besonders menschenleer war. Ähnlich dem regen Betrieb auf einer Ameisenstraße beobachte ich stark bepackte, mäßig bepackte und gar nicht bepackte Pilger. Aus meiner Perspektive lässt sich eine signifikante Häufung von Pilgertrupps ohne Rucksack im Vergleich zu den letzten Tagen feststellen.

Mich beschleicht eine leise Ahnung. Als der Jakobsweg die nächste Landstraße kreuzt, wird diese bestätigt. Vor mir am Straßenrand parkt der Bus eines Reiseveranstalters, leer bis auf den Fahrer. Ein Bus für »Teilzeitpilger«, die wohl schon ausgeschwärmt sind, um die ausgewählte, nicht zu anspruchsvolle Strecke bis nach Astorga, der nächsten Kleinstadt, zu bewältigen. Dort wird der Mann geschätzte drei Stunden später, irgendwo am Stadtrand, wo er gut parken kann, seine Leute wieder einsammeln. Vermutlich ein Rund-um-Sorglos-Paket, eisgekühlte Getränke an der Hotelbar inklusive.

Ein Eispack unterm Hut würde mir jetzt auch gefallen. Oder auch ein paar Eiswürfel in den Socken.

So eine Busladung von Menschen, wobei ich den Verdacht habe, dass mehr als eine unterwegs ist, hat den wahrscheinlich schlecht bezähmbaren Drang, sich wie eine Gänseschar zu verhalten. Man bleibt größtenteils dicht zusammen und schnattert, was das Zeug hält, auch wenn keine ernsthafte Bedrohung in Sicht ist.

Tatsächlich überhole ich mehrere dieser Kleingruppen mühelos. Weil ich es kann, trotz des zusätzlichen Gewichts durch meinen Rucksack, werden dadurch zwei Dinge offensichtlich: Zum einen, dass ich tatsächlich ausdauernder und fitter geworden bin, zum anderen, dass diese Leute noch nicht richtig eingelaufen sein können.

Eine Viertelstunde später gönne ich mir eine kurze Trinkpause an einem der wenigen schattigen Plätzchen, unter einem ausladenden Baum. Was von vornherein klar war: Ich bleibe nicht lange allein dort sitzen. Alle von der Sonne leuchtend rot signierten Pilger, die ich in den letzten Minuten überholt habe, trudeln nach und nach ebenfalls ein.

Ich kann mir nicht helfen, aber dieses organisierte Geschäft mit der Pilgerseele missfällt mir. Pilgern ist doch keine klimatisierte Kurztripreise, auf der man zu den Sehenswürdigkeiten mit dem Bus gekarrt wird und sich ab und zu mal die Füße vertritt und die Waden verbrennt, weil man die Sonnencreme im Bus vergessen hat. Da können andere noch so vehement argumentieren, dass diese Leute sonst zu Hause geblieben wären, weil sie sich gar nicht getraut hätten, auf eigene Faust zu pilgern. Auch in organisierter Form gibt es sanftere Alternativen als dieses Angebot. Und ein Schnäppchen sind diese Reisen obendrein nicht.

Links und rechts von mir lassen sich zwei kräftige, durchgeschwitzte Damen auf die Bank plumpsen und schwäbeln sich durch meinen Kopf hindurch zu, als wäre ich durchsichtige Materie.

»Du, Tina, dä Käskuche, den du des ledschde Mol gmacht hosch, dä hod so guad geschmegged. War da Vanillbudding drin?«, fragt meine linke Sitznachbarin.

Eine Nachzüglerin hockt sich schwer atmend auf die Tischkante vor mich. Um ein Haar hätte sie mit ihrer vanillepuddingweichen Hüfte meine nahe an der Kante platzierte, noch halbvolle Wasserflasche vom Tisch befördert. Die Flasche schaukelt gefährlich, findet aber im letzten Moment zurück zu ihrem Gleichgewicht. Das hätte eine mittlere Dürrekatastrophe für mich bedeutet, aber selbst das rein hypothetische Eintreten einer solchen bleibt von der kurvigen Frau unbemerkt.

Das kann doch jetzt nicht wahr sein, oder? Ich gucke ziemlich böse ob dieser ungebetenen Schatteninvasorinnen und der seismografischen Ausschläge für mein Wasser. Schnell drehe ich die Flasche zu. Soll ich tatsächlich so tun, als wäre ich die Luft, als die die Damen mich offenbar am liebsten sehen würden?

Im Gegensatz zur Flasche, die sich im letzten Moment wieder fangen konnte, ist meine innere Balance bei diesem Verhalten gerade umgekippt.

Um ganz ehrlich zu sein, hätte ich mir gewünscht, dass sie eine andere Sprache als Schwäbisch gesprochen hätten. Eine, die ich nicht mal ansatzweise verstehen kann. Hey, Universum, Koreanisch vielleicht? Geht da was? Damit will ich keinesfalls unterstellen, dass die Koreaner unhöflich sind. Im Gegenteil! Die wären mir, ohne zu grüßen und freundlich lächelnd nachzufragen, ob sie sich setzen dürfen, überhaupt nicht so nah auf die Pelle gerückt.

Meine Bestellung beim Universum wird gnadenlos ignoriert, wahrscheinlich als Wink mit dem Zaunpfahl, dass ich endlich mal etwas gelassener werden sollte. Oder sie war in zu unhöflichem Deutsch formuliert.

Wie auch immer, die drei Damen vom Grill sprechen einfach nicht Koreanisch. Daher muss ich weiter zuhören.

»Des müsst i no amol nachguggä. Den hani au zum erschte Mol gschafft. Auf alle Fäll war a frische Vanille drin. Wart amol …« Tina kramt ihr Handy raus.

Vielleicht ist es die Hitze, die mir zusetzt. Vielleicht stört mich die Tatsache, dass ich wie Troja belagert werde, dass über meinen Kopf hinweg geschwätzt wird, aber es zum Hallo sagen nicht gereicht hat. Oder alles zusammen. Jedenfalls sage ich in Tinas Displaywischen hinein: »So eine Pilgerreise ist immer auch ein kleines Wagnis, nicht wahr?«

Die drei süddeutschen Grazien schauen mich so verwundert an, als hätte ich mich gerade eben erst hier materialisiert. Habe ich etwa sie gemeint? Sie haben wohl nicht mit einer weiteren deutschsprechenden Pilgerin im tiefsten Spanien gerechnet. Vielleicht sehen sie mich auch nur unscharf durch den ganzen Schweiß, oder hatten gehofft, *ich* spräche nur Koreanisch. Es könnte aber auch daran liegen, dass ich – spiegelbildlich ohne Gruß und Vorstellung – zusammenhangslos mitten in ihr Kuchengespräch reinquatsche. Und das auch noch in vergleichsweise lupenreinem Hochdeutsch.

»Ja und Noi«, antwortet eine der Nicht-Tinas schließlich zögerlich. »So mutig sin mir ned wie du, allei zu laufe. Bei ons isch ja alles guad organisiert. Des heischt, mer müsse ons kai Sorsch mache und könne ons uffs Pilgere konschedriare. Aber a schbirituell Erlebnis isch's scho, endlich do zu sai.«

»Wenn's bloß ned so heiß wär!«, ergänzt Tina, während sie weiter durch ihre Rezepteapp wischt.

»Ich finde, Pilgern ist auch deshalb mutig, weil man unter anderem auch sich selbst begegnen kann«, sage ich.

Tina stoppt das Gewische. Sie lässt ihr Handy wie in Zeitlupe sinken. Die drei Frauen glotzen mich aus großen vor Anstrengung rotgeränderten Augen an. Wahrscheinlich fragen sie sich gerade, wie das denn wohl gemeint war.

»Wenn man es denn versucht«, schiebe ich zum besseren Verständnis noch nach. *Sandra, was redest du denn da wieder?* Ich lehne mich schon wieder viel zu weit aus dem Fenster eines fremden Hauses.

Hätte ich so einen Satz als Gesprächsopener zu wildfremden Pilgern auch damals in Saint-Jean gesagt? Am Anfang meiner eigenen Reise? Eher nicht.

Schweigen um mich herum. Ich gratuliere mir selbst zu diesen meisterlich gewählten Worten, habe plötzlich das dringende Bedürfnis, noch mehr Eskalation zu vermeiden und mal wieder mit mir alleine zu sein. Daher erhebe ich mich langsam, verstaue meine Flasche und wuchte mir meinen Rucksack auf den Rücken.

Die drei Damen sind wie vom Donner gerührt. Sagen keinen Ton mehr.

Ich fühle mich genötigt zu sagen: »Sorry, war nicht böse gemeint und eigentlich geht es mich auch gar nichts an.«

»Wie hosch des denn gemeind?«, traut sich Tina jetzt doch zu fragen.

»Jeder muss seinen eigenen Camino laufen und darf frei entscheiden, wie er das tut. Ihr und ich, wir haben da einfach komplett unterschiedliche Vorstellungen. Es heißt ja nicht, dass meine richtiger oder besser sind als eure. Aber es ist noch mal eine ganz andere Erfahrung, wenn man seine Komfortzone verlässt und allein unterwegs ist. Sich seinen Ängsten stellt.«

Sie nicken zustimmend.

»Vielleicht probiert ihr das beim nächsten Mal aus. Das geht auch in Deutschland zum Einstieg wunderbar. Da gibt es wirklich viele Möglichkeiten.«

Ich tippe grüßend an meine Hutkrempe, wie der Sheriff im Wilden Westen, bevor er losreitet. »Buen Camino.«

Dann wende ich mein namenloses Pferd und galoppiere los, die gnadenlose Sonne über mir, hinein in die wüstenähnliche Ferne Nordspaniens. Und spüre ihre Blicke in meinem Rücken.

Ein kaltes Stück Käsekuchen wäre jetzt schon lecker. Ich singe: »In the desert you can't remember your name – but there is no cake here and no one to blame.«

* * *

In Astorga treffe ich wieder auf architektonische Spuren von Gaudí. Diesmal hat er sich an einem Bischofspalast verewigt. Zumindest angefangen hat er ihn 1887 auf Wunsch von Bischof Grau, aber es gab Stress mit den geistlichen Mitgliedern des Domkapitels, dem leitenden Verwaltungsorgan. Nach deren Ansicht wollte Gaudí viel zu modern bauen. Leider verstarb der Bischof nur sechs Jahre nach Beginn der Arbeiten, als dem Gebäude noch Obergeschoss und Dach fehlten. Der Bau wurde gestoppt und erst nach zwölf Jahren Pause wieder aufgenommen – ich nehme an, auch damals hat es schon nicht so viel in Spanien geregnet. 1914 vollendete ihn ein madrilenischer Architekt, der ohne die ursprünglichen Baupläne auskommen musste, da man Gaudí nicht mehr für das Fertigstellen des Gebäudes gewinnen konnte. Man hatte ihn wohl verärgert. Der nächste Bischof, der kam, fand das Gebäude zwar so gut wie fertig vor, aber auch nicht toll genug, um darin zu residieren. Als Bischofspalast ist das Haus mit den vielen Türmchen tatsächlich nie genutzt worden. Seit 1963 beherbergt es das »Museo de los Caminos«, ein Jakobswegmuseum.

Da es schon relativ spät ist, als ich ankomme, muss ich mich zwischen dem Museum und der Kathedrale Santa María entscheiden. Weil ich auch einen frischen Pilgerpass mit mehr Platz für nichtklebrige Stempel brauche, gewinnt die Kirche die Wahl.

Gute Entscheidung.

Durch, über und in alle Winkel der kühlen Kathedrale von Astorga fliege ich etwas später mit dem neuen Pass in der Tasche und einer futuristischen Virtual-Reality-Brille im Gesicht. Sie erinnert mich verblüffend an die Tauchermaske einer Playmobilfigur, die ich meinem Sohn mal geschenkt habe. KI-unterstützt tauche ich tief in die Geschichte der Kathedrale ein – und bin begeistert! Wer immer dieses sehr bedienungsfreundliche Projekt initiiert und technisch umgesetzt hat, hat einen super Job gemacht. Die Kirche wird zum virtuellen Erlebnisraum, ihre Geschichte erwacht zum Leben.

Als Beobachter der Szene muss man sich zwar erst ein wenig daran gewöhnen, dass bestenfalls acht Pilger gleichzeitig etwas desorientiert mit dieser unkonventionellen Monsterbrille auf merkwürdig anmutenden Kisten herumsitzen oder stehen. Ich finde es toll, dass die sonst dem Fortschritt gegenüber eher konservativ eingestellte Kirche mal was gewagt hat und hier einen ganz modernen Weg beschreitet.

20

Geschichten, Gebäck und Gebräu

»Wenn du es dir vorstellen kannst, kannst du es auch tun.«
(Walt Disney)

Immer noch bin ich jeden Morgen voller Hoffnung, dass mir am Ende des Tages die Füße weniger wehtun als am Abend des Vortages. Die Hoffnung stirbt ja bekanntlich zuletzt.

Mein Tag beginnt mit einem sanften Anstieg zu den Hängen der Montes de León. Mehr Berge. Mehr Schweiß. Logisch. Ich nähere mich langsam dem höchsten Punkt des gesamten Camino Francés. Ich hatte lange geglaubt, mit dem ersten Pyrenäenpass schon die höchste Stelle überwunden zu haben, aber der liegt tatsächlich siebzig Höhenmeter tiefer als das Cruz de Ferro, das am Monte Irato thront wie eine Geburtstagskerze auf einem Kuchen. Morgen. Morgen darf ich diese Kerze auspusten und ein Stück von der Gipfeltorte essen.

Ich stelle fest, dass sich nicht nur die Landschaften, die ich durchquere, sondern auch das Aussehen der Häuser ändern. Es säumen nun kleine, alte Steinhäuser mit bunten, teilweise großen Türen die Gassen, als Relikte einer traditionellen Bau- und Lebensweise. Die Einwohner dieser Region werden Maragatos genannt, abgeleitet vom lateinischen Wort »mercator« für Kaufmann, weil sie jahrhundertelang Fuhrleute waren. Sie transportierten einst Waren auf von Maultieren gezogenen Karren über die ganze iberische Halbinsel.

Das Klima präsentiert sich zwar immer noch zu trocken, aber es zeigen sich doch schon wesentlich mehr Bäume in dieser Region als

zu Beginn meines Abenteuers. Ich mache Bekanntschaft mit einer
für mich neuen Spezies: der Steineiche, einer immergrünen Eichen-
art mit ledrigen Blättern, die wohl weder so heißen, weil sie steinalt
werden, noch, weil sie Steine statt Eicheln tragen. Obwohl ich einen
Baum, der perfekt glatte, runde, wohlriechende Steine statt Blüten
hervorbringt, auch nicht schlecht fände. Ich würde ihn auf »Pilger-
steineiche« taufen. Vielleicht könnte man ihn so züchten, dass er un-
aufgefordert bemalte Steine zum Abpflücken bereithält.

Bei dem Gedanken an Pilgersteine fällt mir wieder ein, dass ich
immer noch einige Exemplare in meiner Vorratstasche habe, die
ich ja nun schon wieder ein Weilchen mit mir herumschleppe.
Morgen wird sich das definitiv ändern.

Am Cruz de Ferro werde ich den »Gib-nicht-auf«-Stein ablegen.
Ein weiteres Exemplar hebe ich bis zum Ende auf. Verbleiben drei,
von denen ich einen, ohne groß nachzudenken, auf den nächsten
Muschelwegweiser lege. Einfach, weil es an der Zeit ist, jemandem
eine Freude zu machen. Die letzten beiden sind meine steinerne
Reserve für Situationen oder Menschen, die sich im richtigen Moment zeigen werden.

* * *

Kurz vor dem kleinen Ort Santa Catalina de Somoza, übrigens
der einzige auf dem französischen Jakobsweg, der nach einer weib-
lichen Heiligen benannt wurde, treffe ich auf Cecilia und Rajiv,
ein älteres texanisches Ehepaar. Cecilia stammt ursprünglich aus
Chile, Rajiv aus Indien. In der Jugend aus ihren jeweiligen Ländern
ausgewandert, leben sie seit vielen Jahren glücklich verheiratet ein
unbeschwertes, zufriedenes Leben in Austin, wenn sie nicht gerade
auf dem Camino oder in Indien unterwegs sind.

Ich mag die beiden auf Anhieb. Herzensgut, lebensfroh, lustig
und offen. Rajiv erklärt mir, während wir weitergehen, was er

kurz zuvor, noch vor dem Ortseingang, auf einem großen Schild gelesen hat.

»Welches meinst du?«

»Das da hinten.« Er deutet mit dem Arm weit zurück.

Und tatsächlich, in einiger Entfernung kann ich das Holzschild, erkennen. Ein Ortsplan, dazu eine ellenlange spanische Erläuterung, die ich bewusst ignoriert habe.

»Das hast du nicht gelesen? Ich fand es wirklich amüsant.«

»Das war mir zu anstrengend. Mein Spanisch ist schlecht.«

»Schade. Diese Geschichte hat mich richtig hungrig gemacht.«

»Wieso hungrig?«

»Die Infotafel ist zu Ehren eines früheren Einwohners von Santa Catalina aufgestellt worden. Sein Name war Miguel de Maragato und er hat im neunzehnten Jahrhundert gelebt. Der Mann hat das Dorf damals in ganz Spanien bekannt gemacht und für bescheidenen Reichtum gesorgt.«

»Reich wirkt es heute, zumindest aus der Ferne, nicht mehr«, werfe ich ein.

»Miguels Großvater hat als Händler, anders als damals üblich, sogar Verbindungen bis nach Griechenland gehabt. Eines Tages kehrte er mit einer Griechin und einem Geheimrezept im Gepäck von einer Reise zurück. Das Gericht hat seine Frau gerne für ihn zubereitet. Sie aßen es immer, wenn sie die Zutaten dafür im Hause hatten. Als ihr Sohn, Miguels Vater, alt genug war, weihten sie ihn in das Geheimnis der Zubereitung ein. Dieser wiederum teilte es Jahre später mit Miguel. Jede Generation der Familie Maragato liebte das Mahl heiß und innig. Aber erst Miguel ist es gelungen, das Gericht im ganzen Land berühmt zu machen. Die Basis dafür bildet ein ganz besonderer Brotteig, gebacken in einem geschlossenen Topf im Ziegelofen. Miguel hat herausgefunden, dass das Brot kombiniert mit über dem Feuer gegrillten Fleischstückchen sehr gut schmeckt. Auch die Art des Anrichtens hat er revolutioniert. Er hat das geröstete Fleisch in kleine Stücke geschnitten, es in die halbierte, frisch gebackene Brottasche gepackt und als Krönung eine selbst gemachte Knoblauchsauce darüber gegossen. Er nannte es Gyros español Maragato de Somoza.«

»Spanisches Gyros?«

»Exakt. Miguel hat ein kleines Bistro eröffnet mit einem richtigen Holzofen und einer separaten Feuerstelle. Jeden Abend standen mehr Leute Schlange vor seiner Tür, um etwas von seinem spanischen Gyros zu bekommen.«

»Aha! Das stand alles auf dem Schild?«

Er nickt bekräftigend. »Ja.«

»Rajiv kann sich wirklich viel merken«, sagt Cecilia schmunzelnd und ergänzt: »Das, was er gelesen hat, und auch das, was er nur gehört hat.«

»Man kann heute noch in Catalina de Somoza eine Pause machen, mit Miguel anstoßen und etwas essen. Hier hat Miguel so etwas wie einen Heiligenstatus.«

Ich bin irritiert. »Müsste der nicht längst tot sein?«

»Wir kommen gleich dran vorbei. Ist direkt an der Hauptstraße.«

Ich suche die Straße ab.

»Schau mal, ob du das Schild ›Gyros Somoza‹ irgendwo siehst.«

»Nee.«

»Doch, da, schau doch mal.«

»Warum grinst du so?«

Er versucht sofort, wieder eine ernste Miene zu machen, schafft es aber nicht mehr, sich zu beherrschen.

Mein Blick folgt seinem Fingerzeig auf ein Schild, welches für die heilige spanische Biermarke wirbt, neben der Eingangstür einer Bar.

»So, so, das ist also dein Heiliger Miguel.« So langsam dämmert es mir. »Zum besseren Runterspülen für sein geniales Gyros haben sie gleich noch ein Bier nach ihm genannt.«

Cecilia findet das urkomisch.

»Oh man, ich habe dir das wirklich alles abgenommen!« Ich schüttele den Kopf, belustigt über meine Blauäugigkeit.

»Sandra, du bist aber auch jemand, der man prima solche Geschichten erzählen kann.«

»Ja. Manchmal kann man mir durchaus einen Bären aufbinden.«

»Das war jetzt mindestens ein Waschbär!«

Wir lachen alle drei und betreten die Bar für eine Pause. Leider kennt die Speisekarte keine Somozabrote mit Fleischfüllung.

Schade, auf ein spanisches Gyros hätte ich jetzt wirklich Lust gehabt.

* * *

Im Kloster der Benediktinermönche in Rabanal wird jeden Abend auf Latein eine Vesper gesungen. Es ist mir empfohlen worden, den jahrhundertealten, tief berührenden Gesängen zuzuhören. Deshalb sitze ich um sieben Uhr statt beim Abendbrot in der Klosterkirche und hoffe, dass mein Magen sich benimmt. Außer mir haben sich noch etwa vierzig weitere Pilger eingefunden. Wir sind mehr als deutlich in der Überzahl, denn zu meinem Erstaunen sind nur drei Mönche anwesend. Ich hatte eher mit zehn gerechnet. Aber das macht nichts, denn die drei beherrschen ihre Gesangskunst.

Nachdem auch der Pilgerchor zwischendurch einstimmen darf, lässt sich wieder mal in Stein meißeln: Auch beim Gesang geht Quantität nicht über Qualität. Es klingt zwar nicht gut, wenn man laut und falsch singt, macht aber trotzdem Spaß. Mein linker Nachbar ist das beste Beispiel für solch talentfreies Singen: Voller Inbrunst landet er immer knapp neben dem richtigen Ton. Zum Glück haben wir nicht allzu viele Einsätze.

Im Anschluss an das Abendgebet hole ich mir noch einen Pilgerstempel im angeschlossenen Klosterladen, den einer der singenden Mönche extra nochmal zu diesem Zweck öffnet. Dabei stellt sich zu meiner Überraschung heraus, dass Bruder Cassian lieber Deutsch als gebrochenes Spanisch mit mir sprechen möchte. Er stammt aus Köln – eine Tatsache, die umgehend Tür und Tor für ein gutes rheinisches Pläuschchen öffnet.

Es ist einfach so: Ich höre diesen vertrauten Klang seines etwas abgemilderten kölschen Dialekts, die gewohnte Tonart und fühle mich sofort wie zu Hause. Als Kind hatte ich so ein Heimatgefühl, wenn wir nachts auf der A3 nach Hause gefahren sind und das mit eintausendsiebenhundertzehn Glühbirnen beleuchtete Bayerkreuz endlich in Sicht kam. Dann wusste ich: Jetzt ist es nicht mehr weit. Das können natürlich nur echte Leverkusener Chemiekinder nachempfinden, die die gute Leverkusener Luft von klein auf eingeatmet haben. Das ist ungefähr dieselbe – und einzige – Klientel, die auch zum ortsansässigen Fußballclub hält. Vielleicht gibt es da sogar einen noch unentdeckten Zusammenhang.

Bruder Cassian ist jedenfalls noch nicht lange in Rabanal. Er wurde erst letztes Jahr nach Spanien ausgesandt und kämpft noch mit der Sprache seiner neuen Wirkungsstätte. Na, da ist er bei Weitem nicht der Einzige. Ich muss unwillkürlich grinsen, weil ich mich augenblicklich an eine Szene von gestern erinnert fühle, als mich drei Asiaten nacheinander überholt haben und mir jeder ein unnachahmliches »Bongo Camino« wünschte. Beim dritten hat es mich innerlich fast zerrissen vor Lachen, aber nach außen habe ich natürlich höflich die Contenance bewahrt und freundlich zurückgegrüßt.

Ich hätte eigentlich vermutet, dass man Mönchen zumindest einen Sprachkurs angedeihen lässt, bevor man sie in die spanische Einöde zu den Steineichen schickt. Die übrigens so heißen wegen ihrer harten Rinde. Habe gegoogelt.

Doch, doch, das wäre ja auch so, versichert mir Cassian. Er habe schon einen Kurs besucht. Aber in seinem Alter – er sei sechzig – lerne man halt eine fremde Sprache nicht mehr so leicht wie man mit dem Fuß umknicken könnte. Und wenn man sowieso noch nie übermäßig sprachbegabt gewesen sei, sei das eine immense Aufgabe.

»Dafür kannst du wunderbar singen. Die Menschen besitzen unterschiedliche Gaben«, bemerke ich scharfsinnig.

Bruder Cassian gewährt mir einen großzügigen Einblick in sein Klosterleben. Die Mönche betreiben neben dem Laden auch ein kleines Gästehaus, in dem man jedoch mindestens zwei Nächte bleiben muss, da die wenigen Brüder vor Ort ansonsten mit dem Betrieb der Herberge vollauf beschäftigt wären. Verständlich. Neben einem Bett bieten sie dort Stille, Besinnung und kollektives Essen in der Klostergemeinschaft an.

Von dieser Übernachtungsmöglichkeit habe ich vorher nichts gewusst. Ich hätte das sonst gerne einmal ausprobiert.

* * *

In meinem Schlafgemach treffe ich bei meiner Rückkehr auf Boris, den Spanier. Boris, der zum Glück fließend Englisch spricht. Boris heißt er, weil sein Vater während seiner Geburt die russische Oper Boris Godunow gesehen hat, dessen Hauptdarsteller – Achtung: Spoiler! – Boris heißt.

Grandios! Warum hat er ferngesehen statt seiner Frau im Kreißsaal die Hand zu halten? Der arme Sohn muss das jetzt geschätzte fünf Mal pro Tag jedem neuen Pilger erklären, mit dem er sich bekannt macht. Denn natürlich schaut, nachdem er seinen Vornamen genannt hat, jeder wie vom Omnibus überfahren, und fragt: »Warum heißt du denn Boris? Das ist doch gar kein spanischer Name!«

Der Vater hat damals sicherlich geglaubt, dass dieser Name eine geniale Idee ist. Boris sieht auf jeden Fall so aus, als würde er sich am liebsten ein Schild umhängen, auf dem steht: »Ich würde auch lieber Javier, Pablo oder Alfredo heißen!« Wenigstens den letzten Vorschlag hätte sein Vater umsetzen können, hätte er sich statt »Boris Godunow« einfach »La Traviata« angesehen.

Boris bleibt einfach stumm. Wahrscheinlich resigniert man irgendwann, akzeptiert das Unabänderliche und lässt die Leute darüber nachdenken, was für einen bekloppten Vater man doch hat. Und wer zur Hölle Boris Godunow war.

Auf der anderen Seite ist Boris ja kein schlechter oder schwieriger Name. Bei der Rechtschreibung oder der Aussprache kann da im europäischen Durchschnitt glücklicherweise relativ wenig schiefgehen. In China allerdings … Es ist lediglich ein Name, den man nicht unbedingt bei einem Spanier erwarten würde. Ein weiterer Pluspunkt: Boris konnte in der Schule sicher sein, dass auch wirklich er gemeint war, wenn sein Name aufgerufen wurde. Man muss immer die positiven Aspekte an solch schwierigen Geburten hervorheben: Es hätte noch viel schlimmer kommen können, wenn sein Vater Rigoletto oder Carmen im Fernsehen gesehen hätte.

Trotzdem ist Boris ein klassisches Beispiel für die lebenslange, überflüssige Belastung der Kinderseele durch unüberlegtes, oft spontanes Handeln der Eltern bei der Namenswahl für ihre Sprösslinge. Als hätte man nicht neun Monate Zeit gehabt, sich das gründlich zu überlegen. Leider gibt es zu viele Menschen, die mit der Vornamensgebung durch ihre Eltern gestraft sind. Eine vor einigen Jahren in meinem Büro erlebte Szene kommt zu mir zurück wie ein Boomerang, dem ich nicht ausweichen kann.

»Nein, ich konnte das nicht pränatal entscheiden, ich musste das Kind erst sehen, um eine Entscheidung treffen zu können.«

»Und? Wie soll es nun heißen?«

Die Mutter sieht mich triumphierend an. »Es sieht genau wie ein Eduard aus.«

Wie ein Eduard? Du lieber Himmel! Wie in aller Welt sieht denn »ein Eduard« bei der Geburt aus? Ich versuche, ein absolut neutrales Gesicht zu machen.

Als ehemalige Standesbeamtin könnte ich eine längere Abhandlung darüber verfassen, auf welche zum Teil absurden Ideen Eltern kommen, die meinen, sich bei der Vornamenswahl der Kinder selbst verwirklichen zu müssen, weil es ihnen in anderen Lebensbereichen verwehrt geblieben ist. Sie tun das, ohne mit der Wimper zu zucken, ohne einen Gedanken daran zu verschwenden, was sie ihren Kindern damit antun. Ich habe schon die verrücktesten Sachen erlebt. Eines meiner absoluten Highlights, das ich nie vergessen werde, ist die Bekanntschaft mit dem Namen Elsbeth-Luckrezia.

»Sie möchten Ihre Tochter Elsbeth-Luckrezia nennen? Mit ›ck‹ und ›z‹?«

Es wird in meinem Büro zweimal genickt. Mutter und Vater.

»Und mit Bindestrich? Dann ist es ein Doppelname.«

»Ja. Das wissen wir.«

»Wenn Sie den Bindestrich weglassen, könnte Ihre Tochter entweder Elsbeth oder Luckrezia gerufen werden und später selbst entscheiden können, wie sie sich lieber nennen möchte.« Wobei ich mir nicht sicher bin, welcher der Namen das kleinere Übel für das Kind bedeutet.

»Aber, wenn sie den Bindestrich unbedingt wollen, muss sie immer in jedem Dokument, auf jedem Zeugnis, überall, mit Elsbeth-Luckrezia in Erscheinung treten und unterschreiben. Wollen Sie sich das nicht lieber noch mal überlegen?«

»Nein. Uns gefällt der Name genau so. Wir bleiben bei Elsbeth-Luckrezia.«

»Sicher? Es ist in dieser Schreibweise ein extrem ungewöhnlicher, dazu auch noch langer Vorname. Das lässt sich nicht einfach abändern, wenn es einmal beurkundet ist.«

»Sie brauchen gar nicht erst versuchen, es uns auszureden.«

Ich schaue die kleine, zukünftige Elsbeth-Luckrezia, die selig in ihrem Maxi-Cosi schlummert, an.

»Vielleicht wollen Sie noch mal darüber schlafen?«

»Nein, das brauchen wir nicht. Wir sind ganz sicher. Wir möchten diesen Doppelnamen.«

Du Ärmste! Wenn du wüsstest, was auf dich zukommt …

Ich höre schon jetzt die Kinder in der Schule singen: »Elsbeth-Glucke hat viel zu viel Spucke!«

»Das ist mutig. Dann soll es so sein«, sage ich, und denke dabei: Und in achtzehn Jahren steht das Kind allein wieder hier und will eine Namensänderung beantragen. Na ja, wenn sie schlau ist, lässt sie sich zumindest von ihren Freundinnen Ella oder Elsa rufen. Aber den mitleidigen Elsbeth-Luckrezia-Blick in ihre Ausweispapiere wird das nicht verhindern können. Oder den entgleisten Gesichtsausdruck der anderen Mütter auf dem Spielplatz, wenn Frau »Bindestrichmusssein« ihr Kind tadelt: »Elsbeth-Luckrezia, hör auf, mit dem Sand zu werfen!«

* * *

Wie gewöhnlich, liegen alle kurz nach zweiundzwanzig Uhr in den Betten. Der Schlafraum hat die Besonderheit, dass der Zugang zur Toilette innerhalb des Raumes angelegt wurde. Leider habe ich ein strategisch ungünstig platziertes Bett direkt an der Tür des WCs erwischt, welches ebenfalls noch vom Nachbarschlafsaal mitbenutzt werden muss. Überflüssig zu erwähnen, dass ich *alles* mithören kann. Und muss. Tür auf. Licht an. Tür zu. Plätschern. Spülung an. Wasserhahn an. Wasserhahn aus. Tür auf. Licht aus. Tür zu.

Spülung aus. Gestern war erneut ein warmer Tag. Die Menschen haben am Abend viel getrunken und müssen entsprechend viel Pipi. Der zweite und der fünfte Besucher waschen sich nicht die Hände. Vielleicht war es aber auch dieselbe Person. Das lässt sich in der Dunkelheit das Schlafraums nicht erkennen.

Irgendwann, sehr spät, vermischt sich das Rauschen der Wasserspülung mit dem Gesang von Bruder Cassian, der in der Kirche wie ein Opernstar eine Arie schmettert. Leider kann ich mich nicht mehr erinnern, ob es auf Deutsch, Spanisch oder Russisch war. Es war aber nicht Boris Godunow.

21

Der perfekte Tag

»Lieber etwas riskieren,
als ewig zu bereuen sich nicht getraut zu haben.«
(Wilhelm Busch)

Es sind diese epischen Stunden, auf die ich lange, sehr lange gewartet habe. Ich bin unterwegs zum Cruz de Ferro, einem auf Holz montierten Eisenkreuz, das mit eintausendfünfhundert Metern am Monte Irago den höchsten Punkt des Francés markiert.

Von Anfang an stimmt heute einfach alles. Ein traumhafter Sonnenaufgang, trotz der wasserumspülten Nacht ein fast meditativer Start. Von Rabanal geht es durch die verlassenen Straßen von Foncebadón an verfallenen Häusern vorbei. Hinter dem stillen Bergdorf führt der Weg nur noch leicht bergan. Die Steigung bemerke ich kaum. Um mich herum präsentieren sich die Silhouetten der Berge von León mit traumhafter Aussicht. Ich kann mich gar nicht sattsehen an dieser unglaublich bezaubernden, schon herbstlich bunt angehauchten Landschaft, durchsetzt von Heidekraut, Büschen und Gräsern. Während ich noch damit beschäftigt bin, die Schönheit der Natur zu bewundern, taucht das Kreuz plötzlich aus dem Nichts auf. Steht einfach stumm und majestätisch da.

Ich habe noch gar nicht damit gerechnet, so nah zu sein, bin chancenlos, mich darauf vorzubereiten,was diese Erhebung in mir auslösen könnte. Es gleicht einem Frontalangriff auf meine seit dem Abbruch meines ersten Caminos vor fünf Monaten meist sorgsam kontrollierten und sicher verstauten Emotionen. Der Anblick des meterhohen Holzstamms mit dem montierten Kreuz trifft mich wie ein Blitzschlag aus einem tiefblauen, wolkenlosen Himmel, triggert etwas tief Verborgenes in mir. Gerade noch, vor der letzten Kurve, habe ich mich mit einer seit dreißig Jahren in einer amerikanischen Parallelgesellschaft lebenden Koreanerin unterhalten, die ihr problembehaftetes Leben großzügig und detailreich mit mir geteilt hat. Ich erinnere mich nicht mehr genau, worum es ging, aber ich glaube, ich habe sie mitten im Satz unterbrochen, mich entschuldigt und sie einfach stehengelassen.

Ich fange fast an zu rennen. Etwas zieht mich magisch an. Dieser Ort berührt mich so tief, dass bereits dicke Tränen mein Kinn hinunterlaufen, bevor ich das Kreuz erreicht habe.

All die Emotionen, die ich seit meinem Neustart in Burgos tief in meinem Herzen aufbewahrt und nur sehr dosiert an die Oberfläche gelassen habe, brechen sich Bahn wie die flüssige Lava eines erwachenden Vulkans. Schmerz, Trauer und die Enttäuschung darüber, im Mai nicht nur einen nahestehenden Menschen, sondern auch meinen nach zig Jahren endlich gelebten Traum vorschnell begraben zu müssen, vermischen sich mit Freude, Erleichterung, Glück, Stolz und Dankbarkeit, dies nun doch erleben zu dürfen, zu einem sehr kraftvollen salzigen Mix.

Das ist nur mein Moment. Ich bin tatsächlich da! Am Cruz de Ferro, einem Punkt, der mir häufig in den letzten Jahren, aber auch Wochen und Monaten, aus unterschiedlichsten Gründen unerreichbar erschien. Auf einem fernen Berg mitten in Spanien!

Ich kann es wirklich kaum fassen.

Ich stehe direkt neben dem Kreuz und recke beide Arme in die Luft, fühle mich, als hätte ich nicht nur einen verhältnismäßig flachen Steinhaufen, sondern einen extrem schwierigen, hohen, steilen Berg bestiegen, meinen ganz persönlichen Mount Everest. Bei der emotionalen Kabbelei in mir gewinnt ein sehr erfüllendes Gefühl die Oberhand: die Freude. Unbändige Freude darüber, das erste Mal im Leben ein Ziel mit solch einer unbeirrbaren Beharrlichkeit verfolgt zu haben und trotz der damit verbundenen Widrigkeiten und Hindernisse, trotz all der gesundheitlichen Härten der letzten Jahre nicht aufgegeben zu haben.

* * *

Ich lasse mir sehr viel Zeit an meinem Sehnsuchtsort. Suche intensiv in dem Meer von Steinen zu meinen Füßen nach meinem leuchtend grünen mit schwarzer Schrift versehenen »Habe-Mut-Stein«. Den Stein, den ich Di im Mai in meinem letzten Camino-moment gegeben habe.

Die Australierin hat ihn nach meiner Abreise wie einen Schatz gehütet und war fest entschlossen, ihn zusammen mit ihrem eigenen Stein bis zum Cruz zu tragen. Sie hat es mir ja versprochen, weil sie wusste, wie wichtig das für mich gewesen ist.

Aber dann ist es auch für Di nicht nach Plan gelaufen. Sie hat sich den Fuß verstaucht und musste sieben Tage in León pausieren. Ihr Fuß war jedoch so in Mitleidenschaft gezogen, dass sie auch danach nicht mehr in der Lage war, schwierige Etappen zu gehen. Zu ihrem großen, persönlichen Bedauern musste sie deshalb auf die Cruz-de-Ferro-Etappe verzichten, denn diese endet mit einem steilen Abstieg. Mit einem instabilen Fuß wäre das zu schmerzhaft und riskant gewesen. Eine vernünftige Entscheidung, denn sie wollte keinen kompletten Abbruch ihres Caminos riskieren. Ich glaube aber, so zu entscheiden, ist ihr sehr, sehr schwergefallen.

Di ist zu diesem Zeitpunkt mit den Engländerinnen Lesley und Anne unterwegs gewesen. Sie hat ihren Mitpilgerinnen von ihren Schwierigkeiten erzählt, auch von meiner Geschichte gesprochen. So wurde Lesley die Aufgabe übertragen, meinen Stein, den ich an Di weitergegeben hatte, zum Cruz zu bringen.

Aber ist erst mal Kacke am Schuh, bleibt erst mal Kacke am Schuh. Kurz vor ihrem Aufstieg zum Monte Irago verletzte Lesley sich schmerzhaft am Rücken und war nun ihrerseits nicht mehr in der Lage, weiterzugehen. Wieder wurden die Steine weitergereicht, sie vermehrten sich regelrecht währenddessen, je mehr Pilger am Transportauftrag beteiligt waren. Lesley hat alle Steine an ihre Freundin Anne weitergegeben, die sie schließlich für uns abgelegt hat – an einen Platz, von dem ich jetzt maximal zehn Meter weit entfernt bin.

Anne, eine fantastische, sehr spirituelle und gläubige Seele, die ich leider nie persönlich kennengelernt habe, hat sich trotz der Kürze der Zeit, die sie zur Verfügung hatte, eine Menge Gedanken zu ihrer tragenden Rolle gemacht. Sie sprach, als der Habe-Mut-Stein sein Ziel erreichte, die Worte: »Herr, ich bringe dir diesen Stein, der mir von Sandras Freundin über eine weitere Freundin überreicht wurde. Ich lege ihn an den Fuß des Cruz de Ferro in Erinnerung an Manfred, der vor Kurzem in deine Arme zurückgekehrt ist. Möge Sandra und ihre Familie getröstet sein im Wissen, dass er mit dir und in Frieden ist. Ich bitte ebenfalls für Sandra und ihre Familie, tröste sie in ihrer Trauer, sodass diese sich wandelt in wertvolle Erinnerungen.«

Nun bin weder ich eine praktizierende, religiöse Christin, noch ist Manfred einer gewesen, dennoch berühren mich diese von Anne wundervoll gewählten Worte, ihr starker Glaube und die damit einhergehende Empathie für Menschen, die sie nie persönlich kennengelernt hat.

Di hatte mir von Annes Wirken im Juni berichtet und Fotos vom Cruz geschickt, wofür ich ihr immer überaus dankbar bleiben werde.

Natürlich hätte ich ihn gerne wiedergesehen, meinen »Habe-Mut«-Stein, ihn nochmals in die Hand genommen und kurz festgehalten. Wäre es nicht toll gewesen, den »Gib-nicht-auf«-Stein direkt danebenlegen zu können? Aber er ist nicht da. Wer weiß, wo der Bengel sich rumtreibt, er verpasst leider unsere Verabredung. Ich kann ihn nicht finden und ich kann natürlich auch nicht jeden anderen Stein auf der Suche nach ihm umdrehen.

So lege ich meinen »Gib-nicht-auf«-Pilgerstein, ohne seinen Kumpel gesichtet zu haben, ab. Er ist hier trotzdem in guter Gesellschaft. Es gibt Tausende im Laufe der Zeit hinterlassener, bemalter Steine, Fotos, Muscheln und Zettel mit Namen, Worten, Daten, die ein wogendes Meer voller Geschichten, Gedanken und Erinnerungen zu meinen Füßen bilden. So nahe, greifbar, und doch unbegreiflich, welche Schicksale, Lasten und Leiden hier so zentriert auf wenigen Quadratmetern abgelegt wurden. Ich habe eine gefühlt meterdicke Gänsehaut am ganzen Körper. Meine Freude ist nun tiefer Dankbarkeit gewichen, dass ich an diesem Ort sein darf. Dankbarkeit und Stolz.

Als ich nicht mehr in mich aufnehmen kann von diesem magischen Ort, setze ich mich in einiger Entfernung ins Gras. Die Sonne umarmt mich mit ihren goldenen Strahlen. Ich genieße ihre angenehme Wärme, esse und trinke entspannt, schicke ein Foto von mir in Siegerpose nach Hause. Interessiert beobachte ich, dass einige Pilger nur ganz kurz anhalten für ein Selfie am höchsten Punkt des Weges. Dann verschwinden sie genauso schnell von der Bildfläche wie sie gekommen sind. Nicht allen bedeutet dieser Ort so viel wie mir. Das liegt daran, dass Menschen aus allen Teilen der Welt auch aus den unterschiedlichsten Motiven pilgern, was ich in den vergangenen Wochen ja auch in vielen Gesprächen selbst feststellen konnte.

Ganz in meiner Nähe stehen zwei junge Frauen, die sich innigst umarmen, sich aneinander festhalten, sich Kraft geben. Die Szene strahlt so viel Warmherzigkeit und Echtheit aus, dass ich mich entschließe, die mir fremden Menschen in diesem intimen Moment zu fotografieren. Meine einzige Intention ist es, diesen herausragenden Augenblick für die beiden Frauen als Erinnerung für später festzuhalten.

Ich spreche sie an, zeige ihnen meine Aufnahme. Sie nicken überwältigt ob meines Angebots.

Ich bleibe lange völlig anspruchslos und zufrieden im Gras des Monte Irago sitzen. Eine tiefe Ruhe stellt sich ein, wie ich sie zuletzt beim Sonnenaufgang kurz hinter Rabé de las Calzadas verspürt habe. Alles ist perfekt. Der Tag, das Wetter, der Ort, die Landschaft. Ich atme tief in den Bauch. Möchte mich später an alle Details um mich herum erinnern können. Wie damals, als ich früh morgens vor der Hütte in Orisson stand und alles um mich herum aufsog.

Ich bedanke mich beim gesamten Universum für alle guten Mächte, Wesen und Menschen, die dafür gesorgt haben, dass ich genau jetzt genau hier sein darf.

* * *

Als ich weitergehe, fühle ich mich voller Energie, beschwingt, gar nicht müde, heute sogar mit schwerelosen Füßen. Ich genieße jeden Schritt. Nicht nur den höchstgelegenen Platz des gesamten Weges habe ich erreicht, sondern auch meinen ganz persönlichen Höhepunkt der Reise.

Grandiose Ausblicke auf die Berge wechseln sich mit dunkelrot und lichtgrün getupften Heidehängen ab. Ich wandere auf schmalen Pfaden und unter schattenspendenden Bäumen.

Manjarín heißt die erste, fast verlassene Siedlung zweieinhalb Kilometer hinter dem Cruz. Hier leben so wenige Menschen, dass sie kaum die Bezeichnung Ortschaft verdient. Tomas, der sich in der Nachfolge der Tempelritter sieht, ist der Einzige, der hier noch die Stellung hält. Er ist eine dieser Legenden auf dem französischen

Jakobsweg, über die man spricht, die jeder kennt, deren Ruf ihnen weit vorauseilt. Anfang der Neunziger Jahre hat er in Manjarín eine sehr einfache Pilgerherberge ohne Strom und fließendem Wasser eröffnet. Diese war lange Jahre die einzige Übernachtungsmöglichkeit zwischen Rabanal und Ponferrada, einer Strecke von mehr als dreißig fordernden Kilometern. Besonders im Winter, wenn der Wind über die Höhen pfeift oder den Pilgern den Schnee ins Gesicht weht, war sie eine willkommene Zuflucht. Aus verschiedenen Gründen hat Tomas sein Übernachtungsbusiness jetzt jedoch einstellen müssen, nicht zuletzt, weil das spanische Gesundheitsamt seine Pläne durchkreuzt hat. Unabhängig davon punktet Tomas' Garten mit einem besonderen Charme. Mitten in seinem Refugium wächst ein ausladender Baum, an den jede Menge Bretter genagelt wurden. Die bunten Holzschilder, Pilgermitbringsel aus der ganzen Welt, zeigen die Entfernung von Manjarín zu den Heimatorten derjenigen Besucher, die bei Tomas im Laufe der Zeit anhielten. Entweder haben diese Leute solch sperriges Gepäck freiwillig mit sich herumgetragen, bis sie diese Stelle erreichten, oder aber sie haben die Schilder vor Ort geschnitzt und bemalt. Meine gelegentliche Wandergefährtin Patricia aus der französischen Schweiz wird sich jedenfalls freuen, wenn sie Tomas' Domizil erreicht. Seit Wochen schleppt sie, in ihren Rucksack gequetscht, ein ungefähr fünfzig Zentimeter langes Holzbrett für seinen Garten mit sich herum. In Rabé de las Calzadas hat sie es mir in unserer Herberge gezeigt. Es ist selbst gemacht und wirklich hübsch. Nach Vallée de Joux, ihrem Heimatort, sind es laut ihrer Berechnung eintausendeinundneunzig Kilometer.

So ist jeder Jeck anders. Sie schleppt unnötigerweise ein Riesenstück Holz über Hunderte Kilometer mit, ich dafür einen Haufen Steine. Außerdem sind noch jede Menge andere Individualisten unterwegs. Beispielsweise »Broomstickguy«, ein Holländer, der außen am Rucksack einen Besen befestigt hat, den er über zweitausendfünfhundert Kilometer weit getragen hat. Ein Geschenk für einen spanischen Freund. Sein Rucksackinnenfach nutzte er für einen Fußball. Nur für den Fall, dass er ein paar Pilger, die einen Dreißig-Kilometer-Marsch hinter sich haben, abends vor der Herberge noch zu einem kleinen Spielchen überreden kann.

Als ich schließlich gegen Abend in meiner Herberge in El Acebo ankomme, habe ich zu meinem Entzücken einen ganzen Schlafsaal für mich allein. Warum, weiß niemand, denn die Nachbarräume sind alle voll belegt.

Ich treffe beim gemeinsamen Dinner eine Menge alte, nach der Dusche, genau wie ich, gut riechende Bekannte wieder. Auch die junge Taiwanerin Sin, mit der ich mich in den letzten Wochen schon mehrfach unterwegs unterhalten habe, ist da. Sie radebrecht auf Englisch, aber sie hat keinerlei Berührungsängste und ein riesengroßes Herz. An ihrem Rucksack baumelt gut sichtbar ein Pappschild, auf das sie drei englische Worte gemalt hat. Diese drei Worte finden vor allem, aber nicht ausschließlich, bei der männlichen Pilgergemeinde Anklang. Sie bietet jedem Pilger, der sich seit Wochen in keinem Spiegel mehr gesehen hat oder sich nach Jahren der Verweigerung nun doch seiner verfilzten Kopfwolle entledigen will, einen »Haircut for free« an. Als gelernte Friseurin hat sie ihr Werkzeug, bestehend aus einer professionellen Schere, Kamm, Bürsten und einem elektrischen Haartrimmer, dabei. Objektiv betrachtet eine weitere Pilgerin, die viel überflüssiges Gewicht im Gepäck hat.

Solche Dinge mitzunehmen, würde mir nicht im Traum einfallen!

Subjektiv gesehen empfindet niemand das Extragewicht als zusätzliche Last, sondern mehr als ein Geschenk, dessen daraus resultierender persönlicher Nutzen viel höher ist als das zusätzliche Gewicht.

Bis ich gegen elf Uhr, verpackt in meinen Schlafsack, das Licht ausmache, bange ich, ob nicht doch noch ein spät angekommener Schnarcher auftaucht, der mir meine Nachtruhe vergrätzen könnte, aber diesem perfekten Tag schließt sich eine ebenso perfekte Nacht an.

22

Der deutsch-brasilianische Nenner

*»Ich habe es schon öfter betont, dass ich meinen Kadaver
noch ein bisschen rumschleppe.«*
(Miroslav Klose)

Erneut ein Tag, an dem ich mich in den epischen Farben des morgendlichen Himmels verlieren könnte. Auf meinem Tagesprogramm steht als erstes ein steiler Abstieg, vor dem oft gewarnt wird. Der ein oder andere, der sich zu viel zugemutet hat, ist hier schon runtergepurzelt und hat seinen Camino vorzeitig beenden müssen. Ich steige zusammen mit Paolo aus Brasilien die steile, teilweise mit abgebrochenen Felsplatten durchzogene Strecke nach Molinaseca ab. Erstaunlicherweise finde ich das Gefälle nicht so dramatisch. Der Abstieg ins Tal macht mir sogar Spaß. Wenn ich jetzt daran zurückdenke, wie ich mir damals wegen der Route Napoléon vorher in die Hose gemacht habe … Die ganzen negativen Gedankenloopings sind, wie so häufig, total überflüssig gewesen!

Paolo lahmt erheblich. Deshalb ist er ungefähr so schnell wie ich. Er hat sein rechtes Knie mit einem festen weißen Verband umwickelt. Ich glaube, dass dieser seine Beschwerden nur geringfügig lindert und er ordentlich leidet. Ich selbst bin, was mein linkes Bein angeht, das ich in León kunstvoll beklebt hatte, tatsächlich schmerzfrei. Das ist eigentlich unglaublich, aber wahr. Ein kleines Wunder. Leider bin ich für die Reparatur der Körperteile anderer nicht ausgebildet.

Nicht zu meiner Überraschung überholen wir weitere, humpelnde Pilger mit lädierten Knien auf dem Weg hinab, die sich zu multiplizieren scheinen, je näher ich Santiago komme. Großes Lob an meine Knie – sie halten sich top nach dem Motto »Stöcke dabei – Knieschmerzen frei«.

Ich habe Paolo schon vorgestern beim Abendessen im Wohnzimmer einer wahnsinnig sympathischen, ebenfalls brasilianischen Gastgeberin in Astorga getroffen. Auch da war er schon knielahm. Die Verständigung mit ihm klappt eher suboptimal. Englisch und Deutsch fallen bei ihm, Spanisch und Portugiesisch bei mir als gemeinsame Basis leider aus. Trotzdem schaffen wir es, uns mit unseren Händen und Stöcken – die Füße brauchen wir zum Absteigen – und einem gewagten Quattro-Language-Baukastenmix zu unterhalten. Nach einigen Versuchen, ein geeignetes Thema für uns anzuschneiden, das nicht wegen unserer sprachlichen Inkompetenz zum Scheitern verdammt ist, bleiben ein Brasilianer und eine Deutsche tatsächlich bei einem simplen wie emotionsgeladenen Thema hängen: Fußball.

Überraschenderweise ist die Mannschaft, für die mein Herz schlägt, auch sein europäisches Lieblingsteam. Ich bin mir nicht sicher, ob er sich damit für großen Fußballsachverstand qualifiziert oder mir nur schmeicheln will, denn Bayer Leverkusen ist nun wirklich nicht die Mannschaft, die internationale Fans magisch anzieht. Erfolgreiche Gewinner eines einzigen internationalen Blumenpottes im Jahre 1988 sowie des deutschen Pokals 1993 sind sie ansonsten bekannt dafür, die Saisons schwach anzufangen, im Mittelteil aufzutrumpfen und am Saisonende im richtigen Moment stark nachzulassen, um maximal Bundesligazweiter zu werden, die Champions League zu vergeigen oder im Mittelmaß der Bedeutungslosigkeit zu versinken. Ein richtiger Leverkusener Fan ist so viel Kummer gewohnt wie das T-Rex-Pärchen, das die Arche Noah verpasst hat. Ein Anhänger der Werks-Elf braucht heroische

Fähigkeiten mit maximaler Gewichtung von Konstitution, Unerschütterlichkeit, Selbstbeherrschung, Glaube und Hoffnung, um das alles Jahr für Jahr ertragen zu können.

Während ich mich noch in meinem »Fanleid« suhle, fällt mir plötzlich wieder ein Grund ein, weshalb Paolo, aus dem fernen Brasilien stammend, das Leverkusener Team kennt und mag.

Der Mann ist ungefähr so alt wie ich und kann sich deshalb, genau wie ich, an Ende der Achtziger, Anfang der Neunziger erinnern, als die Leverkusener Talentscouts jede Saison ein bis zwei junge, günstige brasilianische Talente zu Bayer geholt haben, wo sie meist ein bis drei Jahre sehr erfolgreich aufgebaut worden sind. Anschließend wurden sie als Stars gewinnbringend nach Italien oder an die Bayern verkauft. Große brasilianische Namen wie Jorginho, Ze Roberto, Emerson und Lucio fallen mir dazu ein.

Also noch mal zusammengefasst: Brasilianischer Fan von Bayer 04 trifft Leverkusener Fußballliebhaberin auf dem Jakobsweg. Das ist statistisch gesehen so wahrscheinlich wie fünf Richtige mit Zusatzzahl im Lotto. Oder eher wie sechs Richtige?

Ich sehe Paulas skeptischen Blick wieder vor mir, als ich vor ungefähr einer Woche meine letzte, schlecht begründbare Wahrscheinlichkeitsprognose rausgehauen habe. Unabhängig davon bin ich auch heute wieder überzeugt, dass es sich um eine extrem seltene Kombination handelt.

Fußball bietet ja grundsätzlich fast unbegrenzte Möglichkeiten, endlos auszuschweifen, lautstark zu pöbeln, leidenschaftlich zu diskutieren, frenetisch zu jubeln oder sich schwarz zu ärgern. So können wir, sonst brave Pilger, nachdem das regionale Fußballthema erschöpfend behandelt worden ist, auch als Anhänger zweier großer Fußballnationen aus dem Vollen der internationalen Fußballgeschichte schöpfen. Weltmeisterschaften, insbesondere deutsch-brasilianische Begegnungen mit Erinnerungswert: 2002. Olli Kahn zerstört am Torpfosten sitzend. Oder das 7:1-Debakel für Brasilien 2014 bei der Heim-WM im Halbfinale. Ein so unglaubliches Spiel, dass wir beide es nie vergessen werden.

Dann wechseln wir zum aktuellen Geschehen in der Premier League in England mit den beiden deutschen Trainern Klopp und Tuchel bei Liverpool und Chelsea – wie gut, dass ich mich auch auf der Insel einigermaßen auskenne, auch, wenn ich mir dort den Expertenstatus aberkennen würde.

Rappzapp sind wir unfallfrei im Tal. So empfinde ich es. Paolo muss ein Päuschen einlegen, das anspruchsvolle Gelände war Gift für sein kaputtes Knie. Wir stoppen an der ersten kleinen Bar in Molinaseca direkt hinter der Brücke über dem Fluss. Er bestellt sich Churros, ein Fettgebäck, dazu Schokoladensauce. Ich habe auch Hunger, aber als ich einen Blick an dem Wirt, einem alten Mann, hinter dem Tresen vorbei in seine Küche werfen kann, vergeht mir augenblicklich der Appetit. Oha! Für eine deutsche Gaststätte hätten diese chaotischen Zustände das sofortige gastronomische Aus bedeutet. Ich bin sicher nicht extrem empfindlich, aber diese hygienischen Defizite lassen sich gut mit bloßem Auge aus mehreren Metern Entfernung erkennen.

Aus Sicherheitsgründen bleibe ich bei gekochtem Wasser und Beuteltee. Bestimmt gibt es in Molinaseca noch etwas Ansprechenderes. Ich hebe mir den Hunger für später auf.

Auch nach einer dreiviertel Stunde Pause ist Paolo, dem die in altem Frittierfett gebadeten Churros trotzdem gemundet haben, nicht bereit, weiterzulaufen. Er zeigt auf sein Knie, verzerrt das Gesicht zu einer beängstigenden Grimasse und schüttelt dann traurig mit dem Kopf. Für ihn ist heute definitiv Schluss in Molinaseca.

»Manaña, I go again!«

»Paolo, du brauchst eine längere Pause! Für einige Tage!«, mache ich ihm in einem Mix aus Englisch und Spanisch klar.

Er nickt und brabbelt mir eine portugiesische Antwort entgegen.

»Wenn du es zu sehr erzwingen willst, wird der Camino dich

vom Spielbrett schubsen. Dann kommst du gar nicht dort an, wo du hin willst«, antworte ich ihm auf Deutsch.

Ich kann diese Bevormundung einfach nicht sein lassen. Das hat schon bei Marco nicht funktioniert. Dabei meine ich es doch nur gut. Aber diesen Satz wird der Brasilianer ziemlich sicher sowieso nicht verstanden haben.

»Ich weiß!«, antwortet er lächelnd auf Portugiesisch.

Merkwürdig, dass er genau diese Worte verstanden hat. Ich muss auch lächeln.

»Paolo, es war wirklich schön, dich kennengelernt zu haben, es hat viel Spaß gemacht mit dir.« Ich lege zum besseren Verständnis die Hand auf mein Herz.

»Ja, mit dir auch. Wir sehen uns bestimmt wieder.«

»Das hoffe ich! Alles Gute für dein Knie. Buen Camino, Paolo!«

»Buen Camino, Sandra!«

Er winkt mir zum Abschied zu, ich winke mit Stock und Hut in der Hand zurück.

Sehr schade, dass ich ihn zurücklassen muss, denn wir beiden Sprachchaoten hatten viel Spaß miteinander. Irgendwie befürchte ich, dass ich ihn nicht mehr sehen werde, denn, entweder legt er eine mehrtägige Pause zur Schonung ein und bleibt weit zurück, oder er läuft weiter, wobei ihn sein Knie dann sicher zum Aufgeben zwingen wird. Wir sind noch zweihundertzwanzig Kilometer von Santiago entfernt. Ich glaube nicht, dass die statistische Wahrscheinlichkeit hoch ist, ihn ein zweites Mal zu treffen.

* * *

Während ich weiterlaufe, fällt mir auf, dass ich seit ein paar Tagen innerorts häufig an jungen Platanen vorbeikomme, die die Hauptstraßen säumen. Sie stehen geduldig und hitzeresistent in langen Reihen und genießen ihr Dasein. Die Krone ist um diese Jahreszeit sehr üppig und grün, getragen von langen Ästen. Ein krasser Gegensatz zu den knorrigen Ästen in Santa Domingo, unter denen ich mit Jim und James gegessen habe.

Vor dem Winter scheren die Spanier ihre Platanen so radikal wie die Neuseeländer im Sommer ihre blökenden Schafe, nur werden sie nicht zwischen den Beinen festgeklemmt. Stattdessen wird mit dem Hubwagen oder Rollgerüsten auf Kilometerlänge an der Straße absoluter Kahlschlag gemacht. Übrig bleibt ein dünner Stamm und zwei, drei knubbelige Äste, die jeweils in knotigen Fingern münden. Oder ein Gebilde, das aussieht wie ein Regenschirmgestell ohne Bespannung, aber dafür mit Rheuma. Ich habe nicht herausgefunden, ob die Spanier sich nur das nervige Laubfegen sparen wollen oder ob das starke Zurückschneiden der Bäume noch andere Gründe hat. Auf jeden Fall müssen sich die armen Pflanzen im Frühjahr sehr anstrengen, um wieder neu auszutreiben. Ich erinnere mich, dass ich im Mai noch unter kahlen Platanen Paella gegessen habe.

Meine Theorie war bisher gewesen, dass man die Bäume hauptsächlich als Schattenspender verwenden möchte, wobei es dann wenig sinnvoll ist, wenn man sie schon so früh ihrer Blätter beraubt. Aber wer weiß, wie lange sie brauchen, bis sie fertig mit dem Schneiden der endlosen Reihen sind. Vielleicht ist es auf der anderen Seite der Stadt schon Weihnachten, wenn sie dort ankommen. Was mische ich mich überhaupt in die Angelegenheit der iberischen Baumscherer!? Habe ich sonst keine Probleme?

* * *

Von Weitem schon kann ich mein Tagesziel Ponferrada erkennen. Die Stadt liegt noch etwas tiefer als Molinaseca, eingebettet zwischen Hügeln. Mit siebzigtausend Einwohnern ist sie etwas belebter als die üblichen Dörfer am Jakobsweg. Ponferrada ist die

Hauptstadt der Region El Bierzo. Wie in vielen anderen Orten entlang des Camino Francés, war im Mittelalter auch hier der Bau einer Brücke der Startschuss für die Weiterentwicklung des Ortes. 1082 gab der amtierende Bischof von Astorga eine Verbindung über den Fluss Sil in Auftrag. Es wurde die erste Brücke auf dem Jakobsweg, in der Eisen verbaut wurde. Abgeleitet von der lateinischen Bezeichnung für »Eiserne Brücke«, entwickelte sich die heutige Ortsbezeichnung Ponferrada. Das Stadtbild bestimmend ist die Templerburganlage, die optisch das Klischee einer Prinzessinenburg aus dem Mittelalter bedient. Prinzessin Pilgerhut schafft es gerade noch, die Anlage am späten Nachmittag für eine Stunde zu besichtigen. Eigentlich hätte ich mir mehr Zeit gewünscht für das Museum und die Außenanlagen, aber die Burg schließt bereits um halb sieben. Viele der kniekranken Pilger, die ich tagsüber gesehen habe, humpeln Lastminute-mäßig, getrieben von einer erbarmungslosen Burgschließmafia, über das weitläufige Gelände, versuchen, lächelnde Grimassen für Selfies zu schneiden oder winken mir von oben aus dem Turm wie einst Rapunzel ihrem Prinzen zu. Geschenkt. Ich klettere heute keinen Turm mehr hoch. Weder innen noch außen.

Anschließend decke ich mich im örtlichen Supermarkt für mein Abendessen ein. Mir ist heute nicht nach mehr Gesellschaft, ich möchte einfach meine Ruhe haben, mit hochgelegten Füßen ein paar Kekskrümel in meinem Bett verteilen. Nach der WC-Nacht von vorgestern habe ich mich – zur Beruhigung meines im Schlafsaal nach wie vor akut gefährdeten und angenervten Schlafzentrums – für heute in einer Pension einquartiert. Ich habe zu dem Zeitpunkt nicht ahnen können, dass ich gestern in El Acebo einen Schlafsaal für mich allein haben würde.
Leider gelingt es mir, mit dem Handy auf dem Bauch einzuschlafen, bevor ich meinen Instagram-Post zu Ende geschrieben habe.

23

Pilgerglück

»Was ist Leben?
Es ist das Funkeln eines Glühwürmchens in der Nacht.«
(Crowfoot vom Pueblo-Volk)

Als ich im Stadtzentrum von Villafranca del Bierzo im Sommeroutfit von einem sintflutartigen Wolkenbruch überrascht werde, ist es mal wieder vorbei mit meinem mühsam erworbenen inneren Gleichgewicht. Meine Caminogelassenheit ist immer noch nur in Teilzeit angestellt. Gerade hat sie frei. Ich verhandele zwar seit ein paar Tagen mit ihrem bescheuerten Chef um die Aufstockung auf Vollzeit, aber derzeit sind meine angebotenen Konditionen wohl noch nicht outbalanced genug. Bis zum Abschluss eines neuen Vertrages bin ich stinksauer auf den Tag. Jawohl! Heute schon zum zweiten Mal. Es ist skandalös!

Obwohl das Wetter meinen Zorn eigentlich gar nicht verdient hat. Auf mich selbst sollte ich sauer sein. Warum gehe ich Hirni denn auch ohne Regenjacke, dafür in Shorts und Sandalen zum Einkaufen in die Stadt? Das Unwetter ist ja sogar angesagt gewesen und der Wind pfiff auch schon verdächtig durch die Äste, als ich losgegangen bin.

Seit Burgos schleppe ich mein Regenzeug mit mir herum, ohne es auch nur einmal gebraucht zu haben. Ich war schon mehrmals kurz davor, zumindest meiner überproportional schweren Regenhose den Laufpass zu geben. Und jetzt, in der einzigen Situation, in der ich mich mehr als zwanzig Meter von meinem rettenden

Rucksackinhalt entfernt habe, schaffe ich es, klatschnass zu werden, ohne mich dafür anzustrengen. Nicht mal Seife habe ich dabei, sonst hätte ich wenigstens die Extrawäsche für die Klamotten sparen können.

Nass wie ich bin, suche ich Schutz unter einem Gebäudevorsprung und warte. Und warte. Und warte. Es gießt wie aus Eimern.

Meine Sandalen machen bei der kleinsten Bewegung ein unangenehm schmatzendes Geräusch. Vollgesoffen bis zum Anschlag. Aus dem Wasser, das aus meiner Kleidung tropft, entsteht allmählich ein entzückender See um mich herum.

Ich bin zwar mittlerweile wieder ganz fit geworden, aber nach fünfundzwanzig vollbrachten Tageskilometern tun mir trotzdem noch die Füße weh. Während ich flamingomäßig herumtropfe und abwechselnd versuche, meine Beine zu entlasten, habe ich genügend Zeit, noch mal über den ersten fatalen Fehler des Tages nachzudenken.

Das Desaster hat ein ganzes Stück hinter Ponferrada begonnen. Schon seit einiger Zeit führt der Jakobsweg, lieblich und erholsam, entlang vieler Rebstöcke, deren Laub in leuchtenden Rot- und Grüntönen um meine Aufmerksamkeit buhlt. Die Region Bierzo, die noch zu Kastilien-León gehört, hat wie kaum ein anderes spanisches Weinbaugebiet in den letzten Jahren einen enormen Aufschwung genossen. Wein hat hier eine lange Tradition, die bis auf die Römer zurückgeht, denn die bewachten hier nicht nur ihr Gold, sondern brachten auch die ersten Weinreben mit.

Die modernen Weinbauern werden in diesem Herbst sicher nicht glücklich mit ihrer Ausbeute, überlege ich, denn die Trauben hängen mickrig und allesamt verschrumpelt herunter. Offensichtlich sind diese Früchte, genau wie die verbrannten Sonnenblumen, zu viel Trockenheit ausgesetzt gewesen. Es sei denn, es handelte sich um eine der geheimen Rosinenplantagen, die ich entdeckt habe.

In dem Moment reißt mein gedanklicher Rosinenfaden abrupt.

Ich sehe mich, völlig unerwartet, einem unübersichtlichen Szenario meiner komplexen Realität gegenübergestellt. Vor mir auf der Straße hat jemand einen gelben Pfeil auf den Asphalt gepinselt, der geradeaus weiterführt. Neben mir zeigt ein gelber Pfeil nach rechts. Der Pfeil nach rechts ist erheblich größer, der Pfad dahinter führt in die Richtung weiterer Weinstöcke. Was soll mir das sagen? Ich bin irritiert, gucke auf den geladenen GPX-Track meiner Sportuhr. Meine Uhr beteuert, dass es geradeaus auf der Bundesstraße weitergeht, auf dem Pfad nach rechts sehe ich allerdings in einiger Entfernung eine Handvoll Pilger in den Weinbergen verschwinden. Folgen oder nicht?

Zu meinem Glück nahen weitere Pilger. Vier junge englischsprachige Männer und eine Frau schließen zu mir auf.

»Hi! Was glaubt ihr, ist der richtige Weg?«, frage ich.

»Da. Rechts. Wo ist das Problem?« Der Größte zeigt auf den in den Weinhügeln verschwindenden Pfad.

Ich deute auf den anderen Pfeil. »Da ist ja auch noch einer.«

»Oh ja! Du hast recht!«

Sie schauen auf ihre Handys. »Geradeaus ist definitiv kürzer. Rechts sind drei Kilometer extra. Aber ankommen tut man auf beiden Routen«, fasst einer seine Forschungen zusammen und sieht seine Freunde unschlüssig an.

»Wir gehen den kürzeren Weg an der Straße«, bestimmt ein anderer.

»Okay!« Alle nicken.

»Okay, bin dabei!«, sage auch ich. Wie seinerzeit in den nebligen Pyrenäen beuge ich mich der Mehrheit. Damals ist es richtig gewesen. Heute eine klare Fehlentscheidung.

Statt drei sicherer Extrakilometer durch die sanft ansteigenden Rosinenberge zu gehen, laufe ich schutzlos auf der hochfrequentierten Bundesstraße. Direkt auf der Fahrbahn. Zwar so nah wie möglich an der Leitplanke, aber trotzdem im Herrschaftsgebiet der Autos.

Verflixte Axt! Die Spanier fahren grundsätzlich wie die Berserker, ohne angemessenen Abstand zu Fußgängern. Den halten sie lieber zu ihrem Bremspedal. Und nicht, dass diese Erkenntnis als Überraschung über mich gekommen wäre. Nein. Ich habe ausgiebig darüber gelesen und bin trotzdem in die Falle getappt.

Ich sehe mich schon wie ein geschasstes Hütchen vom Mensch-ärger-dich-nicht-Spielplan fliegen. Über die Leitplanke und den Abhang hinunter. Camino Ende.

Richtig, da sind sie wieder, die bereits überwunden geglaubten subpanischen Tendenzen. Als Erste-Hilfe-Maßnahme nehme ich meine Stöcke in die rechte Hand und halte sie mindestens einen halben Meter in die Fahrbahn hinein. Das ist weniger ein Versuch, den vorbeirauschenden Autos aktiv die Türen zu zerkratzen, als mehr das Bemühen, den Fahrern etwas mehr Abstand von uns Fußgängern abzunötigen. Wenigstens bin ich das Schlusslicht in unserer kleinen Kolonne. Aber das hätte letzten Endes bei Kontakt mit einer heranrasenden Stoßstange hinsichtlich Aufprallgeschwindigkeit und Flughöhe kaum einen Unterschied gemacht.

In den Weinbergen wären mir die fünf Australier viel zu schnell gewesen, aber ziemlich sicher verleiht mir diese unangenehme Strecke Extrakräfte. Jedenfalls hetze ich gekonnt hinter den Jungs und dem Mädel her, bis ich total entnervt, transpirierend und mit hochrotem Kopf Villafranca del Bierzo erreiche. Als ich kurz hinter dem Ortsschild einem rasanten E-Biker ausweichen muss, ist dann auch endlich der Prinzessin mit der Rosine unter dem Hut die Erleuchtung gekommen, dass der Geradeauspfeil für die Radpilger gedacht war.

Außer uns ist tatsächlich kein Mensch auf die Idee gekommen, auf der Hauptstraße zu wandern. Der Asphaltausflug ist so überflüssig gewesen wie ein Kropf. Wieso bin ich nicht wie ein Schaf einfach der Hauptherde blökend hinterhergerannt, statt beim kleinsten gelben Pfeil Betrug zu wittern? Da hat eindeutig ein Hütehund gefehlt.

Einer hat immer Schuld bei mir. Mal trifft es die Blase am Fuß, mal den Schnarcher oder die Sonne. Für den Asphaltausflug gebe ich sie der Uhr, der ich trotz meines hier im strömenden Nass frisch gefällten Schuldspruches noch einen Blick zuwerfe. Fast Dreiviertelstunde warte ich nun schon, dass der Regen nachlässt. Aber wie heißt es so schön: Alles geht vorüber. Oder: Nach Regen kommt Sonne.

Als es endlich aufhört, ist ein Regenbogen im Preis inbegriffen. Also gut. Ich brauche nicht lange zu suchen, finde den Aufgang zum noch nassen Regenbogen über den Dächern von Villafranca, steige ihn hinauf und rutsche mit einem juchzenden »Huuuiiiii« an der anderen Seite herunter, direkt zurück in den Vorgarten meiner Goldtopf-Albergue.

* * *

Was ist Pilgerglück? Auf diese Frage gibt es beinahe so viele Antworten wie Blasen an Pilgerfersen.

Pilgerglück kann ein eiskalter Bach sein, in den man unerwartet seine qualmenden Füße tauchen kann. Oder eine gekühlte Zitronenlimonade, die jemand gratis am Weg für dich bereitgestellt hat. Über Nacht getrocknete Schuhe und Socken. Es können die ehrlichen Worte eines Mitpilgers sein oder das letzte Bett in einem riesigen Schlafsaal. Ein herzliches Lachen mit Pilgerfreunden oder eine warme Dusche. Pilgerglück ist die erste Aussicht auf das Meer, auf die du seit Wochen gewartet hast. Es ist das Panorama vom höchsten Punkt des Tages ins Tal oder die Stille in dir, die du nicht für möglich gehalten hättest. Es ist der Blick ins eigene Herz, der sich wieder geweitet hat, und der Reichtum, den dir der Weg unter den Füßen schenkt.

Übertragen auf meinen Augenblick bedeutet Pilgerglück für mich, die ersten Schritte in den nächsten unglaublichen Morgen zu machen. Ich bin erstaunlicherweise noch fast allein unterwegs und genieße die Ruhe, die klare Luft, das Schweigen der Welt. In meinem Rücken lugt das erste Licht der Sonne neugierig über eine sanft geschwungene Sattelhöhe und wirft ein paar zaghafte, goldene Strahlen auf den Asphalt. Jetzt mal abgesehen von dem gestrigen Regenguss – was habe ich doch seit Wochen für ein unglaubliches Glück mit dem Wetter! Wer hätte gedacht, dass ich Morgenmufflon so viele Sonnenaufgänge bewundern würde? Ich jedenfalls nicht. Was zugegebenermaßen zu dieser Jahreszeit natürlich an einer viel späteren Morgendämmerung liegt.

Die Etappe in das keltisch geprägte Bergdörfchen O Cebreiro gilt mit ihren achthundert Höhenmetern eigentlich als die letzte große Bergschlacht vor Santiago. Die ersten Kilometer sind noch relativ harmlos, es geht leicht bergauf durch ein liebliches, sattgrünes Tal mit Rinderweiden, mächtigen Walnussbäumen und einem munter gurgelnden Bächlein. Dann erreicht man den Weiler Herrerías. Wer gerne ein wenig schummeln möchte, der könnte sich hier ein Taxi bestellen und sich bequem auf der Straße nach O Cebreiro kutschieren lassen. Ich finde das Angebot nach wie vor absurd, von wenigen medizinisch induzierten Ausnahmen mal abgesehen, bei denen eine Nutzung sinnvoll wäre. Das ist eher eine Einzelmeinung, aber ich vertrete sie, denn, wo es ein Auto gibt, verleitet es zu viele innere Schweinehunde zum Mitfahren, die sonst auch ohne vier Reifen oben angekommen wären.

Der Aufstieg über Wald- und Wiesenpfade wird steiler, nach einiger Zeit erreiche ich das Bergdorf La Faba. Der Weg ist immer wieder garniert mit Pferdeäpfeln, sodass der Verdacht naheliegt, dass man auch hinaufreiten könnte. Je weiter ich mich das letzte höhere Hindernis zwischen mir und Compostela hocharbeite, desto mehr Pilger treffe ich. Ich alte Bedenkenträgerin habe noch im Tal – mal wieder – gefürchtet, dass mir der letzte Berg konditionelle Schwierigkeiten bereiten könnte, und stelle nun zu meiner

Begeisterung auf halber Strecke fest, dass dem nicht mehr so ist. Ich fühle mich fitter als je zuvor, lasse auf dem anstrengenden Bergpfad alte, schnaufende Männer hinter mir zurück wie Sportler Slalomfähnchen bei der Skiabfahrt. Ist nicht genau dasselbe, ich weiß. Ich bin zwar immer noch keine Hochgeschwindigkeitsbahn, aber endlich doch ein verlässlich lustig pfeifender D-Zug geworden.

Landschaft – und Anstieg – sind atemberaubend, an den Berghängen wachsen Ginsterbüsche und Latschenkiefern, eingebettet in das saftige Grün der Bergwiesen. Das Panorama der Berge ringsherum ist traumhaft. Ich komme mir das erste Mal auf meinem Weg vor wie im Alpenvorland. Es fehlt nur das idyllische Kuhglockengeläut.

Für mich persönlich landet dieser Tag, nach der unschlagbaren Cruz-de-Ferro-Etappe, in der »Hall of Fame der Caminohighlights« definitiv auf dem Silberrang. Ursprünglich wäre auch die Pyrenäenstrecke ein Aspirant auf einen Treppchenplatz gewesen – aber von der habe ich wegen dichten Nebels kaum etwas gesehen, weshalb sie disqualifiziert worden ist.

Kurz vor O Cebreiro heißt mich und zahllose andere Pilger ein bunter Grenzstein in Galicien willkommen, der moosgrünen Seele des Landes. Nach vielen hundert Kilometern Fußmarsch durch Navarra, La Rioja und Kastilien-León betrete ich endlich die Region, in der auch Santiago de Compostela liegt.

24

Pilgerschreck

*»Wie du am Ende deines Lebens wünschest
gelebt zu haben, so kannst du jetzt schon leben.«*
(Marcus Aurelius)

Das Universum hat sich zu Herzen genommen, dass ich mich vor wenigen Tagen beklagt habe, mein Regenzeug die ganze Zeit unnütz mit mir rumschleppen zu müssen. Es hat mal wieder und mit angemessener zeitlicher Verzögerung eine von mir unbedacht ausgesprochene Aussage mit einer subtilen Bitte verwechselt, wobei ich gleich betonen will, dass das Tragen von Regenkleidung nicht zu meinen Herzenswünschen gehört. Beim nächsten Kontakt werde ich dem Universum empfehlen, eine Weiterbildung zum Thema Kommunikationsmanagement zu besuchen. Modul 1: Unterscheidung von unnützen und berechtigten Pilgerwünschen. Modul 2: Umgang mit dem Bittsteller bei berechtigter Ablehnung von Forderungen.

Gestern Abend hat sich das Wetter so rasant verschlechtert wie der nächtliche Gesundheitszustand eines Kleinkindes bei einer Fieberattacke. Als ich an meinem ersten galicischen Morgen in Liñares recht spät, aber wie immer schlafbeseelt aus dem Fenster meines Mehrbettzimmers starre, habe ich einen Flashback. Die Szene ähnelt meinem ersten Tagesanbruch in Orisson wie ein weißes Ei dem anderen. Nebel. Auf dem Fensterbrett haben es sich Tausende kleine Wassertröpfchen gemütlich gemacht. Diese feuchten Halbkugeln haben jedoch kein Bedürfnis, sich zu vereinen und sich kopfüber in die Tiefe zu stürzen. Mein Blick gleitet zum funzeligen Schein einer Straßenlaterne. Ihre Gestalt wird fast verschluckt vom milchig-wabernden Dunst in der Luft. Der Boden, den sie beleuchten soll, wird kaum erhellt von dem von Nebel verschluckten Licht.

Galicien präsentiert sich mir von seiner feinsten Seite. Da die Atlantikwinde hier ein erstes Mal auf eine hohe Bergkette stoßen, ist das jedoch nichts Ungewöhnliches. Die Wolken werden nach oben getrieben, kühlen sich ab und können ihr Wasser nicht mehr halten. Meteorologische Inkontinenz. Es ist oft regnerisch, nebelig und kühl hier. Also doch: Endlich Gelegenheit, meine wasserresistente Zweithaut anzulegen.

Was bin ich doch für ein Glückskind, dass ich heute nicht durch dieses unwirtliche Wetter auf schmierigen Pfaden nach O Cebreiro aufsteigen muss, sondern dies gestern bei strahlendem Sonnenschein tun durfte. Die Leute, die einen Tag hinter mir unterwegs sind, sehen sicher nichts von der phänomenalen Berglandschaft, die ich genießen durfte. Sie werden stattdessen mehr damit beschäftigt sein, rutsch- und unfallfrei hier anzukommen.

Liñares, mein nächtliches Ausweichquartier, bestehend aus ein paar versprengten Häusern neben der Straße, liegt nur wenige Kilometer hinter O Cebreiro, wo mir dank einer sehr begrenzten Bettenzahl eine Übernachtung verwehrt blieb. Ich verlasse meine Herberge wie immer ohne Frühstück, folge dem Weg und versuche, mich mit dem Dampfsaunawetter anzufreunden.

Am Alto de San Roque, normalerweise als Aussichtspunkt bekannt, hat man eine hünenhafte Pilgerskulptur aufgestellt, die sich mit ihrem Stab gegen den stürmischen Wind stemmt und dabei den Schlapphut festhält. Ein geborener Optimist. Ich habe meinen Schlapphut erst gar nicht versucht aufzusetzen.

Der Ausblick von hier auf die galicische Sierra de O Courel und auf der anderen Seite auf das wilde Naturgebiet Os Ancares wäre sicher lohnend. Das habe ich zumindest gelesen. Vielleicht ein anderes Mal. Bei besserem Hutwetter.

Obwohl einige in lange Ponchos gehüllte Pilger unterwegs sind, ziehen sie ohne Halt an der Skulptur vorbei. Auch mir ist es zu ungemütlich, um mit dem alten Pilger gemeinsam zu posieren.

Also mache ich rasch ein nebulöses Bild von ihm allein und verschwinde fast genauso schnell wie alle anderen von diesem windig-feuchten Platz.

Bei der ersten Gelegenheit dränge ich mich zu vierzig weiteren klitschnassen Pilgern und deren Rucksäcken in eine Minibar, die für deutlich weniger Menschen vorgesehen ist. Der Barbetreiber ist, ob der fröhlich dampfenden Menge, total überfordert. Der Gemütlichkeitsfaktor liegt bei Zero und ähnelt damit meiner Mageninhaltsanzeige. Ich kühle schneller aus als ich »Tee« sagen kann, während meiner Poritze ein eiskaltes Rinnsal entgegenrollt, das im Nackenbereich Eingang unter meine Kleidung gefunden hat. Nach fünfzehn klammen Minuten reißt mein auch bei besserem Wetter recht kurzer Geduldsfaden. Auf diese Wetlookparty mit Personalmangel habe ich keinen Bock mehr. Ich drehe mich auf dem Absatz um und gehe zurück in den Regen. Ohne Tee und mit leerem Magen ziehe ich weiter. Meine Laune ist den inneren und äußeren Umständen angemessen.

Erfreulicherweise werden die Bedingungen innerhalb der nächsten Stunde besser. Es wird heller, der Wind lässt nach und es hört fast auf zu regnen. Ich wandere vorbei an sanft geschwungenen Tälern mit Kastanienbäumen, Eichen, Stechpalmen, Feldern von Heide und Ginster und nehme ein paar tiefe Atemzüge galicischer Luft mit. Es riecht nach Moos und feuchter Erde. Wäre ich jetzt ein Trüffelschwein, könnte ich den Boden umpflügen und nach unterirdischen Pilzen suchen. Diese Vorstellung hebt meine Laune gehörig. Ich muss an Paula denken, mit der ich vor einer gefühlten

Ewigkeit über Pilze, allerdings nur oberirdische, und Autoren, auch unterirdische, debattiert habe. Ob ich in Galicien tatsächlich ein paar Pilze finden werde? Noch habe ich keine gesehen. Wenn ich nicht genau wüsste, dass ich durch Galicien ziehe, könnte ich mich auch in einem verweinten Irland befinden. Mit den am Wegesrand aufgeschichteten Steinwällen erinnert mich die Landschaft stark an diese Insel. Ich mache Fotos, die ich auch auf meinem Laptop im Album meiner letzten Irlandreise abspeichern könnte, ohne dass es jemand bei der Präsentation bemerken würde. Wenn man bedenkt, dass nur zweihundert Kilometer weiter östlich von hier ein fast wüstenartiges Klima herrscht – es ist schon irgendwie verrückt.

Nachdem meine erste Regenflucht durch den Andrang in der Bar vereitelt wurde, bekomme ich endlich Gelegenheit, in ein weniger gefülltes Café einzufallen, um mit vorgehaltenem Zeigefinger Tee zu fordern. Kurz vor der Lokalität in Fonfría treffe ich glücklicherweise wieder auf Béatrice, eine weitere französischsprachige Schweizerin, die in der Nähe von Patricia, der Dame mit dem Holzschild und dem Holzknie, am Genfer See lebt. Natürlich haben sich die beiden Landsfrauen in den letzten Wochen öfters getroffen.

Der Camino Francés ist, was das zufällige Wiedersehen von Leuten betrifft, wie ein großes Live Event, bei dem man in den Pausen an der Würstchenbude immer wieder auf dieselben Gesichter trifft.

Béatrice wird auf freiwilliger Basis meine Frühstückskomplizin. Wir kennen uns schon seit Astorga und waren uns in den vergangenen Tagen immer wieder »über den Weg gelaufen«. Dabei habe ich unter anderem von ihren schweizerischen Aktivitäten als Pilgerbegleiterin erfahren. Die Frau ist grundsätzlich extrem gut informiert und vernetzt. Sie hat auch Kontakt zu Nicole, einer weiteren Deutschen, die ich bislang erstaunlicherweise noch an keiner Bude getroffen habe. Nicole kommt wie ich aus Leverkusen und heute zum genau richtigen Zeitpunkt in unserer Bar an, um mit uns zu frühstücken.

Wir verstehen uns auf Anhieb. Im gleichen Alter, in derselben Stadt groß geworden – wir sprechen dieselbe Sprache. Natürlich haben auch wir gemeinsame alte und neue Bekannte, nicht zuletzt Bruder Cassian in Rabanal, in dessen Gästehaus sie die zwei Nächte verbracht hat, die ich leider nicht gebucht habe.

Wir sitzen bald satt in warmer, trockener und gemütlicher Atmosphäre. Reden, lachen, fühlen uns wohl, freuen uns, genau dort zu sein, wo wir gerade sind, genau das zu tun, was wir gerade machen. Zeit zu haben. In allen Entscheidungen frei zu sein. Das fühlt sich so ganz anders an als zu Hause, wo die täglichen Verpflichtungen die persönliche Freiheit doch stark einschränken.

Unser aller Tagesziel heißt Triacastela. Von dort sind es etwa einhundertfünfunddreißig Kilometer bis nach Santiago. Das ist nicht mehr weit. Noch ungefähr eine Woche.

Morgen werden wir in Sarria sein. Dann liegt nur noch der Teil des Francés vor uns, den statistisch gesehen die meisten Pilger gehen. Da die Stadt verkehrsmäßig gut angebunden ist, steigen vornehmlich diejenigen Pilger hier ein, die sich mit den verbleibenden einhundert Kilometern zufriedengeben. Dies ist das Minimum, was man als Fußpilger zurückgelegt haben muss, um die *Compostela*, die Pilgerurkunde, in Santiago entgegennehmen zu dürfen.

Das heißt, es wird noch mal *richtig* voll werden in dieser letzten Woche. Dieser Tatsache sehe ich mit gemischten Gefühlen entgegen. Es ist auf dem gesamten Weg bislang nie einsam gewesen, weder Ende April, als ich das erste Mal losgegangen bin, noch jetzt, Mitte Oktober. Die Lage in den Herbergen hat sich etwas entspannt in den letzten Tagen, aber es ist für mein Empfinden immer noch voll. Und noch voller ist nicht immer gleichbedeutend mit noch toller.

Deshalb habe ich mich entschlossen, morgen einen kleinen Umweg über das Kloster Samos zu machen, um zumindest dem Betrieb auf der Hauptstrecke nach Sarria zu entgehen. Patricia hat mir diese Alternativroute auf mein Handy geschickt und sehr empfohlen. Sie musste zwischenzeitlich aufgrund ihrer Knieprobleme einmal mit dem Bus fahren, deshalb geht sie nun einen Tag vor mir.

Ich frage mich, ob sie wohl Paolo im Bus getroffen hat. Die zwei würden gut zusammenpassen, beziehungsweise zusammen humpeln und könnten sich sogar mühelos unterhalten. Patricia hat spanische Verwandtschaft und spricht die Sprache perfekt.

Ich betrachte meine Gefährtinnen. Ob sie sich wohl über einen Pilgerstein freuen würden? Greife beiläufig in meine Tasche, ziehe zwei Steine hervor und überreiche sie als persönliche Erinnerung an dieses Treffen.

Es ist immer schön beobachten zu können, wie andere Menschen sich über kleine Gesten freuen. Überraschung gelungen. Jetzt habe ich nur noch ein einziges Exemplar übrig.

* * *

Nach Triacastela

Mein Tag startet feucht, dafür nicht ganz fröhlich.
Grenzenlos neblig, eher gesagt nöl' ich.
Das Wasser findet jede Ritze,
auch die, auf der ich sonst nur sitze.

Ungemütlich trifft die Lage.
Vor mich hin ich leise klage.
Dann endlich find' ich meinen Tee,
und weiter in Gesellschaft geh.

Gegen Mittag klart es auf,
Mensch wieder sieht der Sonne Lauf.
Auch mein Gemüt erfreut sich prompt,
in Sicht das Tagesziel schon kommt.

Vorm Dorf ein Walnussriese steht,
und bei der Kirch' am Friedhof: Seht!
Sitzt ein Buddha.
Zum Gebet.

Ja, das habe ich nicht verstanden. Bei meiner kleinen Ortsbesichtigung am Nachmittag in Triacastela habe ich gegenüber dem Kirchenportal auf der Mauer eine Buddha-Statue entdeckt. Eine sehr seltene Kombination, dass man Christentum und Buddhismus direkt nebeneinander platziert. Nicht, dass es mich stören würde, ich bin nur erstaunt. Auch darüber, welche Kreativität diese Beobachtung in mir ausgelöst hat.

* * *

Triacastela hat reichlich Übernachtungsmöglichkeiten zu bieten, fast alle nahe der langgezogenen Hauptstraße. Je weiter ich dieser am anderen Morgen folge, desto mehr Pilger strömen aus ihren Herbergen auf die Hauptstraße. Ein menschlicher Fluss, der sich mit sanfter Entschlossenheit gemeinschaftlich in Richtung Sarria schiebt.

Die Bewegung kommt kurz hinter dem Ortsausgangsschild zu einem unerwarteten Halt, denn hier muss man sich entscheiden. Entweder man folgt dem Wegweiser nach rechts und läuft auf direktem Weg nach Sarria oder man geht daran vorbei und nimmt einen Umweg über das Kloster Samos. Ich bin erstaunt, als der komplette Pilgerklumpen vor mir rechts abbiegt.

Ich checke die Strecke noch mal auf meiner Uhr. Ähnliches Szenario wie vor ein paar Tagen nach Villafranca del Bierzo, wieder wähle ich mutig den Weg geradeaus. Erneut an der Straße entlang, rechts und links davon bewaldete Berghänge. Manche Menschen werden einfach nie klug! Zum Glück zeigt sich diesmal ein zwar schmaler, aber immerhin durch eine schützende Leitplanke abgetrennter Fußweg. Es gibt so gut wie keinen Verkehr. Das könnte allerdings auch mit der frühen Tageszeit zusammenhängen und sich noch ändern.

Zu meiner Linken, einige Meter unter mir, höre ich das energische Plätschern des Oribio, der in seinem Bett mäandernd den Weg in die Ebene von Sarria sucht. Erstaunlicherweise regnet es heute nicht, aber der Morgennebel zeigt sich erneut verlässlich. Noch bin ich nicht von ihm umgeben, aber ich laufe in seine Richtung und werde ihn sicherlich eingeholt haben, bevor er seinen Schleier lüftet.

Nach zehn Minuten drehe ich mich das erste Mal vorsichtig um, um zu schauen, ob hinter mir jemand wandert. Es ist nach wie vor ungewohnt für mich, *nicht* überholt zu werden. Aber es ist niemand zu sehen. Ich bleibe allein und bin angenehm überrascht. Wie ist das möglich, dass alle den anderen Weg nehmen? Das ist ja fantastisch!

Ich drehe mich auch in den nächsten zehn Minuten noch zweimal um, um mich zu vergewissern. Aber niemand kommt. Ich bin sehr zufrieden mit mir und meiner Entscheidung. Irgendwann verlasse ich die Hauptstraße und folge einem ehemals geteerten Weg leicht bergauf. Sein Zustand ist schlecht, der Belag extrem verwittert. Im Laufe der Jahre haben sich tiefe Risse gebildet. Niemand hat sich die Mühe gemacht, sie auszubessern. In den Löchern hat sich schon Moos breitgemacht.

Die Straße führt mich nach San Cristovo do Real, einem kleinen Weiler mit oberirdisch verlegten Stromleitungen. Wie Geburtstagsgirlanden hängen sie kreuz und quer von Masten und Häusern herab. Viel mehr ist nicht übriggeblieben von der Party. Vor der Kirchenmauer bröckelt der Putz. Es sieht aus, als wäre Feuchtigkeit die Ursache gewesen. Ich rüttele an der verschlossenen Tür. Ziemlich sicher ist dieses Gotteshaus länger nicht genutzt worden.

Rings um die Kirche herum stehen ein paar uralte, aus Steinplatten aufgeschichtete, schmucklose Häuser. Sie sehen verlassen aus. Und alles andere als vertrauenerweckend. Mitten durch den Ort verläuft der Oribio. An einer Stelle hat er sein gemachtes Bett selbstständig verlassen, ohne um Erlaubnis zu bitten. Er ist einfach übergelaufen und hat sich Hals über Kopf in eine Wiese übergeben, die seitdem eine verflochtene Liebesbeziehung mit seinem alten Treibholz führt. Es sieht so aus, als habe niemand in den letzten Jahren die Entscheidung des überbordenden Baches rückgängig machen wollen. Am und im Wasser wachsen allerhand Gräser, Farne und anderes unartiges Unkraut mit einer modrig grünen Note.

In dieser nassen Pampa steht ein rechteckiges, offenes Gebäude, das Dach gedeckt mit schwarzen, halbkreisförmigen Schiefertafeln. Viele sind beschädigt, einige fehlen. Vermutlich ist ein Baumstamm draufgekracht. Die Spuren sind unübersehbar, aber niemand hat sich die Mühe gemacht, es zu reparieren.

Wohl auch, weil es kein Wohnhaus ist, sondern mehr an eine überdimensionierte Bushaltestelle am Wasser erinnert. Zu welchem Zweck dieses Gebäudes auch immer errichtet worden ist – es wird mir ein ewiges Rätsel bleiben.

Wer weiß, vielleicht habe ich noch einen glorreichen Einfall. Alle wahrhaft großen Gedanken kommen mir unerwartet beim Gehen.

Ich komme an weiteren uralten, verfallenen Wohnhäusern vorbei. In den Höfen steht allerlei verrostetes Zeug. Sogar Autowracks. An anderen Häusern sind die Fensterläden verrammelt, die Gärten verwildert. Absolut niemand ist zu sehen. Nur eine Horde Katzen tummelt sich auf einem mit Unkraut überwucherten Platz. Blicke aus gelben und grünen Augenpaaren folgen mir mit einer Mischung aus Misstrauen und Hoffnung, als ich nah an ihnen vorbeigehe. Ob die wohl noch jemand füttert? Angeblich sollen hier 2021 noch ganze zweiundzwanzig Personen gelebt haben. Wo sind die hin? Es gibt keine Klingelschilder, keine Briefkästen. Das ist alles ganz schön creepy. Wer oder was ist für die verschwundenen Anwohner verantwortlich? Ich erinnere mich an einen Film, von dem mir mein Mann erzählt hat: Katzen sind nicht immer die niedlichen Tiere, für die wir sie halten.

So oder so. Mein Urteil steht bereits fest: ein extrem abweisendes Plätzchen. Selbst die gelben Jakobswegpfeile scheinen sich lieber in den gemauerten Hauswänden verkriechen zu wollen, statt selbstbewusst den Weg zu weisen. Auch mit meinem Selbstbewusstsein ist es jetzt nicht mehr so weit her, denn mir fällt ausgerechnet nun wieder ein, dass diese Route die Leprakranken genommen haben, um zum Kloster Samos zu gelangen. Auch damals haben die Vorfahren der gelb- und grünäugigen Katzen sicherlich auf diesem Platz gesessen und die vorbeischleichenden, halb skelettierten Kranken so geringschätzig gemustert wie mich heute. Vielleicht haben die ohnehin dem Tode Geweihten damals sogar in ihrer Not an die Türen geklopft und um Einlass gebettelt.

Nein, nein. Ganz blöder Gedanke. Ich klopfe ganz sicher nicht an so eine Tür. Ganz zu schweigen davon, dass ich definitiv nirgendwo reingehen würde, selbst wenn ein Lebendiger öffnen würde.

Ich werde schneller.

Am Ende des verwaisten Dorfes führt der schmaler werdende Jakobsweg in einen dichten Eichenwald hinein. Ich haste in das dunstige Gehölz, habe die Nebelschwaden nun eingeholt. Der weiche Waldboden verschluckt meine Schritte wattegleich. Den Vögeln ist auch nicht nach Zwitschern zumute, sie schweigen mit mir. Ich hätte *wirklich* nichts dagegen, wenn mich jetzt doch der erste Pilger überholen würde, der sich, ebenfalls wie ich, für das Morgengruseln entschieden hat.

Mangels Alternativen gehe ich weiter durch den stummen Wald, stelle mir bewusst vor, wie ich in einigen Tagen in Santiago auf der Plaza del Obradoiro, dem Platz vor der Kathedrale, ankommen werde. In welcher Stimmung? Werde ich ein wenig traurig sein, dass niemand da ist von den Menschen, mit denen ich den Camino begonnen habe, oder wahnsinnig glücklich, den Anblick des Portals genießen zu können? Welche Lehren werde ich aus meinem Camino ziehen? Ich versuche, mich in die wahrhaft großen Gedanken sinken zu lassen, kann mich aber nicht fokussieren und lande geistig schnell wieder bei dem ramponierten Häuschen im neuen Bachlauf. Das Rätsel, was es damit auf sich hat, habe ich immer noch nicht geknackt.

Dann knackt etwas anderes – und zwar ein Zweig. Direkt hinter mir. Ich wirbele herum, trotz meines schweren Rucksacks. Taumele kurz, fange mich. Was zur Hölle war das? Mein Gehirn entwickelt sein absolutes Maximum an Fantasie, wenn es um das Ausdenken von Worst-Case-Szenarios geht. So viele miese Psychothriller habe ich empfindliches Seelchen gar nicht gesehen, aber trotzdem kann ich »Worst Case« besonders gut.

Doch hinter mir ist niemand zu sehen. *Wilde Tiere?* Mein Puls schießt in die Höhe, aktiviert meinen Fight-or-Flight-Modus. Das habe ich mir nicht eingebildet! Bereit für das Unausweichliche balle ich meine Fäuste und drehe mich nicht ganz so schnell wie ein Pfeil zurück in meine Ausgangsrichtung. Im selben Moment schwebt lautlos eine zierliche ältere Frau aus meinem toten Winkel und geht zu nah an meiner linken Seite vorbei. Ich mache unwillkürlich ein japsendes Geräusch. Das ist schlicht unmöglich! Sie war doch vorher nicht da!

Sie hebt die Hand, winkt und schmettert mir ein kräftiges »Buen Camino« entgegen. Viel zu laut für die Distanz zwischen uns. Hoffentlich lockt sie die Katzen damit nicht an.

Wahrscheinlich sehe ich aus, als wäre ich gerade einem Geist mit Rucksack begegnet. Ich habe ihre Präsenz nicht gefühlt in meinem Rücken, obwohl sie ganz nahe bei mir gewesen sein muss. Dabei kann ich das sonst sehr gut.

»Oh, sorry! Habe ich mich zu sehr angeschlichen? Ich wollte dich wirklich nicht erschrecken«, sagt sie und lächelt entschuldigend, als sie meinen Blick sieht. »Du warst wohl sehr tief in Gedanken, was?«

Eigentlich nicht. Ich versuche schnell, meine entgleisten Gesichtszüge wieder unter Kontrolle zu bringen und haste hinter ihr her aus dem einsamen Wald heraus.

* * *

Kurz nach elf erreiche ich das Kloster Samos, das im sechsten Jahrhundert erbaut wurde. Damit gehört es zu den ältesten Klöstern Spaniens. Seitdem gab es, wie bei fast jedem Kloster, jede Menge Irrungen und Kriegswirrungen und diverse Besitzer. Dieses hier tut sich dadurch hervor, dass es mehrfach abgebrannt ist. Das letzte Mal im Jahre 1951, als die Benediktinermönche beim Schnapsbrennen wohl selbst zu tief ins Glas geschaut haben und versehentlich neben dem Hochprozentigem auch große Teile ihres Klosters zum Brennen gebracht haben. Die nächste Führung beginnt erst um zwölf Uhr.

Da ich eine Dreiviertelstunde warten muss, gehe ich in das nahe gelegene Café, um mir die Zeit bis dahin zu vertreiben. Als ich mich meinen Tee und Orangensaft in je einer Hand suchend umblicke, entdecke ich Rajiv an einem der Tische.

Er winkt mir erfreut zu. »Hi, Sandra!«

»Rajiv, was für eine schöne Überraschung! Aber wo ist Cecilia?«

»Sie hat wieder Probleme mit ihrem Knie. Sie musste heute leider ein Taxi nehmen.«

Cecilia gehört damit ebenfalls zur Fraktion »dickes Knie«. Wer nicht? Irgendjemand hatte mir ziemlich am Anfang mal erzählt, dass bis Santiago neunzig Prozent der Pilger mit Knieproblemen zu kämpfen hätten. Ich hielt das damals für stark übertrieben. Das wären ja neun von zehn Leuten! Mittlerweile bin ich nicht mehr sicher, ob das nicht doch stimmt.

Bei dem Gedanken an Schmerzen reibe ich mir reflexartig die linke Schulter. Anscheinend gehöre ich zu den übrigen zehn Prozent, deren Schmerzen sich auf alle anderen Körperteile verteilen. Bei mir ist es jetzt die Schulter. Sie zwickt mich gehörig seit ein paar Tagen, wenn ich den Rucksack darüber hänge. Aber ich ignoriere immer noch ihre mittlerweile sehr energische Art, auf sich aufmerksam zu machen. Und bin damit genauso stur wie jeder andere auch, dem ich predige, ähnlich gesundheitsschädigendes Verhalten unbedingt zu unterlassen.

»Was denkst du, hast du Lust, zusammen mit mir weiterzugehen?«, fragt der Amerikaner.

Oh ja, das habe ich definitiv – nach der beängstigenden Waldpassage. »Gerne, aber vorher wollte ich die nächste Führung im Kloster mitmachen.«

»Ah ja. Verstehe. Kein Problem, Sandra. Mach das ruhig.«

»Du hast kein Interesse?«

»Grundsätzlich schon, aber ich will Cecilia nicht zu lange in Sarria auf mich warten lassen. Sie wollte gerne den Nachmittag dort mit mir verbringen.«

Ich bin hin und her gerissen. »Okay, Rajiv, ich lasse die Führung ausfallen.«

»Sicher?«

»Ja. Meine innere Stimme hat mir gerade befohlen: Geh mit Rajiv!«

Er lacht. »Brave Stimme! Das freut mich.«

Hat diese Spontanität etwa mit meinem leicht beknackten Vormittag zu tun? Nicht auszuschließen … Jedenfalls habe ich meine Entscheidung, mit ihm zu gehen, nicht bereut. Wir verbringen einige sehr unterhaltsame Stunden auf den verbleibenden fünfzehn Kilometern nach Sarria. Rajiv, der mich in das Leben von Miguel und seiner Familie eingeweiht hatte, ist ein ebenso guter Zuhörer wie Geschichtenerzähler. Lustig und klug zugleich. Ein wenig philosophisch werden wir auch. Der Kontrast zu meinem Vormittag könnte kaum gewaltiger sein.

Das liegt nicht zuletzt an der Sonne, die ihren Platz am Himmel gegen die bisher dominanten Wolkenschichten zurückerobert hat. Wir wandern leicht bergan auf schattigen, moosbewachsenen Hohlpfaden durch kleine Wäldchen mit sonnendurchfluteten Lichtungen. Das facettenreiche Spiel von Licht und Schatten ist großartig. Meine Fotografenseele würde am liebsten in kurzen Abständen anhalten und wilde Knips-Orgien einlegen, aber in Gesellschaft halte ich mich doch sehr zurück. Dann wieder folgen wir breiten landwirtschaftlichen Wegen. Auf üppigen Weiden sehen wir glückliche Pferde, wiederkäuende Kühe und auch ein paar angepflockte schlappohrige Eselchen. Merkwürdigerweise sind auch wieder mehr Pilger seit Samos unterwegs, wenn gleich es immer noch verhältnismäßig wenige sind.

Ungefähr drei Kilometer vor Sarria kommen wir an einer charmanten privaten Pension mit Café vorbei. Haus und Garten sind mit viel kreativer Handarbeit und Liebe zum Detail hergerichtet worden. Aus bunt bemalten Terrakottatöpfen ranken pinkfarbene Petunien und rote Geranien. Hollywoodschaukel und Bänke laden zum Entspannen in dieser Gartenoase ein. Ein sehr idyllischer Platz, an dem wir für eine kurze Pause dankbar unsere Füße von uns strecken.

Ich befinde, dass ich nun nahe genug an Santiago herangerückt bin, um meine erste Tarte de Compostela zu probieren, den traditionellen Mandelkuchen, geschmückt mit einem Pilgerkreuz aus Puderzucker. Mmmmmmh! Ein Genuss!

Nicht nur, weil sie gut schmeckt.

* * *

Nach der unbeschwerten Zeit mit Rajiv ist die Ankunft in Sarria gewöhnungsbedürftig. Ich gebe zu, dass ich bereits voreingenommen war von den Erzählungen anderer Pilger.

Es wimmelt in der Stadt nur so von Menschen – wie in einem Ameisenhaufen, in den man extra mit einem Stöckchen hineingestochen hat. Überall trifft man Pilger – in den Restaurants, Straßen, Supermärkten, Souvenirläden. Auch im Waschsalon sitzen sie und starren meditativ auf die sich drehenden Trommeln.

Während ich auf eine freie Maschine warte, beobachte ich einen jungen Mann in Boxershorts, T-Shirt und Badelatschen, wie er seine komplette Ausrüstung, also diverse Wanderklamotten, aber auch die Schuhe, den Schlafsack und den Rucksack in die letzte noch freie XXL-Maschine schmeißt. Er stellt das Waschprogramm auf neunzig Grad an.

»Ist das nicht ein bisschen zu warm für das ganze empfindliche Funktionszeug? Hast du keine Angst, dass es schrumpft?«, warne ich – mal wieder ganz die Pilgermama.

Er verdreht die Augen. »Ja. Ist es. Und ja, hab' ich.«

»Ähm. Das ist nicht logisch.« Ich habe bisher noch nie gesehen, dass jemand seine Schuhe oder seinen Rucksack in der Maschine gewaschen hat. Schon gar nicht alles zusammen.

»Nein, nicht logisch. Aber effektiv.«

Eigentlich will er nichts mehr sagen, aber wahrscheinlich liest er die komplette Verwirrung von meiner zerknautschten Vorderseite ab. »Wir hatten Bettwanzen letzte Nacht in der Herberge«, ergänzt er daher.

»Ah!« Nicht, dass sich meine Stirn nun glätten würde.

»Sie waren überall. *Überall.*«

»Oh! Nicht gut.« Mehr brauche ich nicht zu wissen, aber nun, da das Geheimnis gelüftet wurde, bekomme ich gratis alle unappetitlichen Details dazu erzählt.

Als er seine Sachen aus der Maschine nimmt, um sie zusammen mit den Miniinsektenwasserleichen nun in der heißen Trocknerluft rotieren zu lassen, dreht er sich zu mir um und sagt: »Am besten wartest du, bis eine der anderen Maschinen frei wird.«

25

Brückentag

*»Mut ist Widerstand gegen Angst, Beherrschung der Angst –
nicht Abwesenheit von Angst.«*
(Marc Twain)

Das kann doch nicht wahr sein! Wo ist das Päckchen Mut hin, das auf meiner Packliste stand? Ich hatte es mir doch zurechtgelegt, griffbereit verstaut und auf der Liste abgehakt! Es wäre jetzt von großem Vorteil, das Tütchen aufreißen und den Inhalt konsumieren zu können, ähnlich wie Magnesiumpulver. Meine Augen melden: Achtung Notfallmodus, Achtung Notfallmodus, klicken Sie jetzt auf »Mutphase I aktivieren«.

Gar nichts klickt da bei mir. Weder im Gehirn noch im Knie. Mein Mut hat sich irgendwo verklemmt, wo ich gerade keinen Zugriff auf ihn habe. Ich beiße mir auf die trockene Unterlippe. Keinen Schimmer hatte ich, welches Highlight mich Höhenprofi am Ende dieser Etappe erwartet. Habe ich wohl überlesen bei der Vorbereitung.

Ich stehe allein vor der extrem langen Brücke nach Portomarín, die sich über den Belesar-Stausee erstreckt, dessen Pegel gerade besonders niedrig ist. Links und rechts davon gibt es deshalb ziemlich viel klare Luft bis zur Wasseroberfläche. Und natürlich keinen Nebel, wenn man ihn mal braucht. Das ist schon ein bisschen unfair!

Verdammt, war das wirklich nötig, die Brücke so hoch zu bauen? Ein Drittel an Höhe hätte es für meinen Geschmack auch getan. Dazu ist sie nicht gerade fußgängerfreundlich konstruiert. Jedenfalls nicht für ausgewachsene Pilger mit Höhenangst. Zwischen der Leitplanke zur Fahrbahn und dem Miniaturbrückengeländer sollen fünfzig Zentimeter Fußweg die Sicherheit der Fußgänger garantieren. Das ist unsympathisch schmal und dazu noch viel zu nah am Abgrund! Zur Abwechslung ist es mal wieder heiß. Mitte Oktober und so ein Wetterkarussell! Braucht kein Mensch!

Mein Mund ist ausgedorrt wie ein spanisches Sonnenblumenfeld, der Schweiß läuft in dieselben Ritzen, die vorgestern noch von kaltem Regenwasser geflutet worden sind. Jetzt ein Wassereis! Ich wüsste gar nicht, ob ich es essen oder lieber an meiner heißen Stirn verdampfen lassen würde.

Vielleicht kann mir der Eisverkäufer des Universums über diese Brücke helfen. Ich bestelle mir umgehend eine ordentliche Portion Eis in den Geschmacksrichtungen Sorglosigkeit und Zuversicht mit bunten Mutstreuseln. Es eilt.

Ich warte etwas länger auf mein imaginäres Abenteurereis, während ich unruhig von einem Bein auf das andere trete und überlege, was ich als Nächstes tue. Man teilt mir mit, wegen meiner aktuell zu häufigen Bestellungen und meiner fehlenden Wertschätzung der Ergebnisse würde es in Sachen Spezialeis zu Lieferengpässen oder sogar Komplettausfällen kommen.

Herr im Himmel! Das kann doch alles nicht wahr sein! Sind wir denn hier bei der Deutschen Post oder bei der Deutschen Bahn?

Die Lieferung, die ich schließlich bekomme, beinhaltet ein Eis, das bereits zu einer undefinierbaren klebrigen Suppe zusammengeschmolzen ist. Auch das Streuseltopping hat sich vor dem Servieren verabschiedet. Anscheinend haben sich die Mutstreusel über den Rand des Geländers in die Tiefe gestürzt, statt mich zu ermutigen. Dort schwimmen sie nun unerreichbar im Wasser. Vor meinem inneren Auge materialisiert sich ein tobender Balrog und schnaubt mir verächtlich zu: »Vergiss das mit dem Eis! Du kriegst stattdessen Wackelpudding für die Knie.«

Na großartig! Die Probleme vervielfältigen sich sekündlich.

Ich weiß, dass einem Balrog, insbesondere dann, wenn man ihn reizt, alles Mögliche zuzutrauen ist. Eine verängstigte Pilgerin fertigzumachen, gelingt ihm mit links. Ich versuche mich zu beruhigen, indem ich mir erkläre, dass die Angst, die ich gerade verspüre, der Situation gegenüber unangemessen ist. Und dass es keine Balrogs gibt.

Das Balrogvieh grunzt entrüstet, dann lacht es mich schallend aus und will sich wieder dem ängstlichen Pilgerlein zuwenden.

Ich überlege kurz, ob ich ihm einfach eine reinhaue, getreu seinem eigenen Motto »Wut statt Mut«, oder ob ich die Gefahr objektiv erhöhen soll, sodass es sich überhaupt lohnt, Angst zu haben. Ich könnte mitten auf der Straße gehen und bei Bedarf den verrückten spanischen Autofahrern irre zuwinken und gegebenenfalls zur Seite über die Leitplanke zurück auf den Fußweg springen, aber davon rät mir wiederum mein »Inneres Zentrum für gesunde Ankunft in Santiago« ganz stark ab.

Die Etappe nach Portomarín war voll mit Pilgern. Nicht mal zwei Minuten war ich allein unterwegs, immer jemand in Sichtweite, immer jemand zu hören. Ich habe mich nach mehr Ruhe gesehnt. Jetzt ist – natürlich, danke, Herr Murphy – kein Pilger weit und breit zu sehen. Hier habe ich sie also, meine Ruhe.

Genau jetzt wäre der Moment, wo ich einen kompetenten Mitläufer dringend gebrauchen könnte. Zur Ablenkung. Zur Motivation. Zur Stärkung. Ausgerechnet jetzt ist niemand da, an dessen Fersen ich mich heften kann. Der mich mitzieht – wie einst Andrea mit seinem gelben Rucksack.

Ich könnte mich einfach hinsetzen, auf den nächsten menschlichen Engel warten und mich bis dahin entspannen. Instinktiv gehe ich in die Knie. Ich muss an Stefan denken, den Zeltengel auf dem Weg nach Orisson. Dann an Manfred und Jim, die jetzt wahrscheinlich besser wissen als ich, wie es so generell im Engelbusiness läuft.

An Marco und Brigitte, die dieses Jahr nicht bis Portomarín gekommen sind. Wie glücklich hätte es sie gemacht, jetzt hier an meiner Stelle zu sein und über diese Brücke gehen zu dürfen?

Und ich? Nach all den Strapazen der letzten Wochen und Monate stehe ich leibhaftig hier und mache wegen so einer Minibrücke so ein Theater? Ich versenke meine Hand in meiner schmalen Hüfttasche. Fühle einen kühlen, glatten Stein in meiner Faust. Ich muss ihn jetzt ansehen. Zerre Faust samt Stein ans Tageslicht. Ich öffne die Hand und starre auf den Inhalt:

»Trust in yourself«.

Meine Lippen formen lautlos die drei geschriebenen Worte.

Das hilft. Ich spüre, wie der Balrog etwas zurückweicht. Langsam richte ich mich wieder auf, lasse den Stein zurück in meine Tasche gleiten und reibe meine Handgelenke. Ich besinne mich darauf, was ich in meinem Qi-Gong-Training gelernt habe: Fokussieren, den Ballast loslassen, dir selbst zulächeln und versuchen, den restlichen Gedankenwust auszusperren.

»Du bist viel stärker als du scheinst, du hast alle Kraft dieser Welt.«

Ich atme noch einmal tief ein, nehme beide Stöcke in die rechte Hand und fokussiere einen fixen Punkt in der Mitte der Straße, ganz am anderen Ende der Brücke. Wie ein Skirennfahrer, der sich explosiv aus seinem Starthäuschen katapultiert, so renne ich los. Ich laufe so schnell ich kann nach über zwanzig Kilometern mit meinem acht Kilogramm schweren Rucksack bei knapp dreißig Grad Außentemperatur.

Ich fliege auch ohne Flügel über diese Brücke, während in meinen Ohren rhythmisch das Blut rauscht. Mein Herz spielt passend dazu eine schnelle Frequenz auf der Bassdrum seines Schlagzeugs.

Dreihundert Meter unter diesen Bedingungen sind ein langer Sprint für eine alte Frau wie mich. Nach einer Ewigkeit komme ich erschöpft auf der anderen Seite an. Mein Körper kollabiert, passend zu meinem Puls, ich sinke auf die nächste Treppenstufe. In meinen Augen brennt der Schweiß. Adrenalin pur schießt durch alle meine Blutautobahnen bis in die kleinsten Kapillarnebenstraßen. Ich glaube, ich habe ein irres Grinsen im Gesicht. Aber ich bin noch am Leben.

»Estás bien? Alles okay?«, fragt mich ein spanischer Pilger, der nicht weit von mir entfernt sitzt. Er sieht mich mit einer Mischung aus Besorgnis und Belustigung an.

Ich nicke.

»Ja … gleich …« In der langen Pause zeige ich ihm einen Daumen nach oben. »… wenn ich wieder atmen kann.«

»Un poco loco?«

»Si. Das gehört dazu.« Wir müssen beide lachen. Wer hier ist denn *nicht* ein bisschen verrückt?

Mit Brachialpsychologie oder doch mit simpler Bauchatmung – egal –, ich habe die Brücke gemeistert. Ganz allein.

Ich wette, es gibt viele Pilger, die dieses Bauwerk über den fast leeren Stausee nach Portomarín in ihren eigenen Reiseberichten nicht mal für erwähnenswert erachten. Das mag so sein. Objektiv betrachtet ist es keine morsche Hängebrücke wie in den Indiana-Jones-Filmen, die nach Abenteuer, Absturz und aufgerissenen Krokodilmäulern schreit. Es ist nur eine mittelmäßig hohe Brücke, die mich aus dem Tritt gebracht hat. Trotzdem bezeichne ich sie als eine der größten Herausforderungen meines gesamten Caminos.

In meiner Grundschule hat es früher Fleißkärtchen gegeben. Für meine heutige Leistung hätte ich eher ein Stolzkärtchen verdient. Mal sehen, ob ich herausfinde, wo ich es mir abholen kann.

26

Schlüsselerlebnisse

»Auch Wunder brauchen ein bisschen Zeit.«
(Cinderella)

Now we have the salad! We – das sind meine linke Schulter und ich.

Viele Körperteile sind ja genau wie manche Menschen unheimlich schnell und aus Sicht der Nichtbetroffenen meist absolut grundlos beleidigt. Nun könnte man meinen Schultern noch zugutehalten, dass sie einen sauschweren Grund haben, sauer auf mich zu sein.

Sie müssen jeden Tag diesen lästigen Rucksack tragen. Und oft hockt auch noch das schwarz-weiße Engelpärchen drauf. Komischerweise komme ich mit meiner rechten Schulter unheimlich gut aus, obwohl das schwarze Engelchen manchmal absichtlich darauf herumhopst. Die rechte Seite hat nicht dieses überflüssige Beleidigt-sein-Gen. Aber die linke Schulter ist heute wirklich übel drauf. Der Schmerz auf dem Weg nach Arzúa steigert sich progressiv. Am Nachmittag ist er aggressiv wie ein unkontrollierbarer Pitbull, der sich von der Leine gerissen hat und über mich herfällt.

Es hat sich in den letzten Tagen bereits angedeutet und ich habe alles versucht, was mir eingefallen ist, um den Schmerz kleinzureden. Zusätzlich habe ich eine Salbe gegen Verspannungen aufgetragen, mich selbst massiert, Akkupressurschmerzpunkte gesucht und gedrückt, heiß geduscht, die Schulter entlastet, tief ein- und ausgeatmet. Alles vergebens.

Jetzt gibt es eigentlich nur noch die durchaus sinnvolle Option, Schmerztabletten zu schlucken. Davon habe ich noch keinen Gebrauch gemacht. Sie sind Gift für meinen empfindlichen Magen. Ich leide lieber. Jeder hat so seine Unarten. Und ich genau deshalb den Salat.

Die Sache frustriert mich und ich bin relativ ratlos, wie ich es heute nach Arzúa schaffen soll. Aufgeben und Taxi fahren kommt für mich nach wie vor nicht in die Tüte, schon gar nicht so kurz vor dem Ziel. Da bin ich deutsch. Stur wie ein Panzer. Ein weiteres charakterliches Detail, das mir in meinem bisherigen Leben schon manches Kopfschütteln eingebracht hat und was mich paradoxerweise bei anderen selbst zum Kopfschütteln veranlasst.

Es hätte zudem die Konsequenz, dass ich auf meine *Compostela* verzichten müsste, obwohl ich quer durch Spanien gelaufen bin, aber in dem Fall eben nicht die obligatorischen letzten einhundert Kilometer auf der Zielgeraden.

Natürlich weiß ich, dass die Urkunde eigentlich nur ein besonders schön beschriebenes Stück Papier mit meinem verschnörkelt gemalten Namen ist, auf das es nicht ankommt und das nur Platz beansprucht an der Santiago-Gedächtnis-Wand im Wohnzimmer. Oder im Ordner der persönlichen Errungenschaften, den meine noch ungeborenen Enkel in ferner Zukunft aus meinem Schrank ausgraben werden. Wie ein Hund einen Knochen, um dann zu überlegen, ob er ihn nicht doch wieder an anderer Stelle verbuddeln soll.

Da geht meine Fantasie wieder mit mir durch. Egal. Ich mag hübsches Papier.

* * *

Heute ist Feiertag in Spanien. Dies lockt zu den Langstreckenpilgern, die seit Wochen oder Monaten unterwegs sind, noch zusätzliche, meist lokale Tagespilger an. Nicht einzelne, sondern ganze Familien und größere Ansammlungen von Menschen, oftmals schlicht gekleidet mit Turnschuhen, Leggings und ausgerüstet mit einem kleinen Tagesrucksack.

Seit Sarria fühlt sich der Camino anders an. Ich verstehe schon länger, dass ich kein exklusives Vorrecht auf Premiumgenuss gebucht habe, dass jeder die Wahl hat, wie er seinen eigenen Camino gestalten und erleben möchte, unabhängig von Länge oder Motiv seiner Reise. Trotzdem. Ich kann es immer noch nicht gutheißen, wenn, wie heute, einige Pilger mindestens über zehn Meter hinweg laut schreiend miteinander kommunizieren, als wären sie allein auf der Welt und in der Natur. Ich sehe Rastplätze, an denen achtlos Bierflaschen und Plastikmüll hinterlassen werden. Ich bin entsetzt über aus den Nähten platzende Cafés, an denen man für Tee und Toilette jeweils dreißig Minuten anstehen muss – wie am Fuße des Eiffelturms. Und ich bin traurig über die Grußlosigkeit, die unter diesen Menschenmassen Einzug gehalten hat. Der Enthusiasmus der »Buen-Camino-Wünscher« der ersten Wochen, als wirklich jeder jedem frei und fröhlich einen guten Weg wünschte, ist einer gewissen Gleichgültigkeit gewichen.

Neben den Schmerzen in meiner Schulter zu ertragen, fällt es mir heute ebenso schwer, anzunehmen, dass ich das Schlussstück des Camino Francés genau so akzeptieren muss, wie es sich mir präsentiert. Größtenteils grußlos und anonym.

Akzeptanz und Toleranz scheinen meine heutige Sonderaufgabe zu sein. Dabei hätte ich mir mit aller Macht gewünscht, dass sich dieses besondere Caminofeeling, das ich in den letzten Wochen erneut erleben durfte, bis nach Santiago konservieren ließe. Aber es ist futsch. Weggeweht wie ein zerknülltes Alupapier von einem Rastplatz.

Sonderaufgabe hin oder her. Ich *will* heute nicht tolerant sein.

* * *

Es sind noch etwas mehr als sechs Kilometer bis zu meiner Herberge. Obwohl ich umzingelt bin von fröhlichen Pilgern, die von Santiago angezogen werden wie Stecknadeln von einem Hufeisenmagneten, fühle ich mich allein.

Der Schmerz scheint Einfluss auf meinen emotionalen Kitt, zusammengemischt aus Verschleißfestigkeit, Zähigkeit und Widerstandskraft zu nehmen. Oder zählen die vielmehr zu den physikalischen Eigenschaften? Ich war schon immer schlecht in naturwissenschaftlichen Statements. Genau genommen habe ich das Fach Physik verabscheut, das geprägt war von meinem überforderten indischen Physiklehrer, der leider so schlecht Deutsch gesprochen hat, dass sogar seine Experimente nicht verstanden haben, was sie uns zeigen sollten.

Fakt ist, dass bei den Mengen an Pilgern, die an mir vorbeiziehen oder die ich überhole, kein einziger Bekannter dabei ist. Die Leute, zu denen ich in den letzten Tagen und Wochen viel Kontakt hatte, wandern entweder einen Tag vor oder hinter mir, sind in Santiago angekommen oder gar schon auf dem Heimweg. Ich habe sie aus den Augen verloren. Unabsichtlich. Es ist einfach passiert.

Einerseits fühle ich mich das erste Mal überhaupt allein zwischen all den fremden, singenden und lachenden Menschen, andererseits ist nicht nur meine linke Schulter für neue Bekanntschaften überhaupt nicht in Stimmung. Ein Dilemma.

Ich atme hörbar aus, genervt von mir, von der gesamten Situation. So wird das sicher nichts mit mir und meinen restlichen Kilometern bis Santiago. Ich brauche einen Plan B, der wie immer in der letzten Zeit die Hilfe des Universums inkludiert. Heute meine ich es – wie schon vor der Brücke – richtig, richtig ernst mit meiner Bitte um Erleichterung meiner Schmerzen und schreibe »dringend« auf die gedankliche Bestellung. Voller Hoffnung gehe ich langsam weiter, horche in mich hinein und warte auf ein kleines Wunder. Es dürfte auch ein großes sein …

Nichts passiert. Was soll denn auch passieren? Ich weiß auch nicht, was genau ich mir da so vorstelle. Energielaserstrahl aus dem Himmel? Ein Radpilger überholt mich auf seinem massiven E-Bike. Ich habe viel Zeit, ihm Platz zu machen. Aus seiner handlichen Bluetoothbox auf dem Gepäckträger wabert Technomusik, mit der er die Menschen, die er überholt, beschallt. Ob sie wollen oder nicht.

Seit ich auf die Pilgerautobahn eingebogen bin, begegnet mir überhaupt viel Kurioses. Gestern habe ich eine sehr alte Spanierin überholt, die zwar noch gut zu Fuß war, aber nach meiner Einschätzung nicht mehr gut hörte. Sie hatte ein kleines Radio dabei, aus dem mit hundert Dezibel eine spanische Messe in den duftenden Eukalyptuswald geblasen wurde. Ich habe nichts gegen ihre Frömmigkeit und wegen ihrer Taubheit tut sie mir leid, nur wünschte ich mir – für mich und andere –, sie würde ein Hörgerät tragen. Auch, wenn sie auf einer frommen Mission ist – vielleicht will sie Gott um eine Verbesserung ihrer Hörfähigkeit anrufen –, mangelt es ihr leider an Rücksicht auf andere Pilger oder Waldbewohner. Und nein, ich singe auch nicht mehr. Und in Anwesenheit anderer sowieso nie so laut, dass irgendjemandem der Hut wegfliegen könnte. Okay, die Etappe nach Calzadilla war eine Ausnahme.

Unverhofft taucht ein halbwegs bequem aussehender Stein am Wegesrand auf. Ich werfe den Rucksack ab und sinke in mich zusammen. Aber der Schmerz lässt nicht nach, auch im unbelasteten Zustand tut es zu weh, um wahr zu sein. Wahrscheinlich ist auch der Nerv im Schulterblatt von mir genervt. Haha.

Ich starre auf meine ausgestreckten Füße vor mir. Das ist doch alles Schwachsinn, was ich hier mache! Geklaute Schuhe, ein Trauerfall, hohe Brücken, kaputte Füße, Beine, Schultern. Reicht es nicht langsam mit den Hindernissen? Habe ich meine Entschlossenheit nicht zur Genüge unter Beweis gestellt?
Ich bin enttäuscht vom Universum – oder wer auch immer sich dahinter verstecken mag –, dass es mich so kurz vor dem Ziel so

hängenlässt. Vermutlich ist es gerade mit anderen Anfragen beschäftigt und muss eine Menge Antworten geben, denn ich bin bei Weitem nicht die Einzige, die mit dem »Universum« kommuniziert. Ich interpretiere den Begriff als ein selbst gebasteltes Hilfskonstrukt für all diejenigen, die den dogmatischen Lehren der Institution Kirche den Rücken zugekehrt haben, aber doch an das Dasein eines höheren, mächtigen Wesens glauben, das alle Fäden in der Hand hält und die Geschicke aller Menschen lenken kann. Wenn es denn möchte.

JDs Universum hieß Caminogott, dessen Existenz er schon nach dem Wiederfinden seines Handys in Roncesvalles ausgerufen hatte.

Ich hätte schon gerne herausgefunden, was es damit auf sich hat. Aber die Zeichen richtig zu deuten, übersteigt meine Fähigkeiten bei Weitem. Daran sind schon ganz andere Leute gescheitert als Frau Pilgerhut. Ich kann JD auch leider nicht mehr danach fragen.

Mit oder ohne Universum – ich muss irgendwie durch die letzten Kilometer durch.

Ich setze das Rucksackmonster wieder zu dem wütenden Feuerdämon in meiner Schulter und gehe weiter, die Hände nun so in die beiden Haupttragegurte gelegt, dass weniger Gewicht auf meinen Schultern ruht. Vielleicht hätte ich einfach mal ein, zwei Tage Pause machen und meiner Schulter eine Auszeit gönnen sollen. Das wäre mal ein pragmatischer Ansatz gewesen, auch einer, zu dem Mama Pilgerhut mit Sicherheit jedem anderen in ihrer Situation geraten hätte. Vielleicht hätte ich so noch den lustigen Paolo wiedergetroffen.

Während ich noch darüber nachdenke, ob ich wirklich noch einen Pausentag einlegen sollte so nah an Santiago, höre ich energische Schritte hinter mir, die sich überproportional schnell nähern.

»Halloooo! Warte doch mal!«

Klingt merkwürdig vertraut. Ich drehe mich um.

Nicole lacht aus vollem Halse: »Das gibt's doch gar nicht!«

Genau das denke ich auch. »Nicole! Ich dachte, du wärst ganz woanders! Schon weiter vorne!« Meine Freude ist ehrlich und meine Erleichterung nicht zu überhören.

»Nee! Ganz offensichtlich bin ich hier.« Sie lacht wieder.

»Du, ich bin so froh, dich zu sehen, das kannst du dir gar nicht vorstellen.«

»Was ist los?«

»Ich habe gerade einen richtig bescheidenen Moment.« Ich berichte ihr von meiner bockigen Schulter.

»Da kann ich dir weiterhelfen«, sagt sie so überzeugt, als würde es sich um eine simple Auskunft nach dem richtigen Weg handeln.

»Echt? Das würde einem Wunder gleichkommen.«

»Die soll es hier geben. Aber wenn du magst, können wir es erst mal mit medizinischem Tape probieren. Hab' ich dabei.«

»Es wäre einen Versuch wert.«

An medizinisches Tapen hatte ich noch gar nicht gedacht, aber ich sehe wohl so aus, als hätte ich trotzdem ein Wunder bevorzugt, denn sie versichert: »Mir helfen die Klebestreifen total. Ich habe mir das selbst beigebracht. Also noch zu Hause. Habe stundenlang Videoanleitungen geguckt. An meiner Tochter habe ich auch manchmal geübt.« Sie lacht wieder. Zeigt auf ihr Knie. »Ich musste mir auf dem Camino mein Knie tapen. Habe dafür sogar so eine Art Schablone geschnitten. Glaub' es oder nicht – das hilft tatsächlich. Ich schwöre da voll drauf.«

»An meinem Bein hat es auch schon funktioniert.« Ich erinnere mich an meinen Versuch in León.

»Also, wenn es am Bein geklappt hat, hält es auch die Schulter zusammen. Ich könnte sie dir richtig fixieren.« Sie schaut mich fragend an. »Ich bräuchte eh eine Pause.«

Ich nicke. »In Ordnung.«

»Das nächste Café kommt in einem Kilometer. Schaffst du das noch?«

»Klar.«

Als wir dort ankommen, sind wir nicht die einzigen Gäste. Es gibt mehrere Tische im Garten, die bereits belegt sind. Wir lassen uns an einem freien nieder und bestellen zunächst etwas Warmes zu essen. Während wir darauf warten, kramt sie in ihrem Rucksack nach dem Tape.

Ich streife derweil mein T-Shirt ab. »Hm. Bauchfrei im Café sitzen – immer wieder etwas Neues.« Was mir hier nichts ausmacht, wäre zu Hause für mich mit meinem vernarbten Bauch schwierig. Aber im Pilgerkosmos zeugen Narben von einem gelebten Leben und es geht mehr um die innere Schönheit als um die äußere. Wie überall bestätigen auch hier Ausnahmen die Regel. Ein paar geschminkte Beautys wandeln selbstverständlich auch auf Jakobuspfaden, aber Schlauchbootlippen, falsche Wimpern und künstliche Fingernägel sind tatsächlich in der absoluten Minderheit.

Nicole kichert. »Du bist bestimmt nicht die erste, die hier halbnackisch verarztet wird.«

»Und sicherlich nicht die Letzte!«

Es ist unvermeidbar, dass einige Pilger glotzen, während sie Streifen für meine Schulter zurechtschneidet und auflegt.

»Das wird schon!«, sagt sie. »Du musst nur vertrauen.«

Tja, mit dem Vertrauen, das ist so eine Sache. Auch nach so vielen Wochen auf dem Jakobsweg und den vielen guten Erfahrungen, die ich gemacht habe, die letzte erst vor wenigen Tagen. Trotzdem benutze ich nach wie vor lieber den Konjunktiv in Zusammenhang mit diesem Wort und sage: »Ich würde ja gerne.«

»Aber die ollen Zweifel ergreifen schnell wieder Besitz von dir«, vollendet sie den Satz.

»Genau. Wenn ich ein Mann wäre, würde ich sicher Thomas heißen – wie der ungläubige Thomas, der seine Hände in Jesus' Wunden legen musste, um glauben zu können.«

»Ist Vertrauen und Glauben denn dasselbe für dich?«

Es fällt mir immer schwer, auf solche existenziellen Fragen zu antworten. Das ist keine Frage, ob man Hunger hat, die man schnell mit ja oder nein abhandeln kann. Im Alltag zu Hause umschiffe ich deshalb lieber sämtliche Diskurse, die mit Religion, Politik oder Geld zu tun haben könnten.

»Schwierig. Das kann ich nicht sauber beantworten«, sage ich auch jetzt.

Ich bin in eine katholische Familie hineingeboren worden. Ich war als Kind jeden Sonntag in der Kirche, bin zur Kommunion gegangen, habe gebetet und all diese rituellen religiösen Erfahrungen gemacht. Aber dann, als Erwachsene, hat sich zwischen mir und der Institution Kirche eine gewisse Fremde breitgemacht, noch bevor ihre ganzen Skandale ans Licht kamen. Damals war ich der Ansicht, dass die Kirche zu konservativ, starr, männlich dominiert und machtbesessen ist. Ich war enttäuscht und wollte nichts mehr damit zu tun haben.

»Es geht sowohl um das Vertrauen in mich und den Glauben an mich selbst als auch den an etwas Mächtigeres. Wahrscheinlich bin ich auch hierhergekommen, um mehr über mich und mein Verhältnis zu einem göttlichen Wesen herauszufinden. Vielleicht wollte ich als ein Produkt des Jakobsweges auch wieder eine Haltung zum Glauben finden. Auf jeden Fall habe ich mich nicht dagegen verschlossen. Ich bin mit offenen Augen losgegangen, um zu sehen, was immer mir begegnet.« Ich trinke einen Schluck Wasser. »Auch wenn es albern klingt, ich hatte gehofft, ich bekomme eine Art Zeichen von irgendwoher.«

»Das ist nicht albern. Hast du es bekommen?«

»Ich weiß es nicht. Nicht deutlich genug. Ja. Es könnte sein. Und nein. Ich könnte es mir einfach nur eingebildet haben.« Da ist er wieder, der Konjunktiv.

»Es kommt darauf an, wie du das für dich einordnest, aber du bist auf jeden Fall viel reicher an Erfahrungen.«

Ich nicke zustimmend. »An wunderbaren Erfahrungen.«

»Ich denke, Glauben ist eine Fähigkeit. Wie eine Begabung, die man hat oder nicht hat. Manche können halt nur das glauben, was sich beweisen lässt. Manche glauben mehr als das, was andere wissen. Die vertrauen einfach und finden darin ihre Kraft.«

»Das klingt einleuchtend.«

Die Kellnerin bringt uns das bestellte Essen.

»Mmmh! Das sieht super aus!«, stellt Nicole fest.

»Weißt du, nicht lange, bevor du vorhin aufgetaucht bist, hatte ich das Universum um Unterstützung gebeten, weil ich nicht mehr weiterwusste.«

»Wirklich?«

»Ja, ganz ernsthaft.«

Sie grinst. »Und dann komm' ich um die Ecke und repariere deine Schulter.«

»Genau.«

»Das würde ich schon mal als deutliches Zeichen werten«, sagt sie, während sie schon kaut. »Ich hatte übrigens auch etwas beim Universum bestellt.«

»Erzähl!«

»Ich habe mir dringend Gesellschaft zum Reden gewünscht. Auch mein Tag heute war schmerzhaft. Anders als deiner, aber trotzdem hart. Ich war so genervt von dieser riesigen irischen Teenagergruppe, die ich insgesamt dreimal überholt habe.«

Ich muss lachen, weil ich genau weiß, von wem sie spricht. Diese Jugendlichen sind sowohl optisch als auch akustisch, aber ganz besonders in ihrer Demonstration von vollkommener Lustlosigkeit einzigartig gewesen.

»Die waren so anstrengend. Am liebsten hätte ich die jedes Mal beim Überholen in den Graben gekickt.«

Ich bin beruhigt. Nicole scheint genauso zu denken wie ich. Nur noch gewalttätiger.

»Woran denkst du?« Sie sieht mich fragend an.

»Ob das mit uns Zufall war?«

Sie schüttelt überzeugt den Kopf und lacht. »Nein! War es nicht.«

Nicole vollbringt tatsächlich ein medizinisches Wunder an meiner Schulter. Die Schmerzen sind beim Weitergehen zwar nicht komplett weg, aber viel besser zu ertragen. Ob das jetzt Einbildung ist oder nicht, kann mir ja auch im Grunde egal sein. Solange das Ergebnis stimmt.

Schweren Herzens entschließe ich mich trotzdem, gegen meine selbst gemachten, sturen Regeln zu verstoßen und vernünftig zu sein. Ich bestelle per Handy für den nächsten Tag einen Transportservice für meinen Rucksack. Er darf Auto fahren. Das ist das allergrößte Zugeständnis, das ich mir abringen kann. Denn übermorgen – in Santiago – will ich unbedingt *mit* meinem Gepäck einlaufen. Und was danach Frau Schulter betrifft: Sie und ich sind geschiedene Leute. Sie kann wieder ihren Geburtsnamen annehmen und machen, was sie will.

* * *

Es ist ein ganz merkwürdiges Gefühl. Ohne meinen Hausstand auf dem Rücken fühle ich mich nackt wie eine Wegschnecke, aber die ersten Kilometer des neuen Tages bewege ich mich ungewohnt geschwind wie der Wind von Ort zu Ort.

Auch nach O Pedrouso, dem letzten Ziel vor Santiago, bin ich wieder allein unterwegs. Nicole hat gestern in einer Herberge fünf Kilometer vor meiner zum Übernachten angehalten. Wir werden uns heute, spätestens morgen, wiedersehen. Anders als gestern fühle ich mich heute um Längen besser. Ich kann immer noch kaum glauben, dass ich die fast schmerzfreie Schulter den paar Klebestreifen zu verdanken habe. Aber was sonst?

Lose über meiner rechten Schulter baumelt lediglich der ultra-leichte Nylonrucksack, mit dem ich mich in Saint-Jean am Anfang meiner Reise geweigert hatte, über die Pyrenäen zu klettern. JD hatte auf mich eingeredet und versucht, mich zu überzeugen, spontan nach Orisson zu gehen und zurück nach Saint-Jean ein Taxiticket zu lösen.

Ich muss lächeln bei diesem Rückblick in eine ganz andere Ära. Es scheint ewig her zu sein. Wie würde ich heute reagieren? Würde ich immer noch so entsetzt aussehen bei dem so frechen Vorschlag, ohne Rucksack zu wandern? Es wäre um Vieles leichter gewesen, ohne Gepäck auf der Route Napoléon zu gehen. Und so viel undeutscher. Selbst mit der Erfahrung von heute glaube ich nicht, dass ich aus meiner alemannischen Haut herausgekonnt hätte. Das wäre nicht ich gewesen.

Dreißig Kilometer lang habe ich Zeit, meine Wanderung mit nur einem Beutelchen zu genießen. Dreißig Kilometer! Wie krass bitte ist das? Ich erinnere mich an meine abenteuerliche Ankunft in Logroño, wo ich nach achtundzwanzig Kilometern fix und fertig in den Seilen gehangen habe. Es ist erstaunlich, zu welchen Leistungssteigerungen man seinen Körper mit konstantem Training antreiben kann.

Die Strecke führt durch viele Eukalyptuswälder, deren schlanke Stämme mit zahlreichen Braun-, Rot- und Grünschattierungen beeindrucken. Ich pflücke ein Blatt und zerreibe es zwischen den Fingern, um den Duft einzuatmen. Frischer Eukalyptus riecht für meine Nasennerven fantastisch. Auch wenn ich kein Koalabär bin, kann ich verstehen, weshalb sie gerne ausschließlich von diesen Bäumen Blättersnacks nehmen.

Vielleicht habe ich mich nun endlich, nach ein paar Tagen auf der spanischen Pilgerroute 66, an die Betriebsamkeit gewöhnt. Oder der Eukalyptus betört mich so, dass sie mich gar nicht weiter stört.

Ich kann mich des Eindrucks nicht erwehren, dass es einige Pilger gibt, die zum Endspurt ansetzen, die sich keine Pause mehr gönnen, die unbedingt in Santiago ankommen wollen, je eher, desto besser.

Und dann gibt es noch die Leute, die gelassener denn je wandern und traurig sind, dass sich das Ende eines Abenteuers nähert, das zweifelsohne Spuren in ihrem Leben hinterlassen wird. Zu denen gehöre ich.

Es ist ein großes Abenteuer. Und tiefe Spuren, die bleiben.

* * *

Lange bevor ich den Ursprung sehe, höre ich das gekonnte Spiel auf einer Flöte. So entzückend und klar, energetisch und melancholisch ist die Melodie, dass sie mich direkt ins Herz trifft. Magisch angezogen vom süßen Klang bewege ich mich schneller, um herauszufinden, wo die Musik ihren Ursprung hat.

Hinter der nächsten Anhöhe öffnet sich der Blick auf eine sanft abfallende Wiese. Links sehe ich einen grasenden Esel und rechter Hand den langbärtigen Musikanten, der hingebungsvoll sein Instrument spielt und sich sanft wiegend dazu bewegt.

Als ich näherkomme, versammeln sich gerade einige Pilger um den Esel, streicheln das Tier, machen Selfies und Videos mit dem braven Schlappohr wie mit einem Popstar. Ich hingegen geselle mich zu meinem musikalischen Idol, dem Flötenspieler, und lausche den Tönen, die er dem Instrument entlockt. Komplett zufrieden mit mir und meinem Dasein stehe ich in diesem Moment einfach nur da und schaue diesem Jakobsweg-Jethro-Tull zu. Weitere Pilger scharen sich um ihn.

Dann passiert mal wieder etwas schwer Beschreibbares in mir. Ohne Vorwarnung ergreift ein unglaublicher Mix aus tiefer Traurigkeit und ebenso tiefer Dankbarkeit Besitz von mir und schmiegt sich an mich wie ein kuscheliges, fiependes Fellknäuel in den Schoß eines Kindes. Die Tränen kullern mir einfach die Wangen hinunter, so sehr berührt mich sein Spiel und die Tatsache, dass ich hier sein und dies erleben darf. Ich spüre stumm den langsam meinen Hals herunterrollenden Tropfen nach. Anders als am Cruz de Ferro bin ich total gefasst. Keine Emotionen toben. Alles in mir ist friedlich.

»Hey, are you crying or is that rain dripping from your nose?«, fragt mich ein Typ mit silbernem Zuckerwattehaar, der neben mir steht und den ich gestern schon in meiner Herberge getroffen habe, als er einer anderen Pilgerin eine ähnlich dämliche Frage gestellt hat.

»Ich glaube, es sind Tränen. Aber vielleicht kann ich neuerdings auch Regen machen.« Rainwoman zuckt unbedacht mit den Schultern. Ein kurzer Schmerz schießt augenblicklich in die linke. *Gib ihm eine Chance! Wahrscheinlich will der Kerl nur lustig sein.*

»Dein erster Camino?«, fragt Zuckerwattekopf nun interessiert.

Ich nicke.

»Ich bin Dineo.«

»Dineo? Ungewöhnlicher Name.«

»Ja. Südafrikanisch. Ich bin dort geboren und habe lange in Kapstadt gelebt. Heutzutage bin ich überall zu Hause, aber immer unterwegs. Ich bin schon mehrmals nach Santiago gegangen.«

»Ich habe ein argentinisches Paar getroffen, die den Francés zum sechsten Mal gegangen sind. Ich mochte sie wirklich. Sie hatten etwas sehr Besonderes.« Der Gedanke an Lucas und Anna bringt mich unter Tränen zum Lächeln. Ich habe nie erfahren, weshalb Annas Haare schlohweiß sind. Wie blöd von mir, dass ich es verpasst habe, mit ihnen Telefonnummern auszutauschen. So gerne hätte ich gewusst, wie ihre Geschichte weitergegangen ist.

»Manche trifft die Erkenntnis viel früher auf ihrem Weg, manche ganz kurz vor Santiago, wie dich, andere erst in der Kathedrale und einen kleinen Teil sogar erst zu Hause«, sagt Dineo jetzt.

»Welche Erkenntnis?«

»Die Erkenntnis, dass das einfache, entbehrungsreiche Leben unglaublich schön ist und dass viele Momente darin besonders kostbar sind. Zu kostbar, um sie für immer gehen lassen zu wollen. Das Loslassen von Liebgewonnenem fällt schwer«, sagt er mit leiser Stimme. »Wir Pilger würden am liebsten dieses freie, sorglose Leben, das wir hier kennengelernt haben, für immer beibehalten wollen. Aber das geht erst mal nicht. Du wirst wahrscheinlich in ein paar Tagen nach Hause fahren und gehst zumindest vorläufig in dein altes Leben zurück.«

Ich sehe ihn etwas verschwommen an unter meinem Tränenschleier.

»Aber dabei muss es nicht bleiben. Dieser Weg verändert die meisten. Er lässt sie innerlich nicht mehr los und sie fangen nach ihrem Camino etwas Neues an mit ihrem Leben. Sie versuchen herauszufinden, was ihre Berufung ist.« Dineo gibt mir die Hand, drückt sie kurz. »Der Camino zeigt dir den Schlüssel zu deinem Leben!« Dann dreht er sich zum Weitergehen, hebt die Hand zum Gruß und ruft »Buen Camino«.

Ich sehe ihm nach, wie er beschwingt dem Weg folgt. Er muss meinen Blick in seinem Rücken spüren, denn nach ein paar Metern ruft er über seine Schulter zurück: »Denk an meine Worte!«

Ich bleibe mit offenem Mund zurück, während der Mann, ein Ungar, weiter gefühlvoll auf seiner Flöte spielt.

27

Stein auf Stein

»Wer langsam geht, kommt weit.«
(Kenianische Weisheit)

Schon seltsam: Genauso wie mein Jakobsweg über die Pyrenäen mit einem Blick aus der Tür auf die nasse, wolkenverhangene Landschaft begonnen hat, so endet der letzte Tag auf meinem Camino Francés auch. Das laute Prasseln der Tropfen auf die schräge Dachfensterscheibe weckt mich noch vor dem Handyalarm.

Ich habe in einer kleinen Pension in O Pedrouso geschlafen, in einem Einzelzimmer, knappe zwanzig Kilometer vor Santiago.

Weil seit gestern eine Erkältung mit mir im Anmarsch auf Santiago ist, habe ich nach meiner Ankunft als erstes ein Nasenspray in der Apotheke gekauft, das nun auf dem Nachtschränkchen steht, umrahmt von einem Zehnerpack Taschentüchern, von denen ich acht Päckchen für andere Schnupfennasen zurücklassen werde.

Ich werde im Regen in Santiago ankommen. Wie blöd. Der Wetterbericht hat den miesesten Tag in der ganzen Woche vorhergesagt. Viel Regen, noch mehr Wind, Maximaltemperatur gerade so zehn Grad. Grau ist die vorherrschende Farbe des Tages. Nichts Ungewöhnliches für den galicischen Herbst Mitte Oktober.

Dazu kommt mein persönlicher Status, den man ebenfalls heute trefflich mit »in der Grauzone« beschreiben könnte. Ich fühle mich zwar nicht total krank, aber auch nicht richtig fit. Dafür scheint die Belästigung durch meine Schulter spürbar nachgelassen zu haben. Ich werde meinen Rucksack für das finale Stück wieder tragen können.

Ein letztes Mal zwänge ich mich in mein Regenzeug und wate wie immer ohne Frühstück los. Es weht ein stürmischer Wind, der die bedrohlichen Wolkentürme nur so über den Himmel peitscht. Zu Hause würde ich bei solchen Bedingungen keinen Hund vor die Tür jagen.

Irgendwo auf der Hälfte der Strecke mache ich, um mich aufzuwärmen, eine letzte Teepause. Am finalen Tag gönne ich mir meine zweite Mandeltarte de Santiago. Aber es ist nur ein kurzer Stopp. Das Wetter trägt viel dazu bei, dass auch mich heute nichts mehr zurückhält.

Am Monte do Gozo, dem Berg der Freude, ungefähr fünf Kilometer vor der Stadt, halte ich nur extrem kurz, aber vergeblich Ausschau nach den Turmspitzen der Kathedrale. Sie wurden wohl weggeblasen. Bei besserem Wetter sind die Pilger hier früher – daher rührt wohl der Name – vor Freude auf die Knie gefallen, weil sie das so sehr herbeigesehnte Santiago zum ersten Mal offen vor sich liegen gesehen haben. Viele sind sogar barfuß weitergegangen, die letzten Kilometer als geistige Übung, zum gedanklichen und körperlichen Entschleunigen vor dem Erreichen des Ziels. Unvorstellbar in der heutigen Zeit.

Ungeschützt im Wind stehend bitte ich ein italienisches Paar, meinen flatternden Regenschutz auf dem Rucksack festzuzurren, weil er kurz davor ist, abzuheben wie ein Lenkdrache ohne Leinen. Nicht nur meine Regenhülle hat Probleme. Auch wir drei stemmen uns gegen den Sturm, um nicht wegzufliegen. Der Wind ist so gewaltig, dass das Adjektiv »ungemütlich« eine absolute Untertreibung ist.

Trotz großer Ähnlichkeit mit einem nassen Pudel lasse ich mich am Ortsrand vor dem unübersehbaren Willkommensgruß »Santiago de Compostela« fotografieren. Mit meinem Fingerzeig auf die bunten Buchstaben schließt sich für mich der Kreis zu dem Straßenschild hinter Roncesvalles, neben dem ich im April gestanden habe.

Dem Schild mit denselben aneinandergereihten, allerdings schwarzen Buchstaben, neben dem ich auf ausgetretener Grasnarbe stehe und mit dem Finger auf die Zahl siebenhundertneunzig hinter der Zielangabe zeige. Für weitere philosophische Höhenflüge oder statistische Abwägungen und daraus resultierende Interpretationen wie zu Beginn meines Weges bin ich leider an dieser nassen Stelle nicht zu haben. Das ist hauptsächlich dem Wetter geschuldet, aber meine Ungeduld ist ebenfalls an dem Komplott beteiligt. Ich will sie endlich sehen, die Kathedrale.

Wenig überraschend ziehen sich die letzten Kilometer ins Zentrum, obwohl ich auf dem Weg dorthin nun be- und nicht entschleunige. Meine Aufmerksamkeit ist nur noch gerichtet auf die Türme dieser Kathedrale, die ich schon Tausende Male auf Fotos und Bildern gesehen, sogar selbst auf Pilgersteine gemalt habe. Sie versteckt sich ewig zwischen den Hügeln und hinter den Häusern.

An einer Stelle, an der ich es wieder nicht erwartet habe, ist es endlich so weit. Ich kann es an der Reaktion der anderen Pilger erkennen, die einige Meter vor mir diesen Punkt erreicht haben. Sie schreien begeistert auf, fuchteln wie wild mit den Armen, sinken aufgelöst auf die Knie. Ich renne los. Eine kleine schauerhaft schöne Welle geht durch meinen Körper, als ich den ersten Blick auf die Silhouette der Turmspitzen erhasche. Auch ich werfe reflexartig die Arme kurz in die Höhe, aber ich verharre nicht. Ich laufe weiter. Es sind immer noch ein paar hundert Meter bis zum Platz vor der Kathedrale. Ich erreiche die belebte Altstadt, haste vorbei an Restaurants und unzähligen Souvenirlädchen. Die Straßen beben vor freudigen Pilgern.

Mehr als unerwartet hat der Regen vor ein paar Minuten nachgelassen, als hätte jemand Erbarmen mit mir gehabt und den Wasserschlauch zugedreht. Es nieselt nur noch ganz sanft, kaum merklich.

Die Treppen hinunter. Vorbei an dem Dudelsackspieler, dessen Melodie ich schon so oft in Social-Media-Videos gehört habe. Live haben die Töne dieses Instruments noch mal eine viel intensivere Wirkung. Beinahe rennend erreiche ich schließlich die riesige Plaza del Obradoiro.

Da steht sie in vollendeter Größe: Die Kathedrale von Santiago de Compostela.

Unfassbar. Ich! Ich – bin – angekommen!

Wie in Trance bleibe ich stehen. Ich bin da. Ich habe es geschafft. Alles, was ich spüre, ist ein intensives Prickeln auf der Haut, Haare, die sich langsam aufstellen, meinen Körper umhüllen, beinahe wie ein dickes Bärenfell.

Ich löse die Gurte, lasse den Rucksack auf die nasse Erde fallen. Sehe mich um. Die ganze Szene ist so surreal für mich.

Ich sehe Jeff und Mimi auf mich zulaufen. Wir fallen uns in die Arme, gratulieren uns gegenseitig. »You made it, Sandra!«

»You too!« Wir klopfen uns gegenseitig anerkennend auf den Rücken. Die Amerikaner sind schon gestern angekommen.

Wir machen ein paar Erinnerungsfotos in Siegerposen.

Ich sehe Flo und ihren Pirat ankommen und umarme sie. Gratuliere. Kurz darauf trifft Nicole ein. Wir freuen uns gemeinsam.

Mehr Menschen, die ich kenne, aber länger nicht gesehen habe, finden sich auf der Plaza wieder. Es gibt mehr Umarmungen, mehr Wiedersehensfreude, mehr Gratulationen. Es ist ein einziges Phänomen, was auf diesem Platz passiert. Davon also hatte die französische Herbergsfrau in Orisson gesprochen.

Hier trifft sich die ganze Caminofamilie. Mitglieder, die gerade erst ankommen, und Angehörige, die Santiago bereits früher erreicht haben und Nachzügler empfangen wollen. Es ist ein sehr emotionaler Ort, an dem jeder rauslässt, was noch bis zum Schluss unter der Oberfläche geschlummert hat.

Ich horche in mich hinein, auf der Suche nach extremeren, noch brodelnderen Gefühlen, nach einem überbordenden Ausbruch der Glückseligkeit, der Freude, der Euphorie, des Stolzes, der Dankbarkeit, meines inneren Springbrunnens. Aber heute bleiben meine Augen trocken. Als das Prickeln nachlässt, fühle ich mich einfach nur tiefenentspannt und zufrieden, hier zu sein. Das weiße Engelchen klopft mir vorsichtig auf die lädierte Schulter, das schwarze natürlich etwas zu fest auf die andere Seite.

* * *

Etwas später schicke ich ein Foto von meiner Ankunft nach Hause und zu den Caminofreunden in aller Welt, die mich auf meinem ersten Teil des Weges begleitet haben. Auch eines an James, der mir daraufhin gratuliert. Ich hoffe, auch er kann – mit seinem Vater Jim im Geiste – irgendwann den Weg, den er, genau wie ich, in Burgos unterbrechen musste, nach Santiago weitergehen.

Es ist bereits später Nachmittag, als ich die Plaza wieder verlasse, meine Compostela und eine Verabredung zum Abendessen bereits in der Tasche. Ich gehe zu meinem Hotel. Jawohl, ich habe mir für meine letzten drei Nächte hier ein Hotel gegönnt. Da ich tatsächlich unglaubliche zwei Tage früher als geplant in Santiago angekommen bin, habe ich mehr Zeit in der Stadt als erwartet.

* * *

Am nächsten Morgen finde ich mich um elf Uhr in der Kathedrale ein, um ohne Zeitdruck eine Stunde vor Beginn der Messe das Ziel meiner Reise, das Grab des Apostels Jakobus, zu besuchen, und das Bauwerk ausgiebig von innen zu bewundern. In einem weiteren Anflug von Naivität habe ich erwartet, dass noch nicht viel los sei. Was natürlich nicht der Realität entspricht. Die Sitzbänke sind bereits jetzt fast vollständig belegt. Als ich durch eines der Kirchenschiffe frontal auf den Altar zugehe, sehe ich in der ersten Reihe norddeutsche Mitglieder meiner Caminofamilie winken.

Sieglinde und Tobias, die ich in den letzten zehn Tagen häufiger getroffen habe, hocken schon erwartungsvoll in der Bankreihe, um einen guten Blick auf die Zeremonie zu haben. Sie laden mich ein, bei ihnen zu sitzen, was ich gerne annehme, nachdem ich meinen Rundgang durch die Kathedrale beendet habe.

Leider wird in dieser Messe kein Botafumeiro geschwenkt, weil nicht genug Spenden eingegangen sind. Man erzählt sich unter Pilgern, dass mindestens vierhundertfünfzig Euro, entweder von einer Pilgerorganisation oder einem einzelnen Spender, vor einer Messe zusammenkommen müssen, damit das berühmte Weihrauchfass zum Einsatz kommt. Auch ohne das unter der Decke schwingende Fass ist die Messe ein beeindruckendes Erlebnis. Als ich mich umblicke, sehe ich bei meinen Mitmenschen, wie viele Tränen der Rührung noch ihren Kanal nach draußen finden und über unzählige zarte und faltige Wangen rollen.

In der zweiten Tageshälfte laufe ich durch die Stadt, besorge Geschenke für meine Familie und fungiere als Empfangskomitee auf der Plaza. Ich freue mich wahnsinnig, Patricia wiederzusehen, feiere die Ankunft von Cecilia, Rajiv, Tom und Sue mit einem gemeinsamen, aber sehr späten Mittagessen. Extrem mutig bestelle ich das erste Mal »Pulpo«, eine galicische Spezialität, die mich schon auf den letzten hundert Kilometern immer wieder kokett angelacht hat.

Die Noppen. Es sind die Noppen an diesen glänzenden Tintenfischärmchen, mit denen sich mein Gaumen partout nicht anfreunden kann. Aber es war einen Versuch wert. Auf die Entenmuscheln, eine weitere, angeblich köstliche, galicische Spezialität, die auf einem Teller angerichtet wirken wie ein Haufen kleiner Dinosaurierfüße, verzichte ich daraufhin lieber.

Noch später schließe ich Betty und Michael, zwei weitere Nordlichter, denen ich immer wieder begegnet bin, sowie erneut Nicole in die Arme. Wieder gehen wir essen, dieses Mal jedoch keinen Tintenfisch. Anschließend stoßen wir zu einer weiteren, hauptsächlich deutsch besetzten Pilgerrunde dazu. Da ich schon mehr als genug gegessen habe heute, trinke ich nur noch.

Wir erzählen uns gegenseitig unsere Caminohighlights. Ich gebe gerne meine Geschichte von der Bootlady und der Bootbanditin zum Besten.

Aber es werden auch ernstere, nachdenkliche Töne angeschlagen und dem einen oder anderen ist die Traurigkeit anzumerken, dass seine Reise auf dem Camino Francés zu Ende ist.

»Wenn etwas zu Ende geht, fängt immer etwas Neues an«, sage ich. Dineo wäre stolz auf mich.

Es ist ein perfekter Abschluss für mich.

* * *

Ich hatte in Erwägung gezogen, an meinem letzten Tag in Santiago eine Bustour zum Kap Fisterra zu buchen. Fisterra oder auch Finisterre, der westlichste Punkt des spanischen Festlandes, liegt etwa achtzig Kilometer entfernt von Santiago. Seit Hunderten von Jahren hat das Kliff mit dem aufgewühlten Meer einen unergründlichen Zauber auf die Seele der Menschen ausgeübt.

Dort am Leuchtturm steht der berühmte Kilometerstein mit der Null, der das Ende des verlängerten Pilgerweges aus Santiago an den Atlantik markiert. Natürlich wäre ich die Strecke ans Ende der Welt lieber gelaufen, aber dafür hätte ich noch mehr Zeit gebraucht.

Gern hätte ich dort aufs Meer geschaut, in mich versunken die Sonne beim Sinken beobachtet und am Strand nach altem Pilgerbrauch eine Jakobsmuschel gesucht.

Aber das Wetter bleibt grottenschlecht. Ich weiß, dass es am Kap noch windiger ist als in der Stadt, wo ein leichtgewichtiger Mensch ohne Regenschirm schon fast wegfliegt. Mit Regenschirm wäre ihm aber ohne Zweifel ein luftiges Vergnügen garantiert.

Zudem verspüre ich überhaupt keine Lust, mindestens fünf Stunden des Tages in einem Bus sitzend zu verbringen. Will ich nicht. Ich nehme Abstand von dieser Idee.

Stattdessen statte ich der Kathedrale einen weiteren Besuch ab. Ich habe noch eine letzte Mission zu erfüllen, und nachdem die Entscheidung gegen den Bustrip nach Fisterra gefallen ist, steht sie unumstößlich fest.

Ich habe ihn noch. In meiner Hosentasche. Den allerletzten Pilgerstein. Zunächst fällt es mir schwer, den richtigen Ort auszuwählen, aber nach einer Weile entscheide ich mich für einen halbrunden Vorsprung im hinteren Teil der Kathedrale, hinter einer Säule, mit Blickrichtung zum Altar. Ich öffne meine Hand und lasse ihn vorsichtig an seinen neuen Platz gleiten. Es ist der Stein, der mich vor dem Balrog an der Brücke gerettet hat. Die Buchstaben tanzen vor meinen Augen.

»Trust in yourself«.

28

Die Muschelträgerin

»So long and thanks for all the fish.«
Bis dann. Und danke für all die Fische.
(aus: Per Anhalter durch die Galaxis von Douglas Adams)

Das Geräusch ist neu für mein Ohr. Der Schmerz anders als erwartet. Weniger tief. Wenn auch nicht angenehm, aber definitiv besser erträglich als Zahnarzt oder Schulter. Ich liege fast vollständig bekleidet auf einer schwarzen, gepolsterten Liege in annähernd stabiler Seitenlage. Auf den Tragen neben mir warten zwei weitere Infizierte ungeduldig darauf, das Ergebnis ihrer Behandlung endlich sehen zu können. Das Surren stoppt. Ein junger Spanier mit sterilen Handschuhen beugt sich über mich, grinst mich an und fragt auf Englisch mit dem mir mittlerweile so vertrauten und liebenswerten spanischen Akzent: »You okay?«

Ich beeile mich zu nicken. Er beugt sich über meinen linken Oberarm. Das Geräusch beginnt von Neuem.

Neben mir höre ich einen älteren Holländer plötzlich in Verzückung ausrufen: »He has a small belly! Just like me!«

Gemeint ist die etwa daumengroße Pilgerfigur, die ihn von heute an lebenslang auf all seinen weiteren Caminos begleiten wird. Nein, das ist unzureichend erklärt. Es muss heißen: Die von heute an jeden weiteren seiner Schritte bewachen wird. Auf seinem Knöchel.

Ich bekomme einen solchen Lachanfall, dass mein Artist seine Arbeit unterbrechen muss. Der Camino hat offensichtlich nicht nur mich stark beeindruckt.

Verrückt. Das ist alles ein wenig verrückt. Un poco loco. Ich fasse es nicht. Fünfzig Jahre hat es gedauert. Nun also liege ich, nicht nur, aber auch in Sachen Haut eher ein konservativer Mensch, in Santiago in einem Studio und lasse mir mein erstes Tattoo stechen. Im Spiegel sehe ich meinen neuen Tintenschmuck: Eine bunte Jakobsmuschel, ziemlich originalgroß, prangt unübersehbar unterhalb der lädierten Schulter. Ein sogenanntes »Sommertattoo«, das nur dann für meine Umwelt sichtbar sein wird, wenn ich ärmellos unterwegs bin.

Ein bisschen bin ich immer noch verwundert über mich selbst. Über meine spontane Art und Tat. Aber, wenn ich in mich hineinhorche, spüre ich es genau. Es fühlt sich richtig an. Und ich finde das Ergebnis wunderschön.

Außer meinen Caminofreunden habe ich niemandem von meinem Date im Tattoostudio erzählt. Eigentlich ist es überhaupt Candice' Schuld. Die Amerikanerin hat sich Anfang Juni, nachdem sie Santiago mit Eugenie und Kel erreicht hat, ein sehr ähnliches Tattoo im selben Studio stechen lassen und mir ein Foto davon geschickt. Ich fand es großartig, hatte ihr dazu gratuliert, aber zu der Zeit keine Ambitionen verspürt, es ihr nachzumachen. Doch Einstellungen ändern sich unterwegs schneller, als man »Tattoo« buchstabieren kann. Hätte mir vor meiner Reise nach Santiago jemand prophezeit: »Du kommst mit einem fetten Tattoo nach Hause«, ich hätte mich am Boden gekugelt vor Lachen, mir auf den Schenkel geklopft und erklärt: »Eher ist die Welt eine Scheibe!«

Ein Tattoo auf meiner Haut! Bis dahin war das nur etwas für meine Alternativ-Ichs, die in Paralleluniversen unterwegs sind.

Nun werden die, die mich besser kennen, sich fragen: »Hat die jetzt nicht mehr alle?«

Ich könnte die Frage nicht mit Sicherheit verneinen. Ich weiß es nicht. Aber, was ich weiß, ist: Ich habe es tatsächlich geschafft! Ich bin fast achthundert Kilometer durch Spanien gegangen.

Nur ein einziges Mal musste ich leider, aus traurigem Anlass, einen Bus nehmen.

Ich habe mich allen zur Verfügung stehenden Widrigkeiten gestellt. Habe gekämpft, geflucht, gelitten, geweint, gezweifelt, gesucht, geschwitzt, aber auch gelacht, gesungen, gefeiert, gelabert, gedacht, um Beistand gebeten und das pure »am Leben sein« genossen.

Ich bin angekommen. Weil *ich* es unbedingt wollte. Weil ich an mich geglaubt habe. Mehr als einmal bin ich über meinen Schatten gesprungen. Manchmal holprig, aber ich bin gesprungen. Ich habe mir meinen Lebenstraum erfüllt. Mein Mut und mein Wille nicht aufzugeben, sind belohnt worden. Gleichzeitig ist es eine Erinnerung daran, dass man jederzeit ein neues Abenteuer des Lebens starten könnte, sobald die Füße nach Wiederholung schreien.

Es ist mein Schlüssel zum Leben, wie Dineo es formuliert hat. Ein Schlüssel, der eine neue Welt aufgeschlossen hat, die nun auf meinem linken Oberarm prangt. Ein Schlüssel und gleichzeitig eine Muschel, die man nicht wieder in der Schublade vergessen kann. Denn jeden Morgen, spätestens beim Blick in den Spiegel, zeigt sie mir ihr freundliches Antlitz unterhalb meines verschlafenen Eulenblicks. An manchen Morgen murmelt sie Worte mit ihrem merkwürdigen Muschelmund, und obwohl ich nicht alles sofort verstehe, weiß ich, was sie mir sagen will.

Ich glaube, es zu wissen.

Epilog

Als ich nach Hause kam, wurde ich in den darauffolgenden Tagen und Wochen öfter gefragt: »Wie war es? Erzähl doch mal! Und was ist denn nun eigentlich dein Fazit des Jakobswegs?«

Wahrscheinlich geht es nicht nur mir so, dass auf diese Frage erst einmal eine Pause folgt, in der ich um erklärende Worte ringe. Wie kann ich meinem Gegenüber, jemandem, der diese Erfahrung nicht oder noch nicht gemacht hat und dem das Thema zu fremd oder zu spirituell daherkommt, näherbringen, was der Jakobsweg für mich bedeutet, ohne den Fragenden mit ellenlangen Erzählungen zu langweilen?

Menschen, die mir nahestehen, wird schon ein wenig klarer, was es mir bedeuten muss, wenn ich stattdessen, um Zeit zu gewinnen, meinen Ärmel hochschiebe und auf meine wundervolle Jakobsmuschel deute. Aber auch damit können einige noch nicht viel anfangen, denn sie sehen nur die tätowierte Haut.

Wenn ich dann ansetze zum Erklären, frage ich mich im selben Moment, was ich da eigentlich mache. Einerseits möchte ich ein flammendes Plädoyer halten, mein Gegenüber davon überzeugen, ebenfalls die beste Entscheidung seines Lebens zu treffen und ihn dazu drängen, am liebsten sofort auch aufzubrechen. Andererseits beschleicht mich das Gefühl, dass ich in diesen Momenten mit Worten überhaupt nicht ausdrücken kann, warum ich so nachhaltig begeistert von diesem Erlebnis bin.

Jeder macht andere Erfahrungen auf seinem Jakobsweg, aber ich wage die These, dass all diese bewegenden Erlebnisse in Summe so prägend sind, dass sie es viel leichter schaffen, in das Leben dieser

Menschen dauerhaft positive Veränderungen zu integrieren als Filme, Bücher, Therapien oder andere gut gemeinte Ratschläge.

Genau genommen ist es ganz simpel. Es geht nur darum, sich auf diesen Weg zu begeben. Weil er eine besondere Wirkung hat, weil er bereichernd ist.

Es ist ja kein Zufall, dass es so viele Leute, auch die nicht religiösen, wieder und wieder nach Santiago zieht wie die Schmetterlinge zur Zuckerlösung. Der Jakobsweg ist eine Schule für Gänsehaut und andere großen Gefühle. Er ist ein Studium des eigenen Ichs. Es ist zwar keine erholsame, aber eine heilsame Zeit, die hilft, Entscheidungen zu treffen, die man lange vor sich hergeschoben hat, um die eigene Existenz zurechtzurücken und neu auszurichten, wie einen Hut, der im Wind des Lebens verrutscht ist.

Wenn mich jemand nach der wichtigsten Eigenschaft fragt, die er unbedingt braucht, um loszupilgern, lautet meine Antwort: Willenskraft. Du musst es einfach nur wollen. Wenn ich etwas wirklich will, wenn ich dafür brenne, kann ich es schaffen, dann gibt es einen Weg. Wenn ich *nicht* an mich glaube, werde ich immer einen Grund finden, aufzuhören, abzubrechen oder – in den meisten Fällen – eine gut getarnte Ausrede, gar nicht erst aufzubrechen.

Packt zu dem Willen noch ein kleines Päckchen Mut ein, dazu Blasenpflaster und fertig ist die Laube. Der Rest findet sich unterwegs. Ehrlich. Es gibt enorm viel Hilfe auf dem Weg. Es sind viele warmherzige Menschen dort draußen, die dafür sorgen, dass es eine Lösung gibt, für welches Problem auch immer. Es gibt Taxis, es gibt Gepäckservice, es gibt Ärzte, Apotheken, Tape, Tee, eine tolle Infrastruktur, es gibt die Pilgerpolizei und deine seelenverwandte Caminofamilie.

Und natürlich gibt es, als letzten Anker, noch das Universum, das auch gerne mal hilft, wenn man nett und nicht zu oft fragt.

Schon vor Jahren hat Samweis Gamdschie zu seinem Freund Frodo Beutlin gesagt: »Was man nicht anpackt, dauert am längsten.«

Natürlich darf man noch mal über so ein Abenteuer nachdenken, bevor man losstürmt. Bei mir ging es auch nicht von null auf hundert in zehn Sekunden. Noch einmal darüber schlafen ist okay.

Aber morgen ist ein neuer Tag. Jeder neue Tag bietet die Möglichkeit, sich dafür zu entscheiden, sein Leben endlich zu ändern.

Meine Antwort auf eine andere Frage lautet:

Ja, ich habe mein Puzzleteil gefunden.
Es lag auf dem Weg.
Es zu finden, war jeden einzelnen Schritt wert.
Und so viel mehr.

Ich hatte es eingangs erwähnt. Erste und letzte Sätze sind nicht meine Stärke. Aber der Mittelteil war ganz okay, oder?

Über die Autorin

Sandra Kerl,

geboren 1972 in Leverkusen, studierte Verwaltungswissenschaften, fand ihren Beruf als Standesbeamtin und schrieb schon immer gern Hochzeitsreden.

Seit jungen Jahren ist sie Abenteurerin im Herzen, fuhr mit dem Interrail-Ticket alleine durch Europa und machte Backpacking in Australien. 2022 erfüllte sie sich ihren größten Herzenswunsch und pilgerte 800 Kilometer durch Nordspanien auf dem Jakobsweg. „Komm mit mir nach Santiago" ist ihr Debüt als Autorin.

Fotos zur Reise und mehr Infos unter:
www.pilgerhut.de
www.instagram.com/pilgern_unter_einem_hut